出行即服务(MaaS)概论

李瑞敏 编著

人民交通出版社股份有限公司
北京

内 容 提 要

出行即服务(MaaS)的诞生已有数年时间,在国际范围内引起了各界的关注。本书系统地介绍了 MaaS 的兴起、基本概念、系统特性、发展状况、商业模式及未来的发展要素等,主要内容包括:概述、MaaS 的发展、MaaS 的影响、MaaS 的商业模式、MaaS 发展的影响因素、MaaS 与公共交通、MaaS 与智能交通管理、MaaS 的潜在用户、MaaS 的未来等。

本书可以供大专院校交通运输工程相关专业的学生阅读,也可以作为在科研机构、企事业单位中从事相关工作的各类人员的参考读本。

图书在版编目(CIP)数据

出行即服务(MaaS)概论 / 李瑞敏编著. — 北京:人民交通出版社股份有限公司,2020.10
ISBN 978-7-114-16758-4

Ⅰ.①出… Ⅱ.①李… Ⅲ.①交通规划—研究 Ⅳ.①U491.1

中国版本图书馆 CIP 数据核字(2020)第 140935 号

Chuxing ji Fuwu (MaaS) Gailun

书　　名:	出行即服务(MaaS)概论
著 作 者:	李瑞敏
责任编辑:	屈闻聪
责任校对:	孙国靖　魏佳宁
责任印制:	刘高彤
出版发行:	人民交通出版社股份有限公司
地　　址:	(100011)北京市朝阳区安定门外外馆斜街 3 号
网　　址:	http://www.ccpcl.com.cn
销售电话:	(010)59757973
总 经 销:	人民交通出版社股份有限公司发行部
经　　销:	各地新华书店
印　　刷:	中国电影出版社印刷厂
开　　本:	787×1092　1/16
印　　张:	11
字　　数:	222 千
版　　次:	2020 年 10 月　第 1 版
印　　次:	2020 年 11 月　第 2 次印刷
书　　号:	ISBN 978-7-114-16758-4
定　　价:	50.00 元

(有印刷、装订质量问题的图书由本公司负责调换)

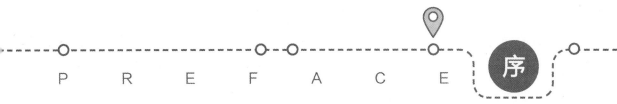

"忽如一夜春风来,千树万树梨花开",出行即服务(Mobility as a Service,MaaS)的概念从2014年正式提出,到2019年在世界智能交通系统大会上成为热门主题,给人的感觉是在全球范围内迅速兴起。

在中国,2019年7月,交通运输部发布《数字交通发展规划纲要》,其中明确指出:"倡导'出行即服务(MaaS)'理念,以数据衔接出行需求与服务资源,使出行成为一种按需获取的即时服务,让出行更简单。"2019年9月,中共中央、国务院印发的《交通强国建设纲要》中明确指出要"大力发展共享交通,打造基于移动智能终端技术的服务系统,实现出行即服务"。2019年12月,交通运输部发布《推进综合交通运输大数据发展行动纲要(2020—2025年)》,提出"鼓励各类市场主体培育'出行即服务(MaaS)'新模式,以数据衔接出行需求与服务资源"。在地方层面,2019年11月,北京市交通委员会与高德地图共同启动了北京交通绿色出行一体化服务平台(MaaS平台)。这些无不预示着,未来MaaS的发展在我国或将迎来一个爆发期。

鉴于近年来MaaS在全球的兴起,从2016年开始笔者就关注MaaS的发展[2016年10月15日在赛文交通网发表《将改变整个交通运输系统的Mobility as a Service(出行即服务)》],并在2018年、2019年将该主题作为清华大学研究生课程"交通经济学"的研讨内容。两届参加课程的同学也在梳理材料方面做了优秀的工作,并已有部分课程论文在完善后发表在了《交通工程》杂志上。

MaaS的建设发展涉及体制机制、产业投资、支撑技术、出行文化等多个领域,目前来看,国际上已有的案例各有特点,尚未形成统一的模式。而我国的众多城市在当前城市交通系统的发展上也各具特色,且不同城市出行者的交通出行需求也各有不同。未来MaaS的发展,各地都要探索一条自己的道路。在此背景下,作者结合在MaaS方面的学习积累,撰写了本书,以期为国内同行提供借鉴。

MaaS的出现距今不过短短数年时间,众多方面都处于探索之中。而在概念的炒作之下,全球众多城市、公司近年来推出的一些出行应用(App)都冠以"MaaS"之名。诚然,它们具有MaaS的一部分特征,但整合了不同的交通方式的出行服务就是MaaS吗?能够用一个账户支付不同出行服务的费用就是MaaS吗?也不尽然。

MaaS的发展到底会产生哪些效益?已有的MaaS实验揭示了出行者的哪些特性?政府机构、公交企业、私营出行服务供应商、IT企业、出行者等应当在MaaS的发展中发挥什么样的作用?法律法规、标准规范、技术应用等方面又需要如何支撑MaaS的发展?诸多此类问题的答案是众多有兴趣致力于MaaS发展的相关机构和人员所希望知道的。本书较为系统地梳理了截至目前的国际发展案例及已有成果,主要涵盖了MaaS的基本概念、主要特征、发展现状、潜在影响、商业模式、关键因素、与公共交通和交通管理的关系等方面的内容。本书的内容主要集中在城市客运交通领域(MaaS亦可扩展到城际客运乃至货运),是对过去数年MaaS发展的一个小结,希望可以为国内相关科研技术人员、工程师、初学者等提供参考借鉴。书中参考大量的文献,已明确标注,如有理解不当之处,读者可以查阅原文。

在当前MaaS概念尚未统一、模式未能明确、应用难谈成功的情况下,撰写一本有关MaaS概论的书稿确实存在不确定性,同时因水平所限,本书在内容完整性、深度等方面难免不足,兹作为MaaS国外已有工作的介绍和个人学习的总结,不足之处还请广大读者批评指正(笔者邮箱:lrmin@tsinghua.edu.cn)。

是为序。

李瑞敏

2020年6月12日

目录

第一章 MaaS 概述 001
一、产生背景 003
二、MaaS 发展等级 010
三、MaaS 的特性 015
四、MaaS 系统架构 019
本章参考文献 026

第二章 MaaS 的发展 030
一、国外典型 MaaS 案例 030
二、国内 MaaS 的发展 043
三、其他发展 044
四、发展环境衡量 051
本章参考文献 053

第三章 MaaS 的影响 056
一、MaaS 的潜在影响 056
二、MaaS 实践的效果分析 062
本章参考文献 074

第四章 MaaS 的商业模式 077
一、概述 078
二、商业模式 083
三、用户的角色 095

本章参考文献 ·· 096

第五章　MaaS 发展的影响因素 ··· 098

一、政府定位 ··· 098
二、数据共享 ··· 107
三、技术基础 ··· 117
本章参考文献 ·· 119

第六章　MaaS 与公共交通 ··· 122

一、公共交通发展趋势 ·· 122
二、MaaS 对公共交通行业的潜在影响 ·· 127
三、公共交通在 MaaS 中的定位 ··· 129
本章参考文献 ·· 132

第七章　MaaS 与智能交通管理 ··· 134

一、智能交通管理系统的发展 ··· 134
二、交互式交通管理 ··· 136
三、MaaS 与交通管理 ·· 139
本章参考文献 ·· 144

第八章　MaaS 的潜在用户 ··· 146

一、MaaS 的出行服务方式 ·· 146
二、用户意向调查 ··· 147
三、潜在用户分析 ··· 153
本章参考文献 ·· 154

第九章　MaaS 的未来 ··· 157

一、MaaS 的挑战和发展阶段 ··· 158
二、MaaS 与智慧城市 ·· 164
三、MaaS 的未来 ··· 165
本章参考文献 ·· 167

后记 ··· 169

第一章 MaaS 概述

2008 年,爱彼迎(AirBed and Breakfast,Airbnb)的诞生让"共享经济"一词开始广受关注。而 2010 年优步(Uber)在旧金山地区的正式运营,则掀起了改变人们出行方式的革命开端❶。自此,"互联网+"与交通结下了不解之缘,此后,基于"共享经济"理念(无论实质如何)以及"互联网+"的形态,交通领域的出行服务模式进入百花齐放的时代。过去 10 年的社会经济变革大幅影响了交通工具的使用方式,而全方位的科技进步也使得交通运输系统将进入一个变革时期。

然而,多年来交通领域的发展更多的还是基于不同的交通运输方式,关注自身交通方式的发展,从而导致众多交通运输服务方式独立提供服务,而缺乏一体化出行(Mobility)服务方式的提供。然而,集成、无缝的出行一直是出行者和出行服务供应商❷们持续追求的目标。在当前世界"一切皆服务"(Everything-as-a-Service,XaaS)的趋势下,2013—2014 年,出行即服务(Mobility as a Service,MaaS)❸的概念横空出世[1,2]❹❺,在瑞典的哥德堡进行了实验,遗憾的是实验之后未能持续。2014 年,在芬兰赫尔辛基召开的欧洲智能交通系统(Intelligent Transportation System,ITS)大会上,MaaS 的概念被正式提出讨论,之后在 2015 年法国波尔多举行的世界智能交通系统(ITS)大会上成为讨论主题,至此,MaaS 在全世界范围内开始被广泛关注。

顾名思义,Mobility as a Service 的内涵大致如下:为了提供高效、灵活、安全及绿色的人员及货物交通系统,对各种交通方式的出行服务进行整合,即使用数字界面去汇总和管理出行相关服务的供应以满足用户出行需求。

---

❶ https://www.uber.com/zh-CN/newsroom/history(2020 年 2 月访问)。
❷ 在本书中用"出行服务供应商"指代目前为出行者提供出行服务的一些运营商,既包括传统的地铁公司、公交公司、出租车公司等,也包括新型的互联网预约出租车公司(如优步、滴滴等)、互联网租赁自行车公司等。
❸ 在美国等地也有用 Transportation-as-a-Service 短语的。
❹ 个别观点认为 1996 年已经出现 MaaS 的类似概念,详见:https://www.mobilleo.com/news/the-history-of-mobility-as-a-service/,https://whimapp.com/history-of-maas-global/(2020 年 2 月访问)。
❺ "Mobility as a Service"一词也有说出现在 2012 年,详见 https://whimapp.com/history-of-maas-global。

目前，全球范围内尚未有统一的 MaaS 的严格定义，不同的组织从不同的角度对 MaaS 进行了定义，这里给出几个代表性的解释或定义。

MaaS 联盟(MaaS Alliance)[3]：出行即服务(MaaS)是指将各种形式的交通服务整合为一个按需访问的出行服务。

MaaS Global[4]：出行即服务将各种交通方式整合到一个直观的移动应用中，它将不同供应商提供的交通方式无缝整合起来，处理从出行规划到支付的一切事宜，无论您是喜欢按需购买出行服务还是订购经济实惠的月度套餐，MaaS 都能以最智能的方式管理您的出行需求。

伦敦大学学院 MaaS 实验室(MaaSLab of the University College London)[5]：出行即服务是一个以用户为中心的智能出行管理和分派系统，在其中，集成商(供应商)将多个出行服务供应商的服务整合在一起，通过数字界面为最终用户提供访问这些服务的机会，从而使出行者能够无缝地规划出行和支付费用。

虽然目前在全球范围内尚无统一的 MaaS 定义，但是世界上多个国家的不同城市都在近年内通过各种方式开始了 MaaS 的测试或探索。

严格来说，MaaS 并非一种全新的事物，在 MaaS 概念明确提出之前，众多城市已经在探讨如何打破各种出行服务之间的条块分割实现集成化、一体化的出行服务，例如，被视为 MaaS 代表之一的 UbiGo 项目(详见第二章)就先于 MaaS 概念的诞生在哥德堡进行示范，而国际公共交通协会(Union International des Transports Public, UITP)也早于 MaaS 概念的出现提出了集成出行(Combined Mobility)的概念(2011 年)[6,7]。交通出行服务从本质上讲就是要为出行者提供门到门的快速、便捷、经济的服务，而之前由于各种交通方式孤立运行的传统导致门到门的无缝出行服务难以实现。当然也有技术方面的某些限制，例如缺乏很好的跨出行服务方式一体化支付手段等。

因此，MaaS 的出现可视为交通运输系统发展到一定阶段的产物，与近年来的一些影响交通系统发展的因素密切相关，如：智能手机的普遍应用、共享经济的概念、自动驾驶技术的进步等。今天的出行服务是一个更加复杂和多层次的话题，面临着新的、艰巨的挑战，但也存在着巨大的机遇。MaaS 并不是孤立出现的，而是目前在技术推动下未来交通系统变革的重要组成部分和典型代表之一。

MaaS 代表了一种出行理念的转变：从个人拥有出行工具到将出行作为一种服务来进行消费。例如各类"汽车共享"平台[ZipCar、优步(Uber)、滴滴等]的运行有着降低私人小汽车保有量的潜力；公共自行车、互联网租赁自行车、需求响应型公共交通等的出现则有着降低个人自行车拥有量的潜力。而 MaaS 则是通过整合所有的出行服务方式来提供更具可持续发展能力的出行服务系统，其关键点是为人员出行和货物运输提供基于个性化需求的出行解决方案。

MaaS 发展的主要目标包括：

(1)为出行者服务：满足各种出行需求，解决各种出行不便，提供自由、多样、灵活的门到门出行服务，取代部分小汽车出行；不仅考虑节约出行的时间和成本，对特定用户的最佳价值定位还包括安全、健康、环保、美观、工作友好等。

（2）为出行服务供应商服务：更好地利用现有设施资源提供服务，扩大其市场规模，增加运营收入。

（3）为城市管理者和交通机构服务：缓解交通拥堵及交通网络压力，更好地协调交通系统能力管理，实现城市可持续交通系统的发展目标以及推动城市对于减少能耗、降低污染等目标的实现。

总体而言，MaaS虽源于交通并立足交通，但其更高的目标应当聚焦在城市和社会发展。为了更充分地定义MaaS，需要考虑一些相关的问题，例如：什么是MaaS背后最重要的驱动力？MaaS需要面对的挑战是哪些？哪些单位是关键的利益相关者？MaaS能够为出行者、城市和社会带来什么益处？它应当实现什么不同的目标？

一、产生背景

进入21世纪以来，尤其是第2个10年，世界范围内的城市出行正在经历一些重大变化。由于人口快速涌入城市等因素而导致城市出行量不断增加，进而产生诸如交通拥堵、尾气排放所造成的空气污染等问题。另一方面，城市居民的交通出行方式选择日渐增多，除传统的公共交通（地铁、轻轨、公交车等）、出租车、自行车、步行以外，新兴的出行服务方式在众多城市和地区不断涌现，如"汽车共享（Car Sharing）"、互联网租赁自行车（俗称"共享单车"或"自行车共享"，Bike Sharing）、需求响应型交通（on Demand Transport）、网络预约出租汽车（俗称"网约车"，Ride Hailing）等。近几年来，在信息通信技术的支撑下，在一些城市中，一些共享的"微出行"方式（Micromobility）开始加速出现，包括踏板车、电动自行车、电动踏板车、电动轻便摩托车等。这些不断涌现的新型出行服务方式与传统出行服务方式一起构成了复杂的城市出行服务环境。

然而，目前在城市交通领域和城市间的交通运输系统中，这些已有的和不断出现的出行服务方式更多的是在独立地提供出行服务，而缺乏相互之间的整合，例如不同的出行服务方式有着不同的运营商、预订平台、支付方式等，缺乏集成性，从而没有成为出行链中良好衔接的有机一环。而从另一个方面来看，这些出行服务方式的协调一体化运行将使城市中个人机动化出行方式向更可持续的多式联运转变具有更大的潜力，而MaaS在实现这个转变过程中将提供巨大的推动力，MaaS可以通过改变出行服务的运行环境以及重新定义不同运营者的商业模式来改变整个交通运输系统。

目前来看，MaaS是城市交通系统发展到一定阶段后的一种演化，从全球范围来看，不同地区的MaaS的发展驱动力多种多样，但总体而言，其发展动力主要可以从3个层面进行理解[8]：城市层面、技术层面、社会层面。这3个层面的各种因素基本是相互独立的，但是有时某个层面的某个因素的变化也会对其他层面的某些因素产生影响。

1. 城市层面

城市层面主要涉及如何建设城市及管理城市的发展等，1933年的《城市规划大纲》（后称《雅典宪章》）明确了城市的四大功能活动为居住、工作、游憩与交通，而交通又是实现其他三大功能活动的基础，因此，城市层面的发展变化对城市交通系统的发展变化有着直接和根本的影响。城市层面影响MaaS产生和发展的驱动力主要有如下要素。

1）城市化

城市化是20世纪以来人类发展中的重要特征，到2007年，全球城市人口历史上首次超过农村人口。随着城市化进程的加快，城市人口占比不断提高，据联合国人居署预测[9]，到2050年，城市人口将达到世界总人口的66%，这将给城市交通带来更大的压力。不断发展的城市需要有可持续发展的城市交通系统做支撑。近年来，国内外众多大型城市的交通规划中都将增加公共交通的分担率作为重要的目标，例如《北京城市总体规划（2016年—2035年）》提出，到2035年城市绿色出行比例不低于80%[10]。

2）城市环境污染

根据世界卫生组织（World Health Organization，WHO）的估计[11]，室内外空气污染每年大概造成200万人死亡，而机动化交通是城市空气污染的主要来源之一，例如：在美国，机动化交通贡献了29%的温室气体，导致城市中心和道路两侧较差的空气质量。另有研究指出[12]，除了与空气污染相关的健康问题，如哮喘和呼吸疾病外，恶劣的空气质量还会导致糖尿病和增加肥胖的风险。因此，从城市环境质量改善的角度来看，未来的城市需要有更符合可持续发展理念的城市综合交通运输系统。

近年来，可持续发展的理念已经深刻地植入城市交通系统的发展实践中，较为有代表性的例子包括：欧盟提出可持续城市出行规划（Sustainable Urban Mobility Plans，SUMPs）的概念[13]，并推荐欧盟的城镇在未来的发展中拥抱此概念；美国最新的国家ITS参考框架中也将"可持续出行（Sustainable Travel）"作为一个单独的领域[14]，虽然目前还只聚焦于交通管理相关领域，但也体现了对可持续发展理念的关注。MaaS的实质特征之一就是要通过多种可持续出行服务方式的一体化来减少对私人小汽车出行的依赖，满足未来城市发展的需求。

3）交通基础设施短缺

在城市发展过程中，虽然大量的财政投资被投入到了城市交通基础设施建设中，但是从目前来看，仅靠增加交通基础设施的供给量无法满足日益增加的各类交通出行需求，同时受制于经济发展的大环境，各城市在交通基础设施投资上的资金都不充足，交通基础设施的不断扩容和维护面临资金短缺、资源有限等局面。因此,在未来继续快速城市化的进程中,城市综合交通系统应当由"重建设"向"重服务"进行转变,如何利用有限的资源提供更好的出行服务是城市政府和交通主管部门必须面对和解决的问题,而 MaaS 的一个目标就是通过集成全部的交通出行服务模式为每次出行提供最优的出行服务,以充分发挥已有基础设施的性能和使用效率。

4) 城市交通拥堵

伴随着城市快速机动化的一个主要特征就是城市交通拥堵,不仅是私人小汽车拥有量剧增导致的道路交通拥堵,也包括城市化的高密度人口导致的多种交通工具内的拥挤,如早晚通勤高峰时期部分地铁、公交线路上车内的拥挤等。个性化、机动化的交通方式需要由更加可持续的交通出行方式来替代。

麦肯锡的一篇研究指出[15],根据损失的时间、浪费的燃料和增加的商业成本等衡量标准,交通拥堵造成的损失相当于国家国内生产总值(Gross Domestic Product,GDP)的 2% ~ 5%。同时,交通拥堵带来的不利影响不仅限于金钱损失,还会导致通勤时间变长,生活满意度降低,增加焦虑、肥胖、高血压和其他疾病的风险。

交通拥堵与较大比例的独自驾车出行有一定关系,例如苏格兰交通部的调查数据显示,2018 年苏格兰有 65.9% 的小汽车出行是一人驾车出行,车上有两人的占 24%[16],美国 2017 年全国家庭出行调查(National Household Travel Survey,NHTS)显示[17],美国私人小汽车的平均载客数是 1.54 人,而英国约为 1.6 人[18]。我国虽然仍处于机动化初期,但是这个数字目前也较低。因此,需要考虑提高小汽车利用率的出行服务方式和出行方式。对于 MaaS 而言,减少私人小汽车使用量和提高小汽车利用率都是其主要目标。

5) 交通出行结构

虽然近年来世界各国众多城市在公共交通领域进行了大规模的投资建设,尤其以我国地铁建设为例,截至 2019 年 12 月,我国大陆地区共计 40 个城市开通城市轨道交通运营线路 208 条,运营线路总长度 6736.2km,近 4 年间共新增运营线路长度为 3118.2km[19]。同期各城市公共交通系统的线路网络在不断延长、运营车辆也在不断增加。然而,从城市出行方式结构来看,虽然地铁+公交的公共交通总分担率呈现上升趋势,但公交本身的分担率在很多城市是明显下降的,而同期私人小汽车的出行比例稳步上升,城市交通系统的可持续发展将是一个长期艰苦的过程。

从国外情况来看,美国近 5 年来公共交通总运量(含地铁、轻轨、公交车等)从 2014 年的 107.36 亿人次逐年下降至 2018 年的 98.90 亿人次[20],下降幅度明显。在英国,2017—2018 年度的公交客流量相对 2016—2017 年下降 1.9%[21],伦敦以外地区同期下降 3.2%,伦敦则只下降 0.7%。因此,无论国内外,目前阶段公共交通的发展都面临小汽车出行的竞争,其可持续发展面临严峻的考验。

另一方面,众多城市又将降低小汽车分担率作为城市交通发展战略的重要目标[22],例如在一些探索 MaaS 较早的城市,如维也纳,其城市战略是将小汽车分担率从 2012 年的 27% 降低到 2025 年的 20%,并将其转变视为政府的公共责任。汉堡的交通发展战略目标之一就是减少单人驾车出行。而芬兰的国家目标是到 2030 年将排放量减半,这也需要个人驾车出行的减少。

MaaS 的目标之一便是希望通过各种出行服务方式的集成,提供相对于小汽车出行也具有竞争力的出行服务,从而引导部分小汽车出行者转向公共交通等出行方式。

6) 多式联运

1991 年美国的陆路复合运输效率法案(Intermodal Surface Transportation Efficiency Act, ISTEA,又称"冰茶法案")就提出了多式联运的概念(包括面向旅客和货物),强调通过智能交通系统(Intelligent Transportation System,ITS)的应用提高运输效率的思想。面向旅客的多式联运意味着主要将通勤旅客交通向公共交通运输转换的措施,从"用户的观点"出发,评价出行的全过程[23]。

然而,在当时,由于基础设施节点(如各类交通枢纽、公共交通站点等设施条件)的限制和信息技术的制约(如各交通方式间信息系统尚难打通),当时的旅客出行多式联运存在诸多障碍。实施多式联运重要的两类技术条件是物质的交通基础设施的衔接度和不同交通方式的信息系统构成要素间的连接可能性,而随着近年来信息技术的快速发展,不同运输方式之间的信息交互和集成成为可能,故多式联运的一大障碍得以逐步被克服,MaaS 也就应运而生。

针对上述在快速城市化进程中出现的多个问题,MaaS 被认为是一个潜在的应对方案,如果能够结合城市当地特点,对 MaaS 进行良好的规划、设计及实施,那么可以为一定程度解决上述问题提供支撑。

2. 技术层面

技术层面对 MaaS 产生的驱动似乎是显而易见的,近 20 年来,各类信息通信技术的发展,如移动互联网、大数据、人工智能等都在改变着整个人类世界社会经济的众多方面,而交通也是明显受其影响的领域。近年来,一场数字海啸正在席卷交通行业,随之而来的是新的出行服务、新的市场参与者和新的商业模式,MaaS 也是在高新技术发展不断推进交通变革过程中所产生的代表性成果之一。

1) 移动互联

对于出行者而言,智能手机的出现改变了人们生活中的众多方面,交通出行也在其中。智能手机的快速普及使得当前时代的链接无处不在,而通过即时的链接每个人都可以享受到数字经济的好处。我国 2019 年 11 月底的移动互联网用户数已超过 13 亿[24],基于智能手机的交通服务新模式不断涌现,为城市交通系统的发展提供了强有力的技术支持。

智能手机的广泛应用带来的另一个 MaaS 发展的契机是近距离移动支付的广泛应用,根据 eMarketer估计[25],2019 年中国的近距离移动支付用户数量增长约 10%,达到了 5.77 亿名用户,形成了出行服务的移动支付的较为广泛的用户基础。近距离移动支付的一个特点是可以实现跨平台、跨系统的支付,该技术为交通领域的移动支付奠定了逐步成熟的支付技术基础。例如,目前我国公共交通领域中存在扫码支付,2020 年 5 月 16 日起,北京公共交通领域推出"一码通乘"服务,乘客使用北京公交、亿通行、北京一卡通三款 App 中任意一款均可刷码乘坐北京地面公交及轨道交通[26]。

对于交通运输工具而言,物联网技术的快速发展也为城市交通领域的变革提供了新的契机。互联网租赁自行车作为典型代表,目前日益成为众多大中城市综合交通运输体系中的重要组成部分。移动互联技术的快速发展将成为 MaaS 系统发展的重要技术支撑。

同时,移动互联技术的发展也在改变着人们的生活方式,进而改变人们的出行需求,从而也使得对未来出行需求的预测更加困难。

2) 大数据技术

移动互联技术等的广泛应用产生了巨量的数据,大数据技术正引领 21 世纪进入"大数据时代",而交通运输系统则是大数据应用的典型代表领域。目前国内外众多机构针对日渐膨胀的各类巨量交通数据,通过对其治理、分析和应用方法与技术的研究来发挥其巨大的潜在价值。同时,机器学习、人工智能等技术的日渐成熟和普及也为交通大数据的分析挖掘提供了相应的支撑,交通大数据的全面应用将为更为准确地理解交通出行行为、优化交通系统等提供强有力的基础。当然,使用数据的责任、数据安全、数据伦理等也是在应用交通大数据过程中需要重点关注的方面。在未来,MaaS 则有望作为新的交通大数据来源,为城市发展、交通优化等提供有效的数据支撑。

3) 无人驾驶

近年来,车联网及无人驾驶技术在全球范围内掀起了研究、示范及应用的热潮,同时在缓解交通拥堵、改善交通安全等方面,无人驾驶技术被寄予厚望,而无人驾驶的各类型货运车辆则被期望能够提高物流效率、降低污染及成本等,当然,这些目标能否实现以及何时能够实现目前尚无定论。而从另一方面讲,无人驾驶要想实现前述的众多目标,需要有相当大的发展规模和市场渗透率,MaaS 与无人驾驶可能是一对能够相互促进的技术应用。

自动驾驶的车辆会成为 MaaS 发展的关键支撑技术之一,自动驾驶技术的出现能够颠覆目前小汽车使用的基本模式:目前是一辆小汽车一天 24h 内除了 1~2h 用于出行外,其他时间都是在停驶状态。而当自动驾驶技术成熟后,则个人几乎不再需要一辆自有的车辆,因为当车辆可以随用随有的时候,自己再拥有一辆汽车似乎也不是那么经济。另一方面,MaaS 的成熟

---

❶ 全球知名的市场研究机构之一。

及应用可为无人驾驶的发展提供相应的契机。

4)数据开放

随着大数据等技术的发展,近年来世界各国在数据开放方面也不断推进。首先是各级政府部门开始有计划地开放一定的数据,同时,一些企业单位也开始开放相应的数据。在交通运输领域也有类似的情形出现,例如伦敦交通局开放众多的数据为各类用户所用。数据的开放为交通出行的集成提供了相应的基础,使得集成多种出行方式来提供一体化的优化服务成为可能,而不断发展的信息技术则为数据的开放和安全提供了良好的支撑。

总体而言,MaaS 是各类科技手段及智能交通系统等不断发展的产物,将随着智能手机的推广及深度应用、自动驾驶车辆技术的进步等不断地发展完善。

3. 社会层面

交通出行是居民消费的重要组成部分,2019 年全国居民的人均交通通信消费支出比例超过 13%[27]。如果说前述的城市层面和技术层面的因素主要影响城市管理者和出行服务供应商,那么社会层面的要素则会对出行者带来相应的影响。

1)"共享经济"发展

"共享经济"的概念最早出现于 1978 年[28],但是其兴旺发展却是近 10 年的事情,移动互联网等技术正在推动我们的社会经济形态不断发生变化。不论称谓是"共享经济"还是"按需经济",一个不争的事实就是在当代社会中:①用户需求决定了服务的供给;②众多消费领域中"使用"开始胜过"占有";③用户的即时需求可以由众多应用(App)来满足。此类新经济的核心是"协同消费"(Collaborative Consumption),简单而言,协同消费使用技术的力量来重塑市场行为,例如购买、租赁、借贷等,不仅重新定义了我们的消费方式,而且改变了人们的文化,将"我"的文化转变为"我们"的文化。

交通运输领域是体现"共享经济"理念带来的这些转变的典型领域,移动互联网等技术鼓励和推动了个性化的、灵活的、需求响应的出行服务方式的发展(如被称为"共享交通"的各类新兴出行服务)。近年来,世界各地几乎每天都在推出新的需求响应型的出行服务,例如(互联网)租赁自行车、需求响应型公共交通等,都是近年来开始出现、在未来可期的多交通方式一体化、门到门出行无缝衔接的重要手段,此类服务使得部分出行者的出行更加容易、更加便利,在很多城市已经成为公共交通系统的重要组成部分和辅助手段,也为 MaaS 的实现提供了有机的组成部分。

然而,"互联网+"交通的发展也带来了新的问题,由于交通应用的 App 缺乏部门整合、地区整合,因此,目前存在大量的出行服务类的应用(App),例如 Google Play 中有超过数万个不同的出行应用(App),即使某个城市出行者常用的出行相关应用(App)也往往达到 10 余个,这些应用单独运行,每个都有自己的票务、支付、预订和信息服务等功能。因此,一方面"互联网+"交通的发展为 MaaS 建立一体化的可持续城市交通服务系统提供了良好的支撑(例如在"最后一公里"出行问题的解决上),另一方面也对城市出行服务系统提出了集成化的需求,而这正是 MaaS 的发展目标之一。

同时,聚焦"使用"而不是"拥有"的理念也开始在交通运输领域有所体现,美国在过去10年期间,35岁以下年轻人中拥有驾照的人的比例下降了6%,更多的年轻人开始愿意居住在城市中心区,使用公共交通等方式出行。伦敦的一项研究表明[29],调查对象中有1/4的有车的被访者同意如果未来数年内能够无限制地使用共享小汽车,他们可以出售他们的小汽车。

2)社会老龄化

65岁以上的人,由于身体状况、疾病等各种原因,能够自己驾车出行的比例较小,而在我国,受社会经济发展的影响,老年人自驾车出行的比例更低。因此,如何为其提供出行服务就是交通出行服务供应商必须考虑的问题。以公共交通(地铁及公交车)为例,由于年纪较大者步行也存在较多不便,因此,距离车站较远将极大降低老年人乘坐公共交通出行的意愿。当然,老年人免费乘车政策可能又在一定程度上吸引了老年人乘坐公共交通出行。而在美国一些人口密度较低的地区,为了给老年人提供公共交通服务,有城市开通了辅助公共交通系统如辅助客运系统(Paratransit),但是其效益较低。例如在美国佛罗里达州的萨拉索塔市,花费了32.4%的交通预算用于辅助客运系统,但是只服务了不到6%的乘客量[30]。

2018年,我国65岁及以上人口比例达到11.9%[31],而根据世界卫生组织的估计,到2050年,我国60岁以上人口比例或将超过30%,因此,如何充分整合已有的和未来可能出现的各类出行服务方式,为老年人提供更为便利、安全、低价的出行服务是未来社会发展必须解决的问题,而 MaaS 是应对这一问题的潜在解决方案之一。

时至今日,"共享经济"(或"按需经济")的发展给消费者的心态也带来明显的影响,因此,交通出行服务的供应者也必须认识到其要服务的对象(各类出行者)所具有的各种新的特点。这些新时代的消费者喜欢做出更为明智的决定,并期待快速、便捷的行动和选择,对于此类出行者而言,目前正在倡导和宣传的 MaaS 愿景确实是一个有吸引力的提议。但是另一方面,我们不能忘记,未来高效的交通系统应当为所有人服务,绝对不能把那些可能不懂数字技术的老年人和残疾人等抛在身后。对他们而言,需求驱动、技术复杂、利润驱动的出行服务不会带来任何帮助,因此,在发展 MaaS 的时候,必须仔细考虑各种需求[8]。

同时,其他的一些人口学的特征变化也在影响着人们出行方式的选择。一方面,越来越高的高等教育入学率使得接受高等教育的人口比例不断增加,而这些人对于高科技有良好的接受度。另一方面,进入劳动力市场的平均年龄逐步增大、平均结婚年龄的增大等也会对出行需求带来一定的影响。

3) 便利化生活需求

与其他一些近年来快速发展的领域相比,城市交通出行(尤其是大城市)存在着诸多的痛点和不便,例如驾车出行的拥堵和停车难等问题,各种出行方式需要使用多种支付手段,即使是"互联网+"交通的运营模式,也存在要下载多个应用(App)、注册多个账号的问题等,这些问题都在一定程度上影响着目前城市出行中多式联运的体验,使得出行者总是面临各种不便。而出行者对出行便利性的需求也推动了近些年来对集成化出行的追求,进而产生了MaaS的概念。

4) 多元化经营

近年来,众多较为传统的交通出行服务供应商开始不断增加其经营的出行服务方式,在国内,传统的车辆租赁企业神州租车2015年也上线了神州专车,而滴滴陆续上线了出租车、骑车、礼橙专车、快车、拼车、公交、代驾、顺风车等众多出行服务。国外也类似,众多出行服务公司都在向着多元化服务发展,这些都成为推动MaaS发展的驱动力。

综上所述,在过去的10年当中,城市化的进程、技术的进步以及社会经济生活的变革,正在逐步重塑我们对出行的理解、我们想要使用出行的方式以及我们对出行的期待,现实的出行需求、转变的消费理念、未来的城市目标、可靠的技术支持等都为现阶段发展MaaS提出了相应的需求并提供了相应的支撑。

二 MaaS发展等级

截至目前,虽然尚未形成统一的MaaS的定义,但是其概念与特征基本清晰,完整意义上的MaaS的发展不可能一蹴而就。近年来,在MaaS理念的推动下,各类初步具备MaaS不同特征的出行服务应用不断诞生。在此结合已有研究及MaaS的发展成熟度或发展阶段,对MaaS的等级进行初步分析。已有研究大多是根据集成度进行MaaS的分级。

1. 方法一

Jana Sochor(雅娜·索科尔)等在其研究中根据集成度的差异将MaaS和类似MaaS的服务的发展水平分为5级[32]。需要注意的是,虽然划分为5级,并不代表高一级的系统就一定会好于低一级的系统,系统的优劣主要取决于其用户及需求。同时,级别之间也不是相互依赖的,即高一级的系统功能并不一定会全面超过低一级的系统功能,而只是集成的范围不同,例如在某个功能方面,高一级的系统可能还不如低一级的系统。

1) 0级：没有集成

传统的单一功能的出行服务系统，例如神州租车、哈啰单车等，在某个出行服务方面较为完善，但是缺乏与其他出行方式的整合。

2) 1级：信息集成

实现了多种出行服务方式的信息集成，具有集中的信息平台，可以提供多模式的出行规划，能够提供价格参考，与前一级相比其附加价值主要体现在能够给出最优的出行规划。有代表性的产品主要是一些大型企业提供的免费出行信息服务平台，例如谷歌(Google)、百度、高德等，用户往往是免费使用，而服务商也不需要对其数据的准确性负责（当然绝大多数情况下其数据是可靠的）。一旦用户发现其数据质量有问题等，也可能会转而使用其他服务。

一些出行服务供应商（如公共交通运营公司）会通过开放数据为此类产品提供支撑，例如百度整合的公共交通信息等。此类平台拥有大量用户，因而可以采集到众多出行需求信息，这些信息经过处理加工后又可以提供给相关单位（如政府主管部门、科研机构等）来发挥价值。

另外一些出行服务供应商也开始整合多种交通出行方式，例如交通网络公司(Transportation Network Company, TNC)的巨头如Uber、Lyft、Grab、滴滴等，这些服务也多是集中在该等级，主要是实现信息的集成。

此级别的应用并不是MaaS核心理念的体现，在推动出行者放弃私人小汽车方面几乎没有任何作用。

3) 2级：支付集成

该级别的出行服务主要集中在单次出行服务，在提供出行规划服务的基础上增加公共交通、出租车或其他方式的票务功能，包括预订和支付等。

该级别的附加功能主要是在出行规划工具的基础上延伸预订和支付功能，可以让用户在搜索到最佳出行方式后进一步用同一个App完成预订和支付，而对于出行服务供应商而言，可以通过这样的平台扩大用户群体。该附加功能可以让原来就利用多模式出行的人更加方便，但是很难让私家车主做出卖掉私家车的决定。目前国内的携程等平台具有类似的特性，但其主要针对城际出行，且缺乏多模式的充分整合。

通过该级别的平台，各个出行服务供应商都可以以合算的方式增加其知名度，因为它们将与其竞争对手一起出现在一个综合的出行服务平台上，但是相对而言，能够赢得市场份额的新创的、小型的或小众服务的价值或将最高。一些出行服务供应商可能对此并不感兴趣，尤其是在需要其增加运营成本的时候，当然这也取决于其服务的主导性。同时，整合更多的供应商的成本和复杂度也会更高，当然也取决于标准化的程度。

这一级的运营者主要负责有效的票务、准确的预订和购买，而不对实际的客货运输过程负责，其收入可以来自代理费用、手续费、供应商会员费等。但是从用户的角度而言，如果该平台无法提供额外的服务,则用户未必愿意为得到出行规划帮助而支付额外的费用。相反,用户却会希望平台服务商能够为其提供的服务负责,尽管实际上出行服务是由出行服务供应商(通常情况下不是平台服务商)完成的,因此,平台还需要提供相应的支持。基于此,独立地提供此类出行服务很难达到收支平衡,需要考虑与其他可以产生较高利润的行业整合,例如酒店、购物等。

事实上,众多城市的公交卡等都可以进行跨交通方式的支付,例如我国的部分公交卡可以跨多个城市的多种公共交通方式使用,但是其与 MaaS 的本质理念有较大差异,该级别的应用也并非 MaaS 实质理念的体现,只是支付通道的集成,在减少出行者使用小汽车方面作用非常有限。目前很多号称 MaaS 的应用大多是处于这个层面。

4) 3 级:全交通方式集成

这里包括合同和承担责任。本级的附加价值是对私人小汽车使用的广泛取代,聚焦于用户全部的出行需求以及提高出行服务供应商对用户的吸引力(而这种级别的吸引力仅通过提供单一的出行服务是达不到的)。相对于前面3个等级,具有本级特性的平台才算得上是初级的 MaaS 平台,而其实现模式或应是自上而下的。

MaaS 平台提供的服务是捆绑式的(含多次出行、多模式出行等),其服务也可能是基于套餐订阅的,MaaS 供应商与终端用户之间有完全的双向责任。即 MaaS 供应商从出行服务供应商手中购买出行服务,再将其重组后以比市面低的价格出售给出行者。其收益可能主要来自其重新打包后对外提供的服务与出行服务供应商之间为其提供的服务之间的差价。MaaS 平台的功能可以满足全家人的全部出行需求:从早到晚、周一到周末、春天到冬天,而不仅面向一次出行。

MaaS 供应商要对为用户提供的服务负责,因此,其不仅是一个经纪人(或中间人)或一个开放的市场而已。MaaS 供应商要与出行服务供应商建立更为密切的关系,以便为用户提供更好的服务。例如车辆租赁,MaaS 可以通过对预订信息的分析帮助车辆租赁者更好地调度车辆。

MaaS 供应商的商业模式应当是基于"有得有失"的原则,通过一些出行服务或某种出行方式赚钱,而在某些出行服务中赔钱。MaaS 供应商提供给用户的价格与出行服务供应商提供给 MaaS 供应商的价格不尽相同,与出行服务供应商提供给用户的价格也不尽相同。MaaS 供应商统一综合定价,出行者并不知道每种方式在出行中的具体价格。因此,如果 MaaS 供应商具有良好的谈判技巧,并且深入理解用户需求,则可能获得较高的收益。捆绑销售还可以提供给公司,再由公司提供给雇员。

与前述两级相比,1级的平台往往是服务全球或全国各地域的,2级的平台或许更多聚焦于本地,而3级的 MaaS 平台则主要针对本地。因为 MaaS 供应商需要去发现能够提供最佳服务的出行服务供应商,需要与本地的公共交通主管部门等达成良好的协议。

需要注意的是,如果不考虑私人小汽车的拥有者和使用者,则3级的MaaS平台也无法实现可持续交通的发展目标。

5) 4级:社会目标集成

该级的附加价值是降低私人小汽车的拥有和使用(在前一级中已有一定程度体现),创造可达性更好、更有活力的城市。在MaaS服务中整合激励措施,可以反映出本城市或本国的目标如何整合到出行服务中。

城市政府部门能够改变出行服务的社会和生态影响,例如MaaS供应商可以为期望的出行行为提供激励,从而影响出行者行为,当然,出行服务供应商也可以使用这种方式。在MaaS生态系统中两个重要的公共部门是城市政府和公共交通部门:城市政府能够影响资源的分布;公共交通部门则往往是城市交通的骨干。长远来看,MaaS供应商必须与这些部门进行密切合作。对于公共部门而言,其垄断地位应当保证出行解决方案不仅满足出行者需求,而且要对城市的发展目标有益。例如城市可以进行拥堵收费、而MaaS供应商可以为城市提供非敏感的用户数据用于进行城市规划等工作。

将公共交通服务(通常是受补贴的)与商业出行服务混合到可定制的出行服务包中,会带来不同的挑战。公共交通往往是一种通用型服务,其价格模式受政府管制较多,缺乏弹性,而有吸引力的MaaS服务需要提供一种统一、灵活的服务。因此,需要整合的是公共交通出行服务,而不是现有的公共交通"产品"(如单程票或月票)。为了在政治上能够被接受,作为MaaS服务的一部分,MaaS供应商需要证明公共交通的定价与直接售票相比,其收入、税收和价格应该是中立的。即使是公共交通机构运营的MaaS服务也会遇到同样的问题——如果该服务的吸引力足以与私家车竞争的话。

同时也要注意,商业模式与组织性质也是密切相关的。可能提供的服务、收入资金流、伙伴关系和灵活性等都取决于谁来提供服务,以及对交通运输系统的影响。MaaS会让公共交通使用者更容易使用汽车,还是让私家车主更容易使用公共交通?

2. 方法二

诚然,上述分级是一种方式,根据不同单位或个人对MaaS的理解,还有其他一些不同的分级方法,下面是另一个较为简单的分级方法[33]:

级别0:各方式独立运行。也是目前流行的出行服务模式,每种交通出行服务方式基于各自系统的账号为出行者提供数字化界面,出行者可以通过相应的系统获取相应模式的信息。

级别1:某两种方式整合。有供应商开始开发包括两种出行服务方式的系统,例如"停车+换乘""收费+加油""停车+收费""停车+火车"等。

级别2:跨模式的整合支付。出现了跨越公共交通供应商和私营的出行服务供应商的支付和订票,尽管这种整合显示出相应的益处,但是仍然会有其他的公共交通供应商无视整合而继续独自运营。

级别3:跨多模式的单一账号的统一界面。开始出现统一的用户界面,使用单一账号来处理多种出行方式。

级别4:集成所有出行方式的路径优化、预订、支付。该级别应基于开放的数据和制定的标准,并且市场上会出现多个MaaS的供应商。

级别5:开始应用AI技术。基于用户特征为用户做出最优的出行选择,基于实时的数据可以随时在出行中优化路径,几乎不需要出行者的介入。

级别6:MaaS超出了出行的范畴,与智慧城市进行整合。该级别整合了上述全部功能,并且融入整个智慧城市体系和智慧工作空间、智能家居、智能建筑等,提供整个出行服务的生态系统。

3. 方法三

在伦敦的MaaS可行性研究报告中,研究人员按照MaaS提供的服务和整合程度将其划分为6个层级[34]:

一是一体化定制的票务优惠,打包购买出行服务时享受价格优惠;

二是票务集成,一张智能卡可以支付所有参与其中的提供出行服务的交通方式的费用;

三是支付集成,组合出行一次支付,不同交通方式间换乘不需要再次支付;

四是通信技术集成,单一软件集成多种可用交通方式的查询、票务、行程规划;

五是机构整合,一家公司整合多种可用的交通方式,但并非整合城市内全部的交通方式;

六是定制出行服务包,用户根据其个人需要,按照各交通方式的出行时间和距离预先购买出行服务。

本划分方式从不同的角度入手,略显凌乱。

4. 方法四

有研究人员参考自动驾驶的分级方式,将MaaS分为相应的6级[35]如下:

0级:没有集成。各出行服务模式间无任何层面的集成,如目前的大多数情形。

1级:基本集成。多模式间实现信息集成,如Google Transit。

2级:有限集成。多模式间实现信息集成,以及一些运营集成、交易集成,例如伦敦交通局(Transport for London,TfL)的Journey Planner。

3级:部分集成。部分出行可以提供全集成的出行体验,Uber包括了自行车或公共交通服务则可能算本级。

4级:特定情况下的全部集成。部分但非全部出行方式的集成,能够提供全集成的出行体验,例如Moovel。

5级：全部情况下的全部集成。所有出行的全部集成，包括信息集成、运行集成、交易集成❶。例如 Whim 的愿景或可算本级。

5. 方法五

还有研究人员从功能集成的深度方面入手研究了 MaaS 的成熟度曲线，如图1-1所示[36]：

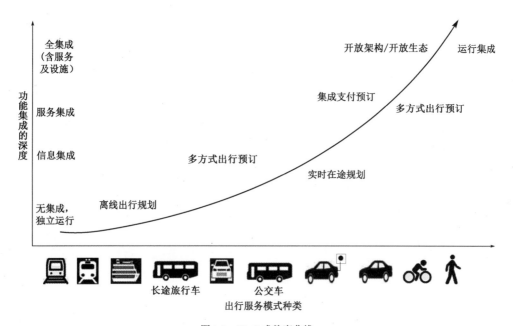

图 1-1 MaaS 成熟度曲线

三 MaaS 的特性

MaaS 的核心目标之一是通过集成全部的交通出行服务方式，为出行者提供更有效的出行服务，同时能够将一部分的自驾车出行者吸引到更为可持续的交通出行方式上（如合乘、公共交通、"公共交通+自行车或步行"等），从而实现交通系统的可持续发展。

同目前已有的各类交通出行信息服务供应商相比（例如百度地图、滴滴、神州租车、车来了等），从表象上看，MaaS 系统具有如下特征：

1. 整合全部交通方式

MaaS 系统与目前大量存在的一些出行服务系统的区别首先在于，未来某城市、某区域的

---

❶ 信息集成：一个界面提供可利用的全部出行服务方式的出行规划和实时信息。运行集成：换乘代价较低，门到门出行体验近乎"无缝"。交易集成：在一个界面完成支付及需要的预订和购票服务等。

MaaS 系统必须尽可能整合该城市、区域内全部的出行服务方式（无论是公共部门提供的还是私营企业提供的），既包括传统的公共交通等方式（如通勤铁路、地铁、轻轨、公交车、电车、轮渡、出租车等），也包括一些近年来新兴的出行服务方式[如汽车共享、网络预约出租车、合乘小汽车、公共自行车及互联网租赁（电动）自行车、需求响应型交通、互联网租赁滑板车等]。而如果是服务于城际出行的 MaaS 系统，则要整合航空、火车、长途客车等方式。

目前，支付技术的发展和数据传输技术的进步也使得集成多种交通方式的运营于一体成为可能。当前基于动、静态信息，已经可以为城市出行者规划包括步行、公共自行车、地铁、公交在内的一次多方式联运出行的路径和估计的行程时间。未来，随着动态信息可获得性的增强，例如互联网租赁自行车、共享自动驾驶汽车等应用，可以为用户规划包括多种交通方式实时信息在内的无缝出行路径。

需要注意的是，从另一个维度看，MaaS 还要实现数据、信息基础设施、交通基础设施与交通服务组织多个层面的整合，从而为出行者提供一个基础设施、信息服务整合为一体的社会物理信息系统（Cyber-Physical-Social Systems, CPSS）。

2. 统一平台、统一账号

MaaS 的一个特点是将各种可选的出行方式整合到一个系统（平台）中（用户感受到的主要是一个 App 应用，但需注意 MaaS 不仅是一个 App，App 只是体现了 MaaS 系统与用户交互的界面），同时可以让用户通过一个账号进行支付，由此用户可以通过一个账号使用全部可用的出行服务方式并支付所有的出行费用，从而取代目前使用多种出行方式时需要多种支付渠道和方式的局面。这将导致 MaaS 出行服务模式在账号注册、票价体系、身份认证、票务清分、支付方式等方面不同于传统的出行服务模式[37]。当然，MaaS 在统一账号后，更为根本的特征之一是以套餐的形式提供价格低于单独购买总价的出行服务。

实现统一平台、统一账号的基础是数据共享，这也是 MaaS 的典型特征和成功的关键。而在具体的支付手段方面，MaaS 应该支持多种支付手段。

3. 以用户为核心（以需求为导向）

MaaS 的内涵是旨在深刻理解公众的出行需求，MaaS 的关键点是为人员出行和货物运输提供基于需求的出行解决方案。因此，MaaS 系统的实施必须以需求为导向，以用户为核心来推进。

从交通的特点来看，出行基本上是派生需求。因此，人们在出行时，有时会将交通运输视为一种服务，在需要的时候去购买即可，而非一定要拥有足够的个人交通工具去完成出行。实际上，这也是体现"共享经济"的一种形式，即大家未必必须拥有汽车，但希望能够在需要时可以随时使用一辆汽车。因此，交通服务供应商也需要更好地理解用户的需求，同时能够根据每个人的生活方式提供可选的出行方式。

传统的出行服务供应商在提供服务时，多是基于历史需求等提供固定的出行服务，MaaS 带来的一个改变是出行者与出行服务供应商可以实时交互，从而使得出行服务供应商能够更好地提供匹配出行需求的出行服务。

以用户为核心的另一个体现就是，在发展 MaaS 过程中让出行者能够以某种方式参与，就像任何智慧城市计划一样，让市民参与共同创造是很重要的。通过这种方式，他们更有可能使用新的系统并看到它们的价值，这也使他们感觉不到技术是强加的。从与出行者的磋商中获得的反馈和见解，将是 MaaS 系统最终取得成功的关键[38]。

4. 众多参与者

MaaS 系统的开发和实施需要众多利益相关者的参与，既有城市（或区域）政府交通主管部门，也有各类公共的或私营的出行服务供应商，同时也需要有相关技术公司的支持，以提供 MaaS 数据整合、应用开发等方面的技术支持，其他相关的参与者可能包括投资者、保险公司等。例如，瑞典的发展强调了部门合作的重要性，尤其是正确的商业化模式以及在战略和战术层面都全面考虑各利益相关者的诉求。而芬兰 MaaS 的开发也体现了如下 3 个要素的重要性：高层支持、组织间合作、关键利益相关者之间的信任[39]。

5. 高新技术支持

MaaS 系统的实现从技术上而言，既涉及众多已有出行服务系统的各类数据整合，也涉及跨部门、跨平台等的电子支付，还需要能够根据用户出行需求实时生成跨交通方式的最优出行方案，并且能够根据不断采集的大量出行数据进行数据分析，以便为优化出行服务系统等提供支撑，因此，涉及众多信息通信技术的应用，需要有大数据、人工智能、电子支付等领域的高新技术支撑。

例如，对于一个 MaaS 供应商而言，必须是以可靠、快速和安全的方式获取其所需要的有关运输设备、基础设施及出行者等的无处不在的数据，并进行存储和使用。传统的技术体系未必能够实现如此复杂的功能，因此，需要采用一些有关大数据的技术来为综合出行服务的数据采集、存储和分析提供支撑。

6. 个性化、定制化服务

顾名思义，MaaS 的一个特点应该是服务化，MaaS 将用户体验放在首位。MaaS 供应商通过整合各种不同的出行服务方式来为用户提供有价值的出行服务，MaaS 将根据用户的不同偏好、用户的特性等提供优化后的个性化的定制服务。它利用实时互联，使分享和个性化成为可能，以此来提高出行的便捷性、效率和满意度。

表 1-1 简单对比分析了 MaaS 出行服务模式与传统出行服务模式。

MaaS 出行服务模式与传统出行服务模式特征比较 表 1-1

项目	MaaS 出行服务模式	传统出行服务模式
运输方式整合	理想状况是整合全部可用的出行方式和全部的出行服务供应商；可以获取全出行链的数据	各出行服务供应商主要局限于自己拥有的出行服务方式；只能获取自有出行方式的出行数据
统一平台和账号	一个平台、一个账号访问和使用全部可用出行方式，完成跨出行方式的从查询、规划、预订、出行、支付到实时信息服务的全过程，能够以相对合算的方式提供出行服务	各出行服务模式各自拥有独立运行的平台和账号，出行者在使用多种出行服务时需要"多次注册、多次登录、多次预订、多次支付"
服务理念	以用户为核心，需求响应型为主	以相对固定规模运行，调整余地较小
利益相关者	政府及其交通主管部门、基础设施提供者、各出行服务供应商、技术公司、MaaS 供应商、相关组织（保险、旅游等）、出行者	相对较少，各组织独立运行为主
技术需求	需要在数据交换、出行服务、票务系统等方面有更好的技术支撑来实现 MaaS 的高效服务	在现有技术条件下运行良好
个性化服务	根据用户的不同偏好，提供跨不同交通方式的个性化定制服务	受制于可选的出行服务方式，在个性化服务方面较为不足

总体来说，对于 MaaS 而言，一体化是表征、人本化是核心、共享化是基础、可持续是目标。MaaS 的目标之一是降低小汽车的保有量乃至使用量，其理念与当前的"专车""快车"等相悖，而与真正意义上的"顺风车"有相通之处。

除上述核心特征外，在其他方面，MaaS 出行服务模式与传统的出行服务模式之间亦存在一些特征上的差异[37]，在此不再赘述。

需要注意的是，MaaS 虽然是面向出行的概念，但是在当前信息技术的支撑下，以智慧城市的建设为背景，MaaS 的建设除了考虑出行本身以外，也需要考虑与出行相关的一些辅助领域（如加油、充电、保险等），以及其他相关行业，如旅游业、零售业等。

总之，MaaS 的广泛目标将包括社会、经济、生态等多个领域，MaaS 只有满足社会目标，才是可持续的，例如促进低碳交通系统发展、缓解拥堵、创造更好的可达性等。

MaaS 应用案例

有关 MaaS 的实践，英国 Transport Systems Catapult 2016 年的一个关于 MaaS 的报告《MaaS：探索英国 MaaS 的机会》(Mobility as a Service：Exploring the Opportunity for Mobility as a Service in the UK) 中给出的一个案例可以用来说明 MaaS 的应用[40]：

35 岁的梅琳达（Melinda）和她的丈夫及两个孩子生活在德斯利（Tyldesley），一个半城市化地区，位于曼彻斯特西北 12mile（注：1mile 约合 1.61km），当前最方便的出行方式是私人小汽车。Melinda 家拥有两辆小汽车。她丈夫汤姆（Tom）使用其中的一辆车每天用于通勤，他的工作地点在索尔福德（Salford），离家 10mile，最少需要 35min，有时需要 60min 的通勤时间。Melinda 使用另一辆汽车每天将孩子送到位于博尔顿（Bolton）的学校,然后开回 Tyldesley 的工作地点。Melinda 和她丈夫每天都会遇到一些交通问题,故想做出改变。

Melinda 家预订了 MaaS 来降低日常出行压力。她首先在她和她丈夫的智能手机上下载了 MaaS 供应商的 App,并开通了家庭账号。在注册过程中,她回答了一些问题,MaaS App 为她和她丈夫提供了一个家庭套餐。该套餐包括国家铁路、公交、需求响应型迷你公交车和共享自行车❶。

第二天,Melinda 首先选择送孩子上学的选项,她输入学校的地址后发现 MaaS 运营商为其提供了需求响应型的校车,可以到家接上孩子直接送到学校。她点击"提交"后能够看到校车的实时位置、预测的到达时间、车牌和驾驶员。15min 后校车到达她家前门,她使用 MaaS App 来记录其孩子已经上车。由于节省了送孩子上学的时间,她决定和她的同事喝一杯班前咖啡。

Melinda 的丈夫也规划了这天早上上班的出行,他订了一辆迷你公交车,公交车迅速到达,当他上车后 MaaS App 开始计算行驶里程。当迷你公交车到达火车站,Tom 使用 MaaS App 作为虚拟车票。到达 Salford 后,Tom 收到一条短信,告知他之前规划的使用自行车的路径已经因为事故而关闭,建议他最好步行走另外的路径,最终 Tom 比昨天早 15min 到达办公室。

在使用了 MaaS 一个月后,Melinda 家的生活发生了根本的变化。他们卖掉了 Melinda 的车,并且使用 MaaS 网站(社区汽车俱乐部)将另一辆车用于提供短租服务。作为交换,Melinda 家的 MaaS 账号得到了相应的信用积分,可以用来购买出行服务。由于他们节省了日常通勤时间,现在他们有时间全家人一起吃早饭,并且因为卖掉他们的车而节省了钱。

四 MaaS 系统架构

1. 体系框架

众多研究表明,MaaS 的发展过程中需要公共交通运营商和其他出行服务供应商进行较高层面的交互协作,并且在整个价值链中会形成两个新的角色:MaaS 平台供应商和 MaaS 服务供应商。

MaaS 的系统架构如图 1-2 所示[40]。

---

❶ 本书将经常出现"共享自行车"一词,虽然个人理解目前所谓的"共享自行车"并非真正意义上的共享经济,只是自行车租赁的"互联网+"形式,但出于表达方便,还是使用了"共享自行车"一词,主要是指各类公共租赁自行车。

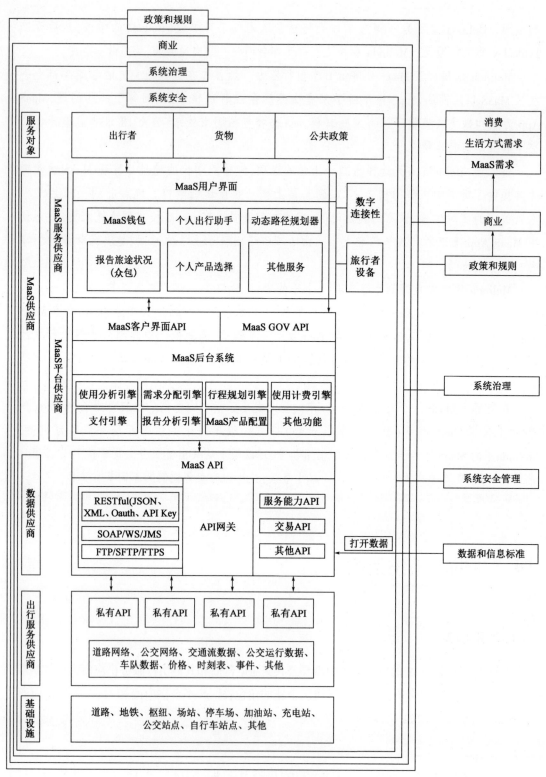

图 1-2　MaaS 参考体系框架

如图 1-2 所示,从逻辑上来看,实现 MaaS 系统主要有如下一些利益相关方:出行服务供应商、数据供应商、MaaS 服务供应商、MaaS 平台供应商、MaaS 用户以及其他利益相关方,包括交通基础设施管理者、保险公司、停车场及加油站等的管理者等。

1) 出行服务供应商

这里的出行服务供应商涵盖的范围较广,如果未来的 MaaS 既包括城市交通也包括城际交通的话,则出行服务供应商包括现有的海陆空各种出行服务供应商,常见的有航空公司、水运公司、铁路公司、汽车客运公司、地铁公司、公交公司、出租车公司、各种 TNC 出行公司等。出行服务供应商除了传统的和新出现的各种交通出行服务公司外,还需要考虑其他的一些单位,例如 WiFi 供应商和电影、游戏供应商等。

出行服务供应商是 MaaS 服务供应商的主要支撑者,它们向 MaaS 服务供应商出售自己的出行服务,并通过安全的应用程序接口(Application Programming Interface,API)等让 MaaS 服务供应商(或 MaaS 平台供应商)能够访问自己的数据。为了支撑 MaaS 系统的运行,出行服务供应商可能需要在车辆监管、信息采集、票务系统、信息服务等方面做相应的提升。

2) 数据供应商

数据供应商是 MaaS 供应商的重要支撑者,典型的数据供应商包括地图服务供应商、通信运营商、政府交通管理部门以及实时贡献数据的出行者等。MaaS 系统极度依赖数据的共享和互操作,因此,数据供应商在 MaaS 生态体系中至关重要,数据供应商主要负责提供数据和分析技术,包括对来自公共部门或私营部门的数据进行处理、重组和发布等。数据供应商将以一种可互操作的格式处理、打包和分发数据。数据互操作性是 MaaS 的核心,为了实现数据的互操作性,需要有相应的标准规范和法案。

为 MaaS 供应商提供的数据类型根据各 MaaS 系统功能的差异而有所不同,但大多包括如下类型数据:出行路线数据、出行者如何获取出行服务、价格信息、交易信息、实时路况、实时车辆状态、交通基础设施特性、交通基础设施使用状况等。

3) MaaS 供应商

由于商业模式的不同(详见第四章),MaaS 供应商又可以根据侧重点不同分为 MaaS 平台供应商和 MaaS 服务供应商。MaaS 平台供应商和 MaaS 服务供应商可以合并成为 MaaS 供应商,由一家单位来实现,也可以由不同单位来实现,而不同的实现单位则会衍生出不同的商业模式。

MaaS 是一些执行整合功能的单元群,例如数据接入、数据存储、行程规划、优化、购票、支付、通信等。MaaS 平台供应商是提供 MaaS 平台的公司,可以是 MaaS 服务供应商(这种情况下两者合并统称为 MaaS 供应商),也可以是独立的第三方公司,例如 Fluidtime 公司,可以为 MaaS 服务供应商提供数据管理、后台解决方案等。MaaS 平台供应商一头对接各类出行服务供应商,一头对接 MaaS 服务供应商。此类机构不只是提供技术服务,还需要有明确、公开的目标,并成为公正和有能力的行动者,同时要仔细考虑它们的发布策略[41]。MaaS 平台供应商有时也可以兼具数据供应商的角色。

MaaS 服务供应商整合了所有的出行服务,通过一个界面为出行者提供服务。它们从不同的出行服务供应商处购买服务,重新组合后再提供给出行者。MaaS 服务供应商负责 MaaS 用户服务程序的开发和运营,主要是开发一个可以在各种智能设备上使用的统一服务入口,可以是 App、微信公众号或小程序,以简单直观的方式让用户进行出行行程的预约、支付,以及享受个性化的信息服务。

当然,用户服务程序还包括强大的后台功能,主要包括路径规划优化、出行需求管理、多模式多层次的交通服务、一次支付和多通路的结算以及交通运行大数据等。大数据主要包括天气、道路、服务区、便利店、车站、线路、停车场、地图等静态数据,有各个交通子系统比如海陆空交通系统运行的实时数据、客户的出行需求数据、支付和结算的财务数据、预测数据等。

4) MaaS 用户

MaaS 的用户可以是个体的出行者、家庭、某个群体或公司等,如果将其延伸到货运领域,则各类货物也可视作 MaaS 用户。

5) 其他相关单位

除了前述四大类 MaaS 的直接利益相关者外,还有其他一些与 MaaS 系统运行相关的单位或机构,包括交通基础设施提供者、信息与通信技术(Information and Communications Technology, ICT)基础设施供应商、支付系统提供者、投资者、保险公司、监管机构、高校、科研院所,以及其他一些媒体和广告公司等。

需要注意,交通基础设施是支撑 MaaS 良好运转和提供无缝出行服务的重要基础。MaaS 的实施需要加强两大类基础设施建设,一类是数字化基础设施,一类是交通基础设施,以便很好地衔接各类出行方式。

基础设施的质量非常重要,如果基础设施无法使用或者质量下降,那么依赖基础设施所能提供的服务质量将会下降。以换乘为例,如果没有良好的换乘枢纽,单靠数字化的一体化是无法实现良好换乘的。

通过对一些城市的 MaaS 或类似 MaaS 系统的发展可以看出,一个城市良好的交通基础设施体系会给 MaaS 的发展提供很好的支持,各个城市都发现良好的"出行节点"(Mobility Hub)体系是 MaaS 概念的重要组成部分,否则只有 MaaS 平台提供的信息集成而缺乏城市交通系统基础设施的集成依然会从物理层面阻碍出行者的一体化出行。

例如在汉堡,已经把重点放在交通网络与新的出行服务的物理连接上,在其交通站点附近建立自行车和汽车共享区域,这些区域被称为 SWITCH(转换)点。汉堡的目标是在城市周围建立多达 70 个这样的微出行区域。维也纳也计划在城市周围战略性地建立出行站点(Mobility

Points),用户可以在那里找到电动自行车、电动踏板车、共享汽车、充电站、自行车存储空间等。

同时,在 MaaS 发展初期,应当充分发挥科研机构的作用。由于 MaaS 还是一个相对较新的概念,因此需要对 MaaS 生态系统的所有相关方面进行深入研究。前期充分的研究可以为 MaaS 系统的众多方面提供量化的证据,使监管机构能够制定适当的监管架构。研究也有助于实现 MaaS 概念所需要的技术创新。通过研究,有助于开发恰当的商业模式、融资结构、保险计划和收入分配模式等,因此在 MaaS 发展的早期阶段,全面深入的研究对于搭建可持续的 MaaS 生态系统是一项非常重要的工作[42]。

也有研究将 MaaS 的体系架构根据功能结构划分为如下 5 层[43]:

(1)基础设施层:各类交通基础设施(例如机场、铁路、道路、枢纽等)的提供者;

(2)出行服务层:提供交通出行服务的各类出行服务供应商(如公共交通企业、网约车公司等);

(3)MaaS 集成商:主要是对各个交通出行服务供应商的数据、服务进行整合,可视为图 1-2 中的数据供应商和 MaaS 平台供应商的整合;

(4)MaaS 运营商:主要是开发 MaaS App 等来为终端用户提供出行预订服务等,即类似图 1-2 中的 MaaS 服务供应商;

(5)终端用户:MaaS 系统的终端使用者。

已有的各个单位与 MaaS 供应商之间的交互关系可以归纳为表 1-2[44]:

各个单位与 MaaS 供应商之间的交互关系　　　　表 1-2

范　畴	角　色	为 MaaS 供应商输入	从 MaaS 供应商获取
MaaS 核心利益相关方	出行者	个人信息	一体化出行服务
	出行服务供应商	各自出行服务方式的数据等	MaaS 平台数据;扩大的市场规模等
	数据供应商	数据和分析能力等	新的市场和营收
扩展利益相关方	IT 技术供应商	云计算等能力	新的市场和营收
	ICT 基础设施供应商	高速网络链接和全覆盖	新的市场和营收
	保险公司	为 MaaS 提供保险	新的市场和营收
	票务和支付	一票服务所有方式	新的市场和营收
	出行规划工具	提供多模式规划工具	新的数据
商业生态利益相关方	投资人	投资	获利
	科研机构	研究成果	资助、创新等
	政府部门	数据标准、政策框架、竞争、投资、安全、质量标准等	对交通基础设施更好利用;税收增加;促进可持续发展

总之,为消费者提供端对端的出行服务需要多种交通方式、交通基础设施提供者、各级政

府、公司、技术和创新者的全力合作,每个方面承担不同的责任。为所有人提供一个更好、更便捷的出行方式,需要一个系统性的思考方法,促进交通生态系统的演变,为新的出行服务方式的出现做好准备,并实现其经济和社会效益。

2. MaaS 层次

有研究根据 MaaS 系统的功能等将 MaaS 分为不同的层次,如图 1-3 所示[45]。

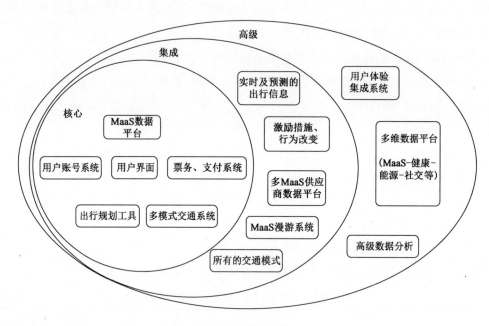

图 1-3　MaaS 层次划分

1)核心

核心层为 MaaS 系统提供平台、出行规划和票务选择;为用户提供了一个个人账户,用户可以通过应用程序(App)、Web 甚至呼叫中心访问特定的 MaaS 服务。

2)集成

集成的 MaaS 是客户体验的关键,否则出行者只能将 MaaS 用于其出行的一部分,且互操作性有限,这可能会使出行者放弃使用 MaaS,如果他们不得不以一种"旧的方式"(非 MaaS)出行。

3)高级

本层次涉及获取实时和预测信息,其对出行者和出行服务供应商来说都是非常重要的。激励措施可以吸引用户使用 MaaS 服务,也可以吸引有兴趣通过 MaaS 平台提供服务的供应商。

MaaS 的相关名词

伦敦大学学院(UCL)的 MaaS 实验室[5](MaaSLab)梳理了一些 MaaS 相关的用词如下。

出行即服务(MaaS)：出行即服务是一个以用户为中心的智能出行管理和分派系统，在其中，集成商(供应商)将多个出行服务供应商的服务整合在一起，通过数字界面为最终用户提供访问这些服务的机会，从而使出行者能够无缝地规划出行和支付费用。

MaaS 运营商(集成商、供应商)❶：MaaS 运营商是整合出行服务供应商的服务、设计 MaaS 产品并向最终用户进行销售的组织。在一个特定的区域内可能有一个或多个 MaaS 运营商，一个运营商可以提供跨多个区域的服务。

IT 供应商：IT 供应商是指负责数据和 IT 基础设施的机构，包括但不限于支付、票务、电信、技术后台、MaaS 平台公司等。MaaS 运营商也可以是 IT 供应商之一。

MaaS 平台：MaaS 平台是 MaaS 运营商(供应商)为最终用户提供出行服务的 IT 架构。MaaS 平台分为前端和后端两个部分，都是由 IT 公司开发的组件所组成的。前端是面向客户的，它是数字界面，是一个移动应用或网络应用，客户通过它来购买和使用 MaaS 服务。后端是内部支持元素，实现 MaaS 的运行。后端是多个组件的集合，完成数据导入、数据存储、行程规划、优化、票务、支付和通信等功能。

MaaS 平台供应商：MaaS 平台供应商是负责提供 MaaS 平台的公司。可能是 MaaS 运营商(供应商)，也可能是只负责技术要素的第三方。

MaaS 数字界面：MaaS 数字界面是一个移动应用或网络应用，客户可以通过它来购买和使用 MaaS 产品。

出行服务：出行服务是系统中能够支撑人们出行的所有要素，包括但不限于不同的交通模式和出行辅助服务。其中，交通模式是指出行服务供应商为最终用户提供的服务类型(例如拼车、共享汽车、共享单车、出租车、公交车、铁路等)。

出行辅助服务：出行辅助服务是支持出行服务的物理基础设施的要素，包括但不限于充电站、加油站、停车位等。

出行服务供应商：出行服务供应商是指为 MaaS 运营商和最终用户提供出行服务的机构，无论是公共的还是私营的。

多服务出行规划器：多服务出行规划器是一个专门的搜索引擎，它提供了从 A 到 B 的最佳出行方式。多服务出行规划器提供了尽可能多的出行模式组合，可以为最终用户提供最佳的出行方式。

MaaS 业务生态系统：MaaS 业务生态系统是指影响 MaaS 运营商(供应商)创造和获取价值方式的更广泛的组织网络。

---

❶ 本书后文多用"MaaS 供应商"。

> MaaS 产品：MaaS 运营商（供应商）向其客户提供的服务类型，包括但不限于"即走即付"服务和 MaaS 套餐计划。
>
> MaaS 套餐计划：MaaS 套餐计划是一种 MaaS 产品。MaaS 运营商向客户提供捆绑式出行服务和出行辅助服务。捆绑的内容包括使用量、出行费用和订购期限等。

本章参考文献

［1］ HIETANEN S. 'Mobility as a Service'-the new transport model？［J］. Eurotransport，2014，12（2）：2-4.

［2］ HEIKKILä S. Mobility as a Service-A Proposal for Action for the Public Administration，Case Helsinki［D］. Aalto，Finland：Aalto University，2014.

［3］ KARJALAINEN P. White Paper：Guidelines & Recommendations to create the foundations for a thriving MaaS ecosystem［R］. MaaS Alliance，2017.

［4］ MaaS Global. What is Mobility as a Service（MaaS）？［EB/OL］.［2020-02-12］. https：//whimapp. com/what-is-mobility-as-a-service-maas/.

［5］ KAMARGIANNI M，MATYAS M，LI W，et al. The MaaS Dictionary［M］. MaaSLab，Energy Institute，University College London. 2018.

［6］ MaaS4EU.［2020-02-15］［EB/OL］. http：//www. maas4eu. eu.

［7］ Becoming a real mobility provider—Combined Mobility：public transport in synergy with other modes like car-sharing，taxi and cycling…［R］. International Association of Public Transport，2011.

［8］ COLE M. Mobility as a Service：Putting Transit Front and Center of the Conversation［R］. San Diego，CA 92111：CUBIC Transportation Systems，2018.

［9］ Department of Economic and Social Affairs. World urbanization prospects：The 2014 revision，highlights（ST/ESA/SER. A/352）［R］. United Nations，Population Division，2014.

［10］ 北京市规划和国土资源管理委员会.北京城市总体规划（2016 年—2035 年）［R］.北京：北京市规划和国土资源管理委员会，2017.

［11］ WHO. Tackling the global clean air challenge［EB/OL］. 2011［2020-02-14］. https：//www. who. int/mediacentre/news/releases/2011/air_pollution_20110926/en/.

［12］ BARONE J. Is Air Pollution Getting Worse or Better？［EB/OL］. 2017［2020-02-14］. https：//www. berkeleywellness. com/healthy-community/environmental-health/article/air-pollution-getting-worse-or-better.

［13］ Guidelines For Developing and Implementing a Sustainable Urban Mobility Plan，Second

Edition［R］. Germany：Rupprecht Consult，2019.

［14］ Architecture Reference for Cooperative and Intelligent Transportation［M］. U. S. Department of Transportation. 2019.

［15］ DHAWAN R，HENSLEY R，PADHI A，et al. Mobility's second great inflection point［J］. McKinsey Quarterly，2019.

［16］ Transport Scotland. Table TD9：［Car Occupancy］Percentage of car stages 1 by car occupancy，2008-2018 2，3［EB/OL］.［2020-03-09］. https：//www. transport. gov. scot/publication/transport-and-travel-in-scotland-results-from-the-scottish-household-survey-1/table-td9-car-occupancy-percentage-of-car-stages-1-by-car-occupancy-2008-2018-2-3/.

［17］ FHWA. National Household Travel Survey［EB/OL］. 2017［2020-03-09］. https：//nhts. ornl. gov/.

［18］ statista. Average car and van occupancy in England from 2002 to 2018［EB/OL］.［2020-03-09］. https：//www. statista. com/statistics/314719/average-car-and-van-occupancy-in-england/.

［19］ 中国城市轨道交通协会. 城市轨道交通2019年度统计和分析报告［R］. 北京：中国城市轨道交通协会，2020.

［20］ APTA. APTA-Ridership by Mode and Quarter 1990-present［C］//1990-PRESENT A-R B M A Q. APTA. 2019.

［21］ Department for Transport. Annual bus statistics：England 2017/18［R］. London：Department for Transport，2019.

［22］ American Public Transportation Association. Being Mobility-as-a-Service（MaaS）Ready［R］. Washington，DC，USA：American Public Transportation Association，2019.

［23］ 社团法人交通工学研究会. 智能交通系统［M］. 董国良，译. 北京：人民交通出版社，1999.

［24］ 工业和信息化部运行监测协调局 2019年1—11月通信业主要指标完成情况（二）［EB/OL］.［2020-02-15］. http：//www. miit. gov. cn/n1146312/n1146904/n1648372/c7572400/content. html.

［25］ CHEUNG M-C. eMarketer. China Mobile Payment Users 2019：moving Toward a Cashless Society［EB/OL］.［2020-02-15］. https：//www. emarketer. com/content/china-mobile-payment-users-2019.

［26］ 北京市交通委员会. 5月16日起，北京公共交通实现"一码通乘"［EB/OL］.［2020-05-17］. http：//jtw. beijing. gov. cn/xxgk/dtxx/202005/t20200515_1898493. html.

［27］ 国家统计局. 2019年居民收入和消费支出情况［EB/OL］.［2020-02-15］. http：//www. stats. gov. cn/tjsj/zxfb/202001/t20200117_1723396. html.

[28] FELSON M, SPAETH J L. Community Structureand Collaborative Consumption: ARoutine Activity Approach [J]. American Behavioral Scientist, 1978, 21(4): 614-624.

[29] KAMARGIANNI M, MATYAS M, LI W, et al. Londoners' attitudes towards car-ownership and Mobility-as-a-Service: Impact assessment and opportunities that lie ahead [R]. London, UK: MaaSLab-UCL Energy Institute Report, Prepared for Transport for London, 2018.

[30] LEI S. Urban Institute. Meeting the transportation needs of an aging population [EB/OL]. [2020-04-30]. https://www.urban.org/urban-wire/meeting-transportation-needs-aging-population.

[31] 国家统计局. 人口总量平稳增长 人口素质显著提升——新中国成立70周年经济社会发展成就系列报告之二十[EB/OL]. [2020-02-15]. http://www.stats.gov.cn/tjsj/zxfb/201908/t20190822_1692898.html.

[32] SOCHOR J, ARBY H, KARLSSON I C M, et al. A topological approach to Mobility as a Service: A proposed tool for understanding requirements and effects, and for aiding the integration of societal goals [M]. 1st International Conference on Mobility as a Service (ICOMaaS). Tampere, Finland. 2017.

[33] OPIOLA J. Levels of MaaS-Mobility as a Service [R]. PARKING TODAY, 2018.

[34] KAMARGIANNI M, MATYAS M, LI W, et al. Feasibility Study for "Mobility as a Service" concept in London [R]. London, UK: UCL Energy Institute, 2015.

[35] LYONS G, HAMMOND P, MACKAY K. The importance of user perspective in the evolution of MaaS [J]. Transportation Research Part A: Policy and Practice, 2018(121):22-26.

[36] PICKFORD A, CHUNG E. The shape of MaaS: The potential for MaaS Lite [J]. IATSS Research, 2019(43):219-225.

[37] 刘向龙, 刘好德, 李香静, 等. 中国出行即服务(MaaS)体系框架与发展路径研究 [J]. 交通运输研究, 2019, 5(03): 1-9.

[38] WRAY S. Mobility-as-a-Service: Cities on the move [R]. SmartCitiesWorld, 2019.

[39] SMITH G, SOCHOR J, SARASINI S. Mobility as a Service: Comparing Developments in Sweden and Finland[C]. the 1st International Conference on Mobility as a Service, Tampere F28.-29.11,2017.

[40] Milton Keynes. Mobility as a Service: Exploring the Opportunity for Mobility as a Service in the UK [R]. UK: Transport Systems Catapult, 2016.

[41] SMITH G, SOCHOR J, KARLSSON I C M. Intermediary MaaS Integrators: A case study on hopes and fears [J]. Transportation Research Part A: Policy and Practice, 2020(131):163-177.

[42] KAMARGIANNI M, MATYAS M. The Business Ecosystem of Mobility-as-a-Service [M].

96th Transportation Research Board (TRB) Annual Meeting. Washington DC, USA. 2017.

[43] Ready for MaaS? Easier Mobility for Citizens and Better Data for Cities [R]. Brussels, Belgium: UITP, 2019.

[44] ARIAS-MOLINARES D, GARCíA-PALOMARES J C. The Ws of MaaS: Understanding mobility as a service from a literature review [J]. IATSS Research, 2020.

[45] Transport Data Initiative. Mobility as a Service (MaaS) for Local Authorities [R]. Transport Data Initiative, 2019.

第二章 MaaS的发展

自从MaaS的概念逐渐明确之后[1],近年来,MaaS在世界范围内得到了广泛的关注,世界上众多的城市和组织都开始了MaaS的研究和示范,本章主要总结过去数年内与MaaS相关的示范项目、科学研究、行业发展及各类相关组织等。

首先简单从时间线上梳理一些有代表性的工作:

2013年11月,UbiGo(MaaS雏形项目)在瑞典哥德堡开始为期6个月的测试;

2014年,在芬兰赫尔辛基召开的智能交通系统(Intelligent Transport Systems,ITS)欧盟大会上,MaaS概念被正式提出;

2015年,在法国波尔多召开的智能交通系统世界大会上,以欧洲智能交通系统相关单位为主成立了MaaS联盟(MaaS Alliance),主要是面向欧洲;

2016年,Whim发布,标志着较高集成级别的MaaS原型系统开始出现;

2017年,MaaS联盟发布MaaS白皮书,同年Whim正式投入使用;

2018年,丹麦哥本哈根的智能交通系统世界大会为参与者提供MaaS原型系统使用,ITS世界大会上有关MaaS的论坛和主题明显增加,成为六大会议领域之一;

2019年,众多巨头企业通过投资进入MaaS领域,我国出台的多个交通领域的重要文件都明确提出了发展MaaS的目标;

2020年,交通领域国际期刊Transportation Research Part A出版MaaS专刊,从多个领域对当前的MaaS研究成果进行了介绍。

一、国外典型MaaS案例

目前来看,在过去数年中,MaaS在欧洲国家进行的试点和实验较多,产生了许多示范性的应用。近年来,MaaS也开始被推广到全球的众多国家和地区,但是不同城市或国家所谓MaaS

的发展水平不一。在这一部分主要介绍几个比较有代表性的 MaaS(或类 MaaS)应用案例的发展情况,应用或示范的效果等方面的分析详见其他相关章节。

1. UbiGo

从时间上来看,UbiGo 可以算是最早期的 MaaS 的示范项目之一。

1)简介

2012 年,瑞典启动了一项智慧出行项目(Go:smart)❶,该项目的目标是推广更好的可持续出行方法,通过示范新的商业模式来观察提供"出行服务"如何能降低对私人小汽车的需求。Go:smart 项目持续 2 年,投入 2000 万元瑞典克朗,包括了多个子项目。

UbiGo 是 Go:smart 项目的一部分,开发和测试了一项创新的出行经纪人服务,以促进和奖励城市内的可持续出行方式。"每日出行的经纪人"可以为每个出行者的每次服务提供定制。2013 年 11 月到 2014 年 4 月间,UbiGo 在瑞典哥德堡进行了 6 个月的试验,有 83 个家庭中的 195 人成为 UbiGo 平台的用户[2],其中有 173 个成年人和 22 个未成年人,成年人中有 5 个人的工作与实验相关。

UbiGo 通过提供的网页端或者手机端的 App,为家庭提供一站式的包月出行服务,用户可以定制自己的出行服务套餐,包括公共交通、汽车共享(汽车合乘)、自行车共享、租车服务和出租车。这种出行套餐规定了该用户本月(或本季度)在一定区域范围内使用各种交通方式的时间额度(信用)或价格水平。在该规定范围内,用户可享受由各种交通方式衔接成链式的出行服务,从而以更加低廉的价格获得和使用与私家车服务水平相似的出行体验。最低消费为每个月 1200 元瑞典克朗,当时大概相当于每月 135 欧元,实际实验中花费的费用约为其 150%。任何一个月内未使用的额度都可以延期,如果在试验结束时还有剩余额度则可以退还。

在招募参与者的过程中,选择那些有可能从该包月服务中受益的家庭作为目标,也就是那些较少使用小汽车或者正在考虑是否购买小汽车的家庭。参与者平均年龄为 38 岁,最年轻的成年参与者为 21 岁,最年长的为 73 岁。人们还可以选择在试验期间放弃他们的小汽车,从而获得奖励,有 20 个家庭放弃了私人小汽车使用[3],其中 17 个是只有 1 辆小汽车的家庭。

2)特点

(1)一个应用统一支付。

UbiGo 为用户使用多种出行方式提供了一站式访问途径,它将多种交通方式整合到一个 App 上,用户只需下载 UbiGo 的客户端,即可在该 App 上定制包含这些交通方式的"出行服务套餐"。用户以包月的形式进行支付,根据自己的需求进行定制,套餐可以每月进行修改,也可以充值和结转。专门有后勤部门处理如发票、月租的充值或结转、因租车等导致的额外费

---

❶ http://closer.lindholmen.se/en/about-closer/gosmart(2020 年 2 月访问)。

用、修改预订等相关管理事宜。

包月出行服务包括[4]：

公共交通：以日票的形式计算，覆盖4个区域。如果用户某日想增加某一不同的新区域，则须支付额外的费用。

汽车共享：服务以小时计算，价格与车型无关。每个小时包含了燃油费和10km的出行里程，若超过10km，会产生额外的费用。

租车服务：服务以小时计算（24h起租需要预存18h的费用）。租的时间越长，花费越少（例如第2~4天只需要按照每天预存12h的费用）。车型越大费用越高，燃油费率及每日保险费用是固定的。

自行车共享：套餐包括了自行车使用费。每次使用前30min免费，超过30min会有额外花费（能够开具发票）。

出租车：套餐提供了折扣价预订出租车服务，月底统一提供发票。

(2) 以人为本的配套服务和有力的出行保障。

用户选择的"出行服务套餐"是以家庭为单位按月支付的。如果用户在本月花光了所有的月租，那么超额的部分需要额外支付；若在月底时未花完月租，则可将剩余部分留到下个月继续使用。若出行计划因不可抗因素被改变（例如公交或租赁车的晚点等），用户可通过App中的历史订单信息与公共交通公司协商损失弥补方案。此外，UbiGo为用户配备了智能出行卡，该卡能够解锁共享单车或者租赁汽车，并在UbiGo App出现技术问题时继续确保公共交通的顺利使用。同时，如果公交车延误20min以上，则UbiGo用户可以使用App预约一辆出租车，费用由UbiGo支付。最后，UbiGo可通过获取用户的历史出行数据，为用户推荐更加合适的定制服务套餐。

(3) 引导绿色出行。

UbiGo提供一套绿色出行奖励系统，将用户使用绿色交通工具与使用私家车出行产生的CO_2排放量进行对比，确定用户的绿色出行积分，该积分可用于交换其他商家提供的商品和服务，例如各种博物馆、影剧院门票、礼物卡、食物、有声书或者使用其他休闲设施的服务等。

3) 启示

需要注意的是，在选择实验参与者时，UbiGo项目组主要考虑了如下原则[4]：

(1) 并不完全使用公共交通，有时也会使用私人小汽车；

(2) 居住在汽车共享站点附近的合理范围内（由参与者个人判断）；

(3) 居住在哥德堡的一定地理区域内（最初是哥德堡的3个区，后来为招募更多的参与者而扩大了范围）。

当参与者被问及未来可以继续做些什么来提高UbiGo的性能时，反馈主要包括：建议价格模式更加灵活，例如增加即走即付（Pay-as-You-Go）的选项；改进出行行程规划以包括全部出行方式的对比,即要尽可能包括更多的出行服务供应商,而不仅是公共交通;建议给出详细的价格和出行时间信息。

其他一些意见包括:界面要做成真正的App,现在是通过谷歌(Google)或脸谱网(Facebook)登录;服务要有经济性,而且最好是月底支付,而不是月初支付,因为套餐固定,月初支付就会限制大家的使用。

UbiGo在试点结束后未能继续运行,其未能从实验转变为商业的一些原因主要包括与票务系统、组织角色等相关的各种制度障碍,通过实验发现未来的实施要注意规则和制度、商业模式、组织文化和消费模式等。

总体来说,UbiGo的实验是成功的,也给我们带来一些启示,例如没有包括所有的出行服务供应商、没有足够的Car Sharing站点等。

4)UbiGo的发展

UbiGo在哥德堡的试点于2014年结束。2015年5月,UbiGo获得经济合作与发展组织(Organization for Economic Co-operation and Development,OECD)国际交通论坛"最有前途创新"奖。

作为H2020 CIVITAS ECCENTRIC项目的一部分,2017年10月UbiGo Innovation AB和Fluidtime AG(Kapsch❶集团的控股子公司)宣布了一项合作,在2018年3月开始在斯德哥尔摩重新启动UbiGo试点项目,Fluidtime公司将根据UbiGo公司的需求提供相应的技术平台。Fluidtime的应用程序Fluid Go被用作用户访问的前端,Fluid Hub用于对出行服务供应商的集成流程进行标准化,并简化它们之间的数据管理,商业后台解决方案Fluid Biz用于管理账户、订阅和相关的支付。

2019年4月,UbiGo在斯德哥尔摩正式启动❷,主要提供4种出行方式:公共交通(日票数)、汽车共乘(小时信用数)、租车服务(价格水平)、出租车(价格水平),并提供小、中、大、自定义4种包月服务套餐,每个UbiGo用户选择适合自己需求的服务套餐,每个月的订阅都需要进行充值。

2. Whim

Whim是MaaS Global[由号称"MaaS概念之父"的桑波·赫塔宁(Sampo Hietanen)联合创立并任首席执行官]的MaaS产品,目前已经在赫尔辛基、英国的西米德兰兹郡、比利时的安特卫普、奥地利的维也纳、新加坡和大东京地区等多个国家的城市得到了应用❸,算是目前在MaaS实际应用中颇为领先的产品。

---

❶ 总部位于奥地利维也纳的一家国际化道路信息技术和电信公司。
❷ https://www.ubigo.me/en/home(2020年2月访问)。
❸ https://whimapp.com(2020年2月访问)。

1）赫尔辛基

MaaS Global 于 2015 年正式注册，2016 年 6 月发布了 Whim，同年 10 月在赫尔辛基进行示范应用，2017 年 11 月全面上线运营。通过 Whim App，用户能够整合、规划、预订和购买多种出行服务，包括公交、出租车、租赁车辆、共享自行车和电动滑板车，从而实现在一个应用程序内通过一次订阅使用城市内的多种出行服务方式。为了与小汽车进行竞争以及提高效率和可持续性，Whim 强调使用公共交通和所有可能的共享模式。

Whim 整合并可定制尽可能多的出行服务，可以按照月度套餐的方式将其打包为不同的服务包，截至 2019 年 6 月已经完成超过 400 万次出行。Whim 消除了每次出行都需要购票的不便，其订阅模式正在改变出行者的出行习惯，使出行者更倾向于绿色出行方式。只是 Whim 在开始时并没有一个跨多种出行方式的规划优化功能。

Whim 在赫尔辛基的服务方案也在不断变化中，推出之初在赫尔辛基共有 3 种方案：Whim to Go，Whim Urban 和 Whim Unlimited，后两者可视为两种套餐。

Whim to Go：即走即付，不需要注册费、附加费等。

Whim Urban：包括无限数量的公交单人票（比赫尔辛基出行卡的公交票价格略低，赫尔辛基出行卡每月 55 欧元）、夏天期间（4 月到 10 月）的城市自行车以及距离小于 5km 的车费上限 10 欧元的出租车服务等。

Whim Unlimited：每月的费用与拥有一辆小汽车的费用差不多。

2017 年 11 月上线后，半年多约有 61000 次下载量和 40000 名注册用户（约为 4% 的赫尔辛基居民）。大多数人使用的是 Whim to Go，13% 是预订出行包（主要是 Whim Urban）。

2017 年全面上线 1 个月后进行的调查显示，62% 的赫尔辛基居民知道 Whim，46% 觉得这个概念很有意思（18~34 岁的居民最感兴趣）。下载最多的群体是 18~54 岁的男性（一半有家庭和小孩），年收入在 5 万~8.5 万欧元之间。

初期的结果显示，早期的 Whim 用户增加了公交乘坐量（从 48% 增加到 74%，其中 91% 的出行都使用公交车），私家车使用次数减少为原来的 1/5。

截至 2018 年 10 月，Whim 在赫尔辛基每月有 6 万名活跃用户，通过该平台预订的行程有 180 万次。然而，这仅占该市公共交通出行的 0.5%。在 Whim 的 7000 个套餐订阅用户中，大多数使用的是 Whim Urban。到 2019 年 6 月，套餐订阅用户达到 8500 多人[5]。

目前❶在赫尔辛基有 4 种可选方案：

Whim to Go：与以前相同。

Whim Urban 30：价格为 30 天 59.7 欧元，包括 30 天的公共交通票（包括公交车、地铁、轮渡和通勤火车），无限次的共享自行车服务（30min 内免费，之后 1 欧元/30min），距离小于 5km

---

❶ https://whimapp.com（2020 年 2 月访问）。

的车费上限10欧元的出租车服务,49欧元/天租赁特定车型,标准价格的电动踏板车。

Whim Weekend:价格为30天249欧元,包括任意周五15:00到周一14:00的特定车型租赁(高级车型须增加费用,超出这个时间段按照相应优惠价格收费),使用赫尔辛基地区的出租车全部享受15%折扣,限定区域内30天的公交车票,无限次的共享自行车(30min内免费,之后1欧元/30min),标准价格的电动踏板车。

Whim Unlimited:每月499欧元,共享自行车与电动踏板车服务与Whim Weekend相同,限定区域内无限数量的公交车票,1~30天的车辆租赁,5km以内最多80次的出租车服务。

目前Whim在赫尔辛基整合了包括Helsinki Region Transport(HSL)、Hertz等在内的11家出行服务供应商的服务❶,并且推出了中文微信小程序"赫尔辛基城市行囊"。有关Whim在赫尔辛基更为详细的实施效果分析见第三章相关内容。

最初MaaS Global在赫尔辛基面临的主要挑战之一是赫尔辛基无法提供每月一次的公共交通套票,而是要求乘客每次出行必须购买一张新的单程票。2018年1月芬兰政府推出交通法案the Transport Code,旨在为公共及私营出行服务供应商缔造一个公平竞争的环境。The Transport Code要求公共及私营出行服务供应商提供开放的应用程序接口,以便"所有服务均可整合为一个无缝的出行链,而该出行链可由一个移动系统支付,从而使得所有的出行服务模式均可整合为一个整体系统"。这样一来,Whim就可以在赫尔辛基提供全方位的公共交通出行票务服务。

2)西米德兰兹郡

2018年4月,MaaS Global在英国的西米德兰兹发布了Whim,提供如下选项:

Pay as you Go:即走即付,不需要注册费、附加费等。

Whim Everyday:每月99英镑,包括在西米德兰兹郡无限制使用公共交通,以及企业租车49英镑的上限价格。

Whim Unlimited:每月349英镑,包括无限使用公共交通,在市中心3mile内乘坐出租车,以及无限的企业租车。

然而,在2019年初,由于Whim Everyday和Whim Unlimited使用率过低,MaaS Global取消了这两种服务,现在正考虑设立一个Whim Everyday Bus的服务包。

目前Whim在西米德兰兹郡整合了包括西米德兰兹郡交通局(Transport for West Midlands,TfWM)在内的5个出行服务供应商❷。

3)未来发展

Whim的最大特点就是可以根据用户的需求进行定制化的服务,Whim提供单一平台、多

---

❶ https://whimapp.com(2020年2月访问)。
❷ https://whimapp.com(2020年2月访问)。

服务商的一体化出行服务,用户只需要在一个平台上一次性支付(购买套餐)即可享受多种交通方式的组合服务。Whim 能够根据用户的出行偏好、出行时间规律等为用户推荐出行选择。现阶段,用户可通过绑定银行卡和信用卡为出行付费。

截至 2019 年 6 月,MaaS Global 共获得投资 2420 万欧元,投资者包括汽车制造商、出行服务供应商、保险公司等,其中不乏丰田这样的汽车巨头。2019 年下半年,MaaS Global 又陆续获得了包括三菱公司(Mitsubishi Corporation)[6]、英国石油公司(BP Ventures)[7]等的投资,到 2019 年 11 月获得的总投资达到 5370 万欧元,2020 年计划在美国、加拿大等国家的城市中开展服务。

3. WienMobil

奥地利维也纳的城市发展战略中希望将小汽车的出行分担率从 2012 年的 27% 降低到 2025 年的 20%,因此,需要大力发展及推动公共交通等绿色出行方式。2013 年维也纳开始启动一个研究示范项目 SMILE,主要聚焦于研究集成出行的应用,算是 WienMobil 的前期研究。2017 年 6 月 WienMobil 在维也纳上线,开始提供 MaaS 概念下的集成出行服务。

1) SMILE

SMILE 是维也纳在 2013 年到 2015 年期间的一个 MaaS 试点项目,2014 年到 2015 年,1000 名用户对集成出行应用程序原型进行了测试。该应用程序可用于预订和购买一系列出行服务,包括公共交通、共享汽车、共享自行车和出租车[3]。

SMILE 的测试分了 3 个阶段。2014 年 5 月 8 日,SMILE App 投入使用,所有的项目组成员都可以下载。7 月 7 日进入第二阶段,项目的出行服务的合作伙伴的雇员可以下载,从该阶段开始提供一个 7×24h 的服务热线来接受反馈和提供帮助。11 月 12 日,外部测试开始,SMILE App 可以通过谷歌应用商店(Google Play Store)下载,但是只有注册的用户才可以使用,App 的评分达到了 4.79 分(满分 5 分)。

参与的出行者总花费超过 4200 欧元,包括 40 次出租车出行,434 张维也纳公共交通公司(Wiener Linien)车票和 261 张奥地利联邦铁路(ÖBB)车票。通过 SMILE 预订的 Car2Go❶ 大约有 80 次。

有趣的是,几乎 80% 的参与者是男性,超过 60% 的参与者年龄在 45 岁以下。参与者已经大量使用公共交通工具,许多人都使用车辆共享,这表明他们是新型出行方式的早期使用者。调查显示测试取得了良好的效果。

2015 年,在国际公共交通协会(UITP)举办的世界大会和展览会(World Congress and Exhibition)上,SMILE 获得了用户体验类(Customer Experience)的奖励。

---

❶ 戴姆勒公司旗下的汽车共享项目。

2）WienMobil 正式上线

SMILE 测试的结论和经验促使了 WienMobil 的开发[属于维也纳公共交通公司（Wiener Linien）]，WienMobil 于 2017 年 6 月正式上线，该款 App 可以让出行者在维也纳预订和购买一系列的出行服务，包括共享汽车和汽车租赁、出租车和共享自行车以及公共交通等。其合作伙伴包括 Citybike Wien、Car2Go、Drive Now❶ 等多个出行服务提供商。

WienMobil 允许用户用一个账户使用其所包含的所有不同的出行方式，完成门到门出行的规划、预订和费用支付，并提供个性化的出行规划。用户可以根据自己的任何偏好选择出行方式，也可以查看自己选择的交通方式能节省多少能源和金钱。

WienMobil 不仅提供便捷的公交、电车和地铁服务，还提供所有公开的出行服务，如停车场、出租车、共享自行车或汽车共享以及租车服务等。同时它还能提供有关出行和途中的实时信息，并且可以购买所有包含的出行服务方式的车票。此外，WienMobil 提供了详细的注册流程，有比以往更多的偏好选择来支持个性化定制出行。例如，用户可以进行个性化设置，如行走速度、行走距离、首选模式等。该应用是以用户为中心的，因此会不断提高应用程序的可用性。

自 2017 年 6 月份推出以来，获得了很多积极的反馈。大多数人对新设计都很满意，尤其是一些新功能，例如对其他出行服务的集成。人们非常喜欢路径规划和购票结合在一个应用程序中。然而，WienMobil 在整合服务提供统一费率等方面做的尚显不足。

WienMobil 的后端平台是由 Upstream 公司所支持，而该公司是由维也纳公共交通运营者 Wiener Linien 和城市基础设施公司 Wiener Stadtwerke 联合出资成立的初创公司。其后端平台是一个分散的公共 MaaS 平台，具有开放的接口以便所有的 App 都能够访问和使用。

4. My Route

同欧洲相比，日本在 MaaS 的发展上似乎起步略晚，但在未来出行整合的大势驱动下，也进行了相应的试点和应用。在此以丰田主导的 My Route 为例简单介绍。

2019 年 11 月 28 日，丰田汽车公司与公共交通运营商西日本铁路公司（Nishitetsu），以及众多的当地合作伙伴一起在两个城市（福冈市、北九州市）开始了丰田开发的多模式出行服务系统（类 MaaS）的全面运行，该项目包括了新干线和传统的铁路服务[8]。

从 2018 年 11 月起，丰田汽车公司与西日本铁路公司就一起在福冈开始了 My Route App 的试用[9]，主要是测试多模式出行服务的活力等。在 1 年中 App 被下载超过 3 万次，大约 80% 的被访者在使用后反馈"满意"的评价。由此可见这项服务是受欢迎的，在商业上具有可行性。

---

❶ 宝马集团旗下的汽车共享项目。

My Route App 包括 3 个主要部分：

(1) 多模式路径规划：显示不同的路径选择，整合不同的交通方式，包括公共交通（如公交车、火车、地铁）、小汽车（出租车、租赁车辆、车辆共享、私人小汽车）、自行车和步行。同时还能显示西日本铁路公司的接驳公交客车的实时位置和停车场状态。

(2) 预订及支付：能够预约出租车及支付费用，购买西日本铁路公司的接驳公交客车和火车的数字化的日票，即通过使用一个 App 实现多模式预订的无缝服务。除了在 2019 年底之前在 App 上提供丰田共享（Toyota Share）外，还将增加对丰田钱包（Toyota Wallet）的支持，以此为每个客户提供恰当的支付选项。

(3) 商店及活动信息查询：在福冈，提供福冈独有的活动、商店和观光景点的信息，同时为郊游和导航优化提供建议；在北九州还提供北九州旅游信息。

合作伙伴的分工：

(1) 丰田（Toyota）：负责 My Route App 和支付平台的开发和运营，同时提供丰田的租车和汽车共享服务的相关信息。

(2) 西日本铁路公司（Nishitetsu）：负责提供其运营接驳公交客车的实时位置信息，以及关于西日本铁路公司的商店和活动的信息，同时销售仅适用于 App 的接驳公交客车和火车的数字车票。在 2020 年底之前，它还计划开始与各种商业机构合作，提供基于 App 的二维码优惠券。

(3) 九州旅客铁路公司（JR Kyushu）：负责提供其所有列车的运营信息和在线订票服务，并计划在未来进一步扩大合作。

(4) 航时日本有限公司（Navitime Japan Co. Ltd.）：联合开发了多模式路径规划引擎。

(5) Akippa 公司（Akippa Inc.）：提供停车场状态信息和预约服务。

(6) 日本出租车有限公司（JapanTaxi Co. Ltd.）：提供出租车调度、预订和费用支付。

(7) 尼特株式会社（Neuet Inc.）：提供共享自行车服务。

未来，通过与福冈和北九州的市政主管部门以及其他企业的进一步合作，My Route App 将会变得更加方便。除了核心的合作伙伴以外，还将完善更多的非公共交通选项，计划在 2020 年春天与韩国三洋第一核电站有限公司（Daiichi Koutsu Sangyo Co. Ltd.）合作推出出租车预订以及长途公路客车旅行服务。2020 年 1 月丰田公司宣布 2020 年春天计划将在横滨市和水俣推广 My Route，随后将在宫崎市和日南市推广，未来将逐步扩大到全日本范围[10]。

5. Moovel

Moovel 集团股份有限公司（Moovel Group GmbH）是戴姆勒股份公司的子公司。Moovel 从 2015 年开始启用，是汽车制造商进入出行服务领域的一个比较典型的代表。从 2015 年开始，斯图加特的用户就可以通过 Moovel Mobility 应用程序直接预订和付费乘坐公交和地铁、

Car2Go、Mytaxi❶和德国铁路(Deutsche Bahn)。随后在不同的城市逐步整合其他的出行方式，如公共自行车、公共电动自行车等。Moovel 有一个集成的票务和支付系统，也提供单独的即走即付支付方案，以及个性化的旅行计划。

目前，Moovel 集团是宝马集团和戴姆勒股份公司在出行领域的 5 家合资企业之一，2019 年更名为 REACH NOW。Moovel 为世界各地的数百万人提供了多种出行方式的服务体验。Moovel 自认为是 MaaS 的开拓者之一，为数百万乘客提供各种出行服务选择和出行票务服务。目前在全球的 22 个城市提供服务，有 750 万人使用。

在 2019 年上半年，通过 Moovel 的 App 处理了 1640 万笔交易。新公司 REACH NOW 目前的目标是成为领先的 MaaS 平台，将当前可获得的众多类型的出行服务方式集成到一个开放平台，其目标是通过提供便捷和可持续的出行服务选择来改造城市。

Moovel 提供了不同的产品，一类是面向出行者的，例如为每个城市提供具有城市品牌的出行 App，其功能往往包括出行规划、多方式的集成以及创新的支付选择等[例如苹果支付(Apple Pay)和谷歌支付(Google Pay)等]，一类是面向城市公共交通运营者，Moovel 在多个城市与当地的公交运营者进行了合作，提供综合的交易和运营管理系统，使得公交管理更加简单和有效，帮助公交运营者从票务中获取信息并提供更好的出行服务。

6. MinRejseplan

MinRejseplan 并不是一个名声响亮的 Maas 应用，在此介绍它主要是因为这是在 2018 年 ITS(智能交通系统)世界大会上提供给与会代表体验的示范项目。MaaS 的概念在 2015 年 ITS 世界大会成为讨论的主题后，此后数年在 ITS 世界大会的议题中所占比例日渐增多，成为 ITS 世界大会的热点之一。

2018 年 9 月 17 日至 21 日，第 25 届 ITS 世界大会在哥本哈根的贝拉中心举行。哥本哈根市技术和环境管理项目负责人斯塔芬·拉斯穆森(Steffen Rasmussen)在会议上首次公布了多模式出行应用程序 MinRejseplan。MinRejseplan 作为 Rejseplanen App 的最新版本，功能得以扩展，允许出行者从众多的交通工具中进行选择，包括公交车、地铁、火车、出租车、拼车、共享汽车和共享自行车。

ITS 世界大会的参会代表可参与该试验项目，代表们可以使用该应用程序进行多元化的出行选择，该应用可以根据价格、出行时长和出发时间对出行进行分类。此外，代表们可在该应用程序上进行订票。有了新的 MinRejseplan 应用程序，更多的哥本哈根人可以选择把车留在家里，改乘公共交通工具出行。哥本哈根市交通、建筑和住房局局长奥勒·伯克·奥尔森(Ole Birk Olesen)说："公共交通部门继续致力于交通数据的共享，MinRejseplan 在某种程度上已经做到了。"Rejseplanen A/S 的首席执行官克莉斯蒂娜·赫维德(Christina Hvid)提到，在不

❶ 欧洲的网约车公司。

久的将来,还会将丹麦范围内的长途汽车、国内航班、自驾客车,甚至更多交通方式整合到该应用中。

在第 25 届 ITS 世界大会期间,与会代表们对该试验项目进行了评估,结果是所有使用过的与会代表都表示认可。该应用的所有者将根据评估数据,决定是否在丹麦首都地区发布 MinRejseplan❶,以便所有哥本哈根市民能够访问该应用程序。

7. myCicero

myCicero 被视为意大利的第一个国家层面的 MaaS 案例,在一个 App 中包含了在一个地区内的不同出行服务,并为最终出行者用户提供唯一的账户[11]。

myCicero 是一个整合多种出行服务的技术平台,从 2012 年开始开发,旨在满足居民和游客日益增长的出行需求。借助 myCicero,各类出行者可以通过一个工具来简化出行信息搜索、购买和使用不同的公共交通和停车服务(包括火车、公交车、地铁、电车、步行、公共自行车、出租车、汽车合乘、国内长途大巴、国际大巴、停车等)。myCicero 被视为新的出行模式(MaaS)的示范典范❷。

myCicero 通过将出行者在出行过程中涉及的所有流程都整合到一个技术平台上,从而提高了跨多种出行方式的互操作性,为出行者提供了一个多式联运的出行规划器,并将其与其他的服务进行了整合。myCicero 的主要功能包括:

①跨多种出行方式的出行规划工具,实现了门到门的无缝出行解决方案;

②预订、购买出行服务;

③登录/注销等;

④实时信息,包括免费停车场、到达、驶离信息等;

⑤旅游产品,包括各类活动事件、兴趣点和其他相关信息。

myCicero 克服了目前出行中存在的如下问题:缺乏信息、预订及支付服务的碎片化、不同服务难以互操作、缺乏不同出行服务之间的通信。

myCicero 的系统框架图如图 2-1 所示[11]。

系统含有 4 个技术核心模块:

(1)交通运营者的后台:各种连接器(Connector、API)。

(2)后端平台(B2B):外部支付接口连接器、多目的预订引擎、服务费用计算、开放数据引擎、基于用户偏好的先进的出行规划引擎、数据分析等。

(3)核心服务(B2C)和定制包:用户账号等。

(4)终端用户 App。

---

❶ https://www.minrejseplan.com(2020 年 2 月访问)。
❷ https://www.mycicero.it(2020 年 2 月访问)。

myCicero 的发展显示,要推动 MaaS 的发展,各出行方式的支付系统必须开放,并且必须以用户体验为中心来构建多模式的服务体系。

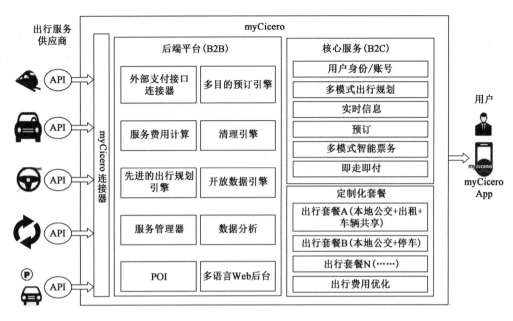

图 2-1　myCicero 系统框架图

8. 案例小结

截至目前,全球各城市、各公司冠以 MaaS 概念在实施的试点或运营项目不下百种,早期佩拉潘·吉特拉皮罗姆(Peraphan Jittrapirom)等人[12]总结了 MaaS 发展初始几年运行或试点的 MaaS 项目(有些不能算完整的 MaaS 项目,但也引入了该思想)。本节在 Peraphan Jittrapirom 等人总结的基础上,加入近几年新的 MaaS 项目,并依据第一章中 MaaS 的第一种分级方法进行了集成水平的分级,因第一级的成果较为普遍,在此没有考虑第一级的相关成果。结果如表 2-1 所示[12, 13]。

已有部分 MaaS 项目　　　　　　　　　　　　　表 2-1

方案 (区域)	情况 (年份)	交通方式 和相关服务	可用功能	个性化选择	定制服务	集成水平	模式
Mobility Shop (德国汉诺威)	运行 (2016至今)	公共交通; 共享汽车; 出租车; 区域性小火车	实时信息服务; 预订; 票务; 支付; 发票; 服务预警	存储偏好路线,可重现历史路线	用户根据额度定制套餐;可取消	第2级	公私合作

续上表

方案(区域)	情况(年份)	交通方式和相关服务	可用功能	个性化选择	定制服务	集成水平	模式
SMILE(奥地利维也纳)	试点(2014—2015)	公共交通;共享自行车;共享汽车;出租车;停车服务;充电站服务;区域火车;轮渡	实时信息服务;出行规划;预订服务(共享方式/出租车/区域火车);付款(共享自行车);订票;支付;发票;服务提醒	优化用户出行计划(年票、家庭成员订阅服务)	根据花费、时间和CO_2排放量选择方案	第2级	
Tuup(芬兰图尔库)	运行(2016至今)	公共交通;共享自行车;共享汽车;租赁车;P2P租车;出租车和合乘出租车;停车位租赁;货运服务(计划服务)	实时信息服务;出行规划;预订;订票;支付(公共交通、出租车和共享出租车)	基于用户日程的用户出行计划优化	根据花费和CO_2排放量选择方案	第2级(部分支付整合)正在开发一体化票务系统	
EMMA(TaM)(法国蒙彼利埃)	运行(2014)	共享汽车/自行车;公共交通;停车	—	不同的月套餐和年套餐	针对不同的用户组定制	第2级	公私合作
myCicero(意大利)	运行(2015至今)	公共交通;出租车(计划);停车位服务;考虑拥堵收费区域;区域火车和公交	实时信息服务;出行规划;预订;订票;支付;发票;市政服务	存储订票类型;记录和分享行程信息;	根据用户的出行方式偏好和支付偏好进行服务推荐	第2级(部分支付整合)	私营部门主导
Moovel(德国)	运行(2015至今)	公共交通;共享自行车;共享汽车;出租车;轮渡;区域轨道交通	实时信息服务;出行规划;预订;订票;支付;发票	存储偏好路径;个性化的信息通知服务;即走即付	连接社交网络,可取消租赁	第2级(部分支付整合)	私营部门主导
NaviGoGo(苏格兰敦提和英国东北法伊夫)	运行(2017至今)	共享汽车;出租车;城市公共交通;区域公共交通	—	—	—	第2级(部分支付整合)	

续上表

方案（区域）	情况（年份）	交通方式和相关服务	可用功能	个性化选择	定制服务	集成水平	模式
WienMobil（奥地利维也纳）	运行（2017至今）	公共交通；共享自行车；共享汽车；出租车；停车服务	实时信息服务；出行规划；预订；支付；发票	保存个人数据；车辆自行车暂存；即走即付	根据花费、时间和CO_2排放量选择方案	第3级	公共部门主导
UbiGo（瑞典哥德堡）	试点（2013—2014）	公共交通；共享自行车；共享汽车；租赁汽车；出租车	出行规划；预订；票务；支付；发票；24h用户服务热线	个性化的月出行套餐	有补充的出行预算	第3级	公共部门主导
Whim（芬兰赫尔辛基）	运行（2016至今）	公共交通；租赁汽车；出租车；区域轨道交通；共享自行车（计划）；共享汽车（计划）	实时信息服务；出行规划；预订；订票；支付；发票	即走即付；月套餐；同步日历；用户信息分享；社交	可取消和更改预订的服务	第3级	私营部门主导

二、国内 MaaS 的发展

MaaS 在国内也得到了较多的关注。从国家层面而言，2019 年 9 月，中共中央、国务院印发的《交通强国建设纲要》中明确"大力发展共享交通，打造基于移动智能终端技术的服务系统，实现出行即服务"。

2019 年 7 月，交通运输部发布《数字交通发展规划纲要》，其中明确提出："倡导'出行即服务（MaaS）'理念，以数据衔接出行需求与服务资源，使出行成为一种按需获取的即时服务，让出行更简单"。

2019 年 12 月，交通运输部发布《推进综合交通运输大数据发展行动纲要（2020—2025年）》，提出"鼓励各类市场主体培育'出行即服务（MaaS）'新模式，以数据衔接出行需求与服务资源"。

地方层面上，2019 年 11 月，北京市交通委员会与高德地图共同启动了北京交通绿色出行一体化服务平台（MaaS 平台）❶，从当时报道出的功能来看，还仅处于第一章所述的第 1 级，即

---

❶ http://jtw.beijing.gov.cn/xxgk/tpxw/201912/t20191213_1166267.html（2020 年 2 月访问）。

信息集成的层面,与真正的 MaaS 平台尚有相当的距离。

同时,在广州、深圳等城市,也有以 MaaS 命名的一些新的出行服务方式的探索(如"麦诗出行"、深圳湾科技生态园 MaaS 智慧出行服务示范试点项目、无锡的码上行[14]等),目前而言,都还不是真正意义上的 MaaS 系统。

三、其他发展

1. 研究项目

目前全世界众多国家和城市的多类机构都在从事 MaaS 有关的研究、示范及推广应用等工作,在此无法全面梳理目前存在的研究项目,仅选择个别项目进行简单介绍。

1)MAASiFiE

从时间上来看,MAASiFiE(Mobility As A Service For Linking Europe)❶算是欧洲比较早的一个 MaaS 研究项目,从 2015 年 6 月到 2017 年 5 月,由来自芬兰、挪威和奥地利的研究机构一起完成。

MAASiFiE 是由欧洲道路主管会议(Conference of European Directors of Roads,CEDR)的"跨国道路研究项目 2014"资助。其主要任务是识别和分析 MaaS 模型,并为欧洲的 MaaS 发展制定 2025 路线图及为未来 MaaS 的实施提供建议。在这方面,公共和私营利益相关方需要获得对 MaaS 的共同理解。

项目目标及行动包括:

(1)分析 MaaS 的发展现状和未来趋势,包括多模式出行信息服务、票务/支付系统和共享概念;

(2)研究商业和运营模式;

(3)分析技术需求和互操作性问题,以及法律的支持和挑战;

(4)进行 MaaS 的社会经济和环境影响评估;

(5)支持 MaaS 在欧洲国家的发展,促进与 MaaS 有关的知识交流。

项目最终形成一系列的报告覆盖与上述目标相关的内容。

2)3 个"地平线 2020"(H2020)资助的项目

由 H2020 机动化增长项目(Mobility for Growth Programme)资助的 3 个项目(MaaS4EU、

---

❶ https://www.vtt.fi/sites/maasifie(2020 年 2 月访问)。

MyCorridor 和 IMOVE)主要研究如何实施 MaaS 解决方案来实现 MaaS 的主要承诺:方便、经济、通畅和安全的旅客出行。所有的 3 个项目都将开发和测试先进的、跨境的多模式出行规划和预订/票务解决方案,但是处理的问题不同,而且会提出不同的解决方案。当然,这些项目也会去识别未来组织、监管和商业框架需求,同时也会致力于相关标准在未来的发展。

（1）MaaS4EU。

该项目受到欧洲"Horizon 2020"计划的支持,于 2017 年中启动。项目包括来自多个国家的 17 个机构,并且在欧洲的多个国家内进行示范。

MaaS4EU 期望通过解决 4 个支柱领域的挑战,提供可量化的证据、框架和工具,借助 MaaS 的概念来消除障碍并推动欧洲统一交通市场的协作和互联。这 4 个支柱领域包括[15]:

商业:MaaS4EU 将为一个跨多公司的 MaaS 企业设计一些原型商业模式,该企业涉及欧盟内单一市场中的多个参与者,这些商业模式演示了 MaaS 概念的价值、效益、潜力和可行性,同时项目基于用户需求设计一些 MaaS 产品并进行测试,以评估每个产品的优缺点。

终端用户:通过 MaaS 生活实验室和实际的 MaaS 项目示范,MaaS4EU 探索各种终端用户组对 MaaS 服务和产品的偏好、需求和接受程度。

技术和数据:MaaS4EU 将设计和开发一个开放的平台,通过对各种不同数据源的技术、流程和接口进行整合,以实现城市和跨境的多模式出行规划、预订、购票和支付。任何出行服务供应商都可以提供其数据,任何 MaaS 服务供应商都可以使用该平台来测试、开发和扩展其服务。

政策:MaaS4EU 将提出必要的"MaaS 政策框架",考虑了投资、技术、隐私、安全、乘客权利和法规,为协作的交通生态系统提供指南,以推动 MaaS 在欧洲的实施。

该项目包括 11 个工作内容:项目管理、MaaS 生态系统定义、MaaS 商业模型、MaaS 终端用户、企业数据框架、动态个性化的 MaaS 服务、MaaS4EU 开放平台、示范及概念验证、传播及影响管理、探索商业发展、伦理要求等。其 3 个示范区分别是:大曼彻斯特、卢森堡—德国、布达佩斯。

（2）MyCorridor。

MyCorridor(Mobility as a Service in a Multimodal European Cross-border Corridor)是一个 3 年期的研究项目,有 17 个参与单位。其总体目标是通过以小汽车的使用取代私家车的拥有来实现城市内、城际间及跨境的可持续出行。该项目着眼于将不同出行服务供应商的出行服务连接起来,通过整合的车辆共享和多式联运为出行者的驾车出行提供替代方案。目前在欧洲有 5 个试点城市:阿姆斯特丹、雅典、布拉格、罗马、萨尔兹堡。

（3）IMOVE。

IMOVE 项目将聚焦于如下方面:加强有关用户需求和偏好的实时数据采集、提供信息交换的工具、改善不同 MaaS 服务组件之间互操作性。IMOVE 解决方案将在柏林、哥德堡、大曼彻斯特和都灵 4 个城市进行测试,所有这些城市目前都在发展 MaaS。IMOVE 还将示范欧洲范围内跨越多国的 MaaS 漫游服务。

3）ITS4US

在美国，与 MaaS 概念所体现的一体化出行类似，新近提出了"完整出行"（Complete Trip）的概念。"完整出行"强调的是为出行者完成从出发地到目的地的出行提供良好服务的能力。

一次完整的出行可能包括多个阶段或出行环节，如：行程规划、户外导航、穿越街道、上车/使用车辆、交通工具/出行模式/支付服务之间的转换、使用站点/站台、室内/户外转换、室内导航和完成前往目的地的行程。如果行程中的某一个环节无法使用、不可靠或效率低下，那么后续环节的应用就会出现问题，行程可能无法完成或无法顺利完成。

美国联邦交通部的"完整出行——ITS4US"（Complete Trip-ITS4US）研究项目旨在解决所有出行者（无论其所在位置、收入或残疾程度如何）的交通挑战，以确保其能够获取工作、教育、医疗和参与其他活动的机会。该计划由智能交通系统联合计划办公室（ITS Joint Program Office，ITS JPO）领导，是一项多模式的、多年的工作，并得到交通部部长办公室（the Office of the Secretary，OST）、联邦公交管理局（Federal Transit Administration，FTA）和联邦公路管理局（Federal Highway Administration，FHWA）的支持❶。

完整出行（Complete Trip）组合计划将确定如何为残障人士、老年人和一些出行服务供给不足的社区的居民提供更有效、更低价和更方便的交通服务，因为这些人在获得基本出行服务时往往面临更大的挑战。

作为 Complete Trip 组合计划的一部分，"Complete Trip-ITS4US"计划将提供高达 4000 万美元的资金，让社区展示创新的商业合作关系、技术和实践，促进所有人的独立交通出行。

ITS4US 项目分为 3 个阶段：

阶段 1：概念开发，包括 Complete Trip 实施的概念开发以及建立小组圆桌会议。

阶段 2：设计及测试，包括设计、测试和实施 Complete Trip 解决方案，评价框架及计划。

阶段 3：运行及评价，包括多个大规模示范实施、评价实施、共享数据及经验。

该项目预计将采购多个大规模、可复制的、在现实世界中部署的集成创新技术，以应对规划和实施完整出行的挑战。

2. 相关组织

随着 MaaS 概念的火热，全球各地陆续成立了以 MaaS 为主题的各类组织，以推动 MaaS 的科学研究、经验总结、全球交流、技术应用等工作。

1）MaaS 联盟（MaaS Alliance）

目前最有代表性的 MaaS 组织算是欧洲智能交通协会（ERTICO）发起组织的 MaaS

---

❶ https://its.dot.gov/its4us（2020 年 2 月访问）。

Alliance[1]，MaaS Alliance 成立于 2015 年 10 月在法国波尔多召开的 ITS 世界大会，成员间为公私合作的伙伴关系（Public-Private Partnership，PPP），主要致力于打造开放的 MaaS 生态系统，为 MaaS 的通用方法建立基础，并为推动 MaaS 在欧洲和其他地区的成功实施提供支持。其主要目标是促进 MaaS 服务的单一、开放的市场和全面部署。

目前 MaaS Alliance 主要包括 3 个工作组：

(1) 技术与标准工作组：相关工作有技术交流、API 规范、系统开发与体系框架、标准化等。

(2) 治理与商业模型工作组：相关工作有未来的 MaaS、城市发展 MaaS 可用的工具、市场模式、MaaS 与交通管理等。

(3) 用户和规则工作组：相关工作有 MaaS 的环境性能、监管计划、以用户为中心的 MaaS、保险创新等。

MaaS Alliance 完成的 MaaS 指南（MaaS Guide）见 http://maas.guide。

2) 各国的 MaaS 组织或公司

随着 MaaS 在众多国家的起步和发展，在部分国家也成立了一些名字与 MaaS 相关的组织或公司。

MaaS America Inc.[2]：2019 年初成立，期望在美国推动 MaaS 概念及解决方案。其主要目标是促进发展创新、目标平衡和协同参与，创造知识和建立框架，以便形成为出行者、公共部门和企业提供良好服务的 MaaS 生态系统。

MaaS Australia Pty Ltd[3]：致力于在澳大利亚和新西兰推动 MaaS。

MaaS Scotland[4]：一个由超过 75 个（截至 2020 年初）公共和私营部门组成的网络，横跨 MaaS 系统供应链，参与者的共同目标是在整个苏格兰开发和提升 MaaS 解决方案。2019 年 6 月苏格兰政府设置 MaaS 投资基金，由苏格兰交通部负责管理，并于 2019 年底启动了两个示范项目。

3. 相关企业

1) 汽车制造商

近年来，在"共享经济"理念的推动下，"互联网+"交通的新型出行模式不断涌现，"使用而不是拥有"的理念对传统的汽车制造商也带来了冲击，在此背景下，全球各大汽车制造商也不再局限于传统的汽车制造、销售领域，而是开始涉足出行服务领域。除了以"Car2Go"为代表的汽车共享服务外，众多汽车制造商也开始以不同形式进入 MaaS 领域。例如，2018 年 11

---

[1] https://maas-alliance.eu（2020 年 2 月访问）。
[2] https://www.maasamerica.org（2020 年 2 月访问）。
[3] http://maasaustralia.com（2020 年 2 月访问）。
[4] https://maas-scotland.com（2020 年 2 月访问）。

月,大众集团(The Volkswagen Group,VW)、Mobileye 和 Champion Motors 联合宣布在 2019 年早期实施以色列第一个自动驾驶 MaaS 系统,在 2022 年达到完全商业化。以下主要介绍一下丰田在 MaaS 领域的相关工作。

2017 年 6 月,丰田投资了 MaaS Global 公司。2018 年 1 月,在拉斯维加斯的国际消费类电子产品展览会上,丰田公司推出了 e-Palette 概念汽车,主要用来满足未来多模式交通和商业应用的需求。e-Palette 是丰田第一款专为自主 MaaS(Autonomous Mobility as a Service,Autono-MaaS)应用设计的车型,反映了丰田作为汽车制造商的转型。同时,近年来,丰田陆续投资 Uber、Grab、滴滴等公司,以推动其出行服务的发展。

在发展 MaaS 的战略上,丰田大体划分了 3 个层次[16]:①合作模式,与一些区域性的 MaaS 玩家(或类 MaaS 玩家)一起合作,如 Uber、Grab、滴滴等;②丰田主导模式,在 MaaS 运营中,以丰田为主导,例如丰田近年来投资成立的一些新兴的出行服务公司,如 TOYOTA MOBILITY SERVICE、TOYOTA SHARE、KINTO 等;③丰田经销商主导模式,在 MaaS 运营中,以丰田经销商为主导。

在车辆方面,除 e-Palette(主要服务于短途的多种需要,包括人和货物,电动车,大尺寸)外,丰田又提出了 MaaS Sienna(用于中长途的合乘,混动,中等尺寸)和 MaaS BEV(用于中短途的合乘,纯电动,小尺寸)的概念车,同时将 2~3 级的自动驾驶 MaaS 推向 4 级自动驾驶的 MaaS 专用车。

目前来看,汽车厂商面临 MaaS 发展的很多机遇,但是首先要应对 3 个挑战[17]:

(1)需要满足出行者不断提高的出行期望,例如网络预约出租汽车服务给出行者提供了良好的服务,那么未来新的服务要比网络预约出租汽车的服务还要好才行。

(2)汽车厂商需要确保其提供的新的服务的收益率。很多汽车厂商早期实践的 Car-Sharing 和 Ride-Sharing 并不赚钱,例如奔驰、宝马等,2020 年初停止了北美很多城市的 Car2Go 的服务,因此,其直接提供服务的模式需要进一步的改变。

(3)汽车厂商需要将其核心业务(汽车制造-销售)和它们的新业务整合起来,其他业界的一些案例已经表明,在硬件、软件和生态系统之间取得平衡是非常关键的,汽车厂商也需要考虑将多种业务有机融合。

2)公共交通企业

公共交通企业在推动 MaaS 方面似乎有一定的先天性优势,无论是否受 MaaS 概念的推动,全球各地众多城市中的公共交通企业都在推动着类似 MaaS 工作的开展。

2017 年 5 月,卡尔斯鲁厄交通局(Karlsruhe Transport Authority,KVV)上线了一个 App "KVV.mobil"。它基于 Moovel 平台运行,为卡尔斯鲁厄量身定做。通过这个免费的 App,出行者可以访问卡尔斯鲁厄不断扩大的公共和私有的出行服务。该 App 显示了公交、火车、有轨电车等的实时的线路和出发时间,也提供租赁自行车和共享小汽车等服务。所有的购票和车辆租赁都可以通过该 App 进行预订和费用支付。KVV 的主管者认为,该 App 使得交通部门从一个提供传统的本地交通服务(包括公交、火车、有轨电车)的服务供应者转变为一个出行网络运营者,而当地市长也认为其正在为未来的出行开发创新性的解决方案。

汉诺威的 MaaS App——Mobility shop 由公共交通运营商 üstra 和公共交通机构开发,2016 年投入使用,目前包括公交、火车、汽车共享、自行车共享和出租车,每月底将会生成整合的账单。出租车和汽车共享的价格大概降低了 10%。üstra 正在尝试从交通运营者转变为出行管理公司。

柏林运输公司(Berliner Verkehrsbetriebe,BVG)是柏林主要的公共交通公司,负责管理城市的地铁、电车、公交和轮渡。BVG 最近进行了一项复杂的公共 MaaS 的实施,于 2019 年中公布了由 Trafi 开发的 Jelbi 应用程序❶。Jelbi MaaS 应用程序可以被视为一个公共 MaaS,因为它将各个出行服务供应商与 BVG 公交车、地铁和电车深度集成到平台中,以便在应用程序中完成出行的规划、注册、预订和费用支付。

赫尔辛基的公共交通机构(HSL)开发了自己的 App,据统计大约有 2/3 的赫尔辛基市民下载了该 App,该 App 集成了购票和支付的功能,能提供 HSL 所有的交通方式(公交、有轨电车、轮渡、火车和地铁)以及停车换乘点和自行车站的信息。

3) 技术支撑企业

在第一章的框架中曾经提及 MaaS 生态系统中的一个层级为 MaaS 平台供应商,可以为 MaaS 服务供应商提供专门的 MaaS 平台技术支撑,目前已有部分技术企业从事此类的工作。

(1) Fluidtime。

Kapsch 集团的控股子公司 Fluidtime❷ 的主要业务是为 MaaS 提供技术支撑,主要有两大技术产品。

一是 FluidHub,为 MaaS 提供后台管理,能够为出行服务供应商的集成和标准化以及用户管理和分析提供综合的工具。相关方面的特征包括:

①商业方面:用户管理、财务运作、产品管理、用户联系、报告及分析。

②出行方面:信息服务、路径规划、预订、支付。

③服务方面:欧洲通用数据保护条例(GDPR)❸认证、高度安全、可靠的基础设施、用户自有支撑团队。

另一个产品是 FluidGo,一个 MaaS 前端 App,可以为用户提供 MaaS 的主要功能:可以对不同的出行服务进行方案搜索、比较、预订和费用支付,做适应自己需要的路线规划,拥有不同的支付模式、订阅模式和出行奖励,目前已经在包括 UbiGo 的几个项目中获得了应用。

---

❶ https://www.jelbi.de/en/jelbi-app-2(2020 年 2 月访问)。
❷ https://www.fluidtime.com(2020 年 2 月访问)。
❸ General Data Protection Regulation,欧洲通用数据保护条例,2018 年 5 月 25 日生效。

（2）SkedGo❶。

SkedGo的目的是为人们创造更加智能的出行方式，其提供的MaaS平台技术能够支持公共交通管理部门及企业开发它们自己定制的MaaS应用程序，而不需要从头开发。目前其多模式路径引擎集成了全球4000多家出行服务供应商。SkedGo平台提供了许多有特色的功能，如可用路线、承载信息和个性化选择等（如碳排放、时间、成本或便利）。SkedGo拥有包括独有的应用程序接口（API）、软件开发工具包（Software Development Kit，SDK）和"白标"（White Label）App在内的解决方案。

SkedGo具体有如下几个功能：

①门到门的出行规划：混合使用公共、私营和商业交通方式（包括拼车和车辆共享），提供最高效、最经济、最快捷的出行。

②实时服务：根据地区的不同，每10s到60s更新一次实时信息，包括出发和到达时间，全球定位系统（Global Position System，GPS）定位服务和警报等，涵盖多种交通方式，如公共交通、道路交通、自行车和共享汽车等。

③停车信息集成：为集成服务显示可用的停车位。

④预订和支付：通过App直接购买出行车票，可以获得无缝的出行体验。

（3）Moovit。

Moovit是位于以色列的一家企业❷，2012年发布了一款免费的App，为城市中的出行者提供服务，目前已经在103个国家的3200多个城市用45种语言为超过8亿的乘客提供服务。

Moovit期望整合所有的出行服务方式来帮助出行者改变出行消费，包括所有的公共交通、本地自行车服务、"网约车"服务（Uber/Lyft）、踏板车、共享汽车、拼车等各种交通方式。Moovit App将公共交通服务供应商和权威机构的信息与用户社区的实时信息相结合，为出行者提供实时信息，规划出行者的最佳出行路线。

2017年，Moovit推出了一套人工智能（Artificial Intelligence，AI）驱动的MaaS解决方案，涵盖了规划、运营和优化等方面，在减少拥堵、增加乘客量、提高运营效率等方面具有较高的价值。Moovit可以为不同的城市提供"白标"的App，包括品牌化的App、付款和票务功能、城市出行分析、需求响应型公共交通、公共汽车的实时交通信息等。2020年5月，Moovit被英特尔收购，与Mobileye联手，推进其MaaS战略。

（4）Siemens Mobility。

Siemens Mobility下有一款产品Mobility Marketplace[18]，可以为各城市的MaaS的建设提供技术支撑，是一款"白标"App，包括了MaaS所需要的一些基本的功能，如账号管理、信息服务、交易、监测分析等，目前已经支撑了几个城市相应系统的运行，例如前面提到的丹麦哥本哈根

---

❶ https://skedgo.com（2020年2月访问）。

❷ https://moovit.com（2020年2月访问）。

的 MinRejseplan。

（5）Moovel。

前述的 Moovel 也可算是提供技术支持平台的一类企业。

4. 学术研究

MaaS 概念的出现也迅速引起学界的兴趣，2015 年起有关 MaaS 的文献开始出现，数量呈现较快速的增长，至 2020 年，Transportation Research Part A 专门出版了有关 MaaS 研究的专辑，包括 MaaS 生态系统、消费者研究、MaaS 商业架构和商业模式、示范及案例研究、MaaS 的建模及挑战等领域的论文。

如果将已有的 MaaS 文献，按照概念性研究和实践性研究进行简单分类，则概念性研究主要聚焦的内容包括一般理论框架、管制/治理背景、定义方法、分类模式、实施问题、理论模型和 MaaS 范畴等；实践性研究则包括用户偏好、出行行为、实施可行性等。

5. 各国示范

目前，众多国家和城市都在进行 MaaS 示范项目的研究和测试，难以一一赘述。荷兰 2018 年启动了一项规模较大的 MaaS 示范项目，荷兰基础设施与水运管理部与 7 个城市地区合作开展 MaaS 示范项目。

其认为每个示范应用应该至少有 50000 用户，否则无法体现出其效果。每个示范项目聚焦不同的目标，从提高可达性及社会包容性，到促进可持续发展、跨区交通及降低拥堵等。

2018 年，基础设施与水运管理部达成了一个协议框架并且选择了 24 个单位，包括 IT 企业和平台方、银行和保险公司、创业公司、公共交通公司、交通服务公司和汽车公司等，从 2019 年开始，这 24 个公司开始进行示范并将一直持续到 2021 年底。这些公司将为每个示范项目开发至少一个 MaaS App。

被选中的参与者必须开发一个用户友好的、无故障的应用程序，可用于规划、预订、支付和完成实际的出行。另一个要求是被选中的单位和加入示范工作的出行服务供应商都必须共享它们收集的所有数据，而政府组织则应当保护用户的隐私。每个项目的另一个条件是一旦它运行了 2~3 年，MaaS 服务供应商必须能够在不增加公共资金的情况下独立运行。因此，为了实现 MaaS 目标，必须在如下四方之间形成一种新的合作模式：中央部门、地方政府、MaaS 服务供应商、出行服务供应商。

四　发展环境衡量

对于一个城市或地区而言，MaaS 的良好发展必须具备一些基本的条件，例如：城市里有多种交通方式可供选择、大多数出行服务供应商向第三方开放其数据（包括实时数据）、大多数出行服务供应商允许第三方销售它们的服务、大多数出行服务供应商提供电子票务或电子支付系统来访问它们的服务等。现实中，各个城市的管制规定、出行服务供应商的盈利能力、竞争环境、用户特性、出行距离、出行时空需求等都不一样，导致 MaaS 的发展环境也不一样。

近年来，有部分研究探讨了 MaaS 发展环境的成熟度及 MaaS 发展的成熟度等方面的内容，在此选择其中部分进行介绍。

为了评价一个城市在发展 MaaS 方面所具备条件的成熟度，有研究提出了一个指标体系[19]，主要包括 5 个方面。

(1) 政策、制度及立法：主要考虑目前支持 MaaS 发展的关键政策、制度和法律的到位程度，这些政策、制度和法律可能是国家层面的，也可能是城市层面的，这在很大程度上影响了 MaaS 发展的途径和空间。

(2) 出行服务供应商的开放性和数据共享程度：出行服务供应商向第三方共享数据和提供 API 的开放程度，包括数据和 API 是否是开放的（即是否可自由使用、再分配和更改）。

(3) 出行者对 MaaS 的习惯程度和使用意愿：出行者的生活方式和出行行为在多大程度上与提供出行服务的 MaaS 模式相吻合，包括市民的出行行为（例如对公交出行、共享出行、慢行出行等的接受程度）和使用 MaaS 相关技术的情况（例如对智能手机的应用熟悉程度等），这决定了 MaaS 未来发展的市场接受程度。

(4) 出行服务和基础设施：当前已有的交通系统对 MaaS 的准备程度，包括可用出行方式的多样性、服务的密度、服务的频率和各种出行服务的整合程度，这是 MaaS 发展最直接的基础。

(5) 信息通信技术基础设施：主要关注支撑 MaaS 发展的各类技术的渗透率，包括宽带互联网接入的比例、统一支付和智能票务等基础设施，这是 MaaS 实现的关键技术基础。

具体内容见表 2-2[19]：

各方面成熟度具体内容 表 2-2

成熟度方面	具 体 内 容
政策、制度及立法	推荐的开放标准； 数据安全及隐私； 数据可移植性； 第三方售票； 商业可行性/商业补贴
出行服务供应商的开放性和数据共享程度	数据采集（包括静态数据及动态数据采集）； API（开放 API 及私有 API 的可用性及通过 API 传输的实时数据）； 开放资源 API； 原始数据（原始数据可得性、开放原始数据、原始数据标准、实时原始数据）； 安全及隐私

续上表

成熟度方面	具体内容
出行者对 MaaS 的习惯程度和使用意愿	智能技术习惯程度(智能手机应用率、信用卡、电子支付应用率); 出行行为(出行方式划分、小汽车拥有率)
出行服务和基础设施	出行服务模式多样性; 出行服务密度(火车、公交车、出租车、共享单车、汽车共享); 频率(公交、轨道等); 出行方式整合度
信息通信技术基础设施	Wi-Fi 接入率; 移动互联网覆盖率; 移动互联网速率; 智能票务设施

也有其他研究从另外的角度提出 MaaS 发展环境水平指标,包括[20]:

(1)战略成熟度:战略聚焦点、停车政策。

(2)内部使用:内部出行、共享出行的使用。

(3)共享使用:共享经济、公共交通。

(4)共享理解:集成平台、可视化。

亦有研究指出[21],在选择 MaaS 出行服务示范的时候,需要考虑的因素包括:

(1)整个出行服务的市场规模(出行者数量);

(2)出行者的支付能力和支付意愿;

(3)立法和激励措施;

(4)私人小汽车拥有总成本;

(5)出行服务的竞争格局;

(6)出行价值链的完整性及支持性服务。

本章参考文献

[1] HIETANEN S. 'Mobility as a Service'-the new transport model?[J]. Eurotransport, 2014, 12(2): 2-4.

[2] KARLSSON I C M, SOCHOR J, STRÖMBERG H. Developing the 'Service' in Mobility as a Service: experiences from a field trial of an innovative travel brokerage[J]. Transportation Research Procedia, 2016(14): 3265-3273.

[3] LINTON C, BRAY J. MaaS Movement? Issues and Option on Mobility as a Service for City Region Transport Authorities[R]. Leeds, UK: Urban Transport Group, 2019.

[4] SOCHOR J, STRÖMBERG H, KARLSSON I C M. Travellers' Motives for Adopting a New, Innovative Travel Service: Insights from the UbiGo Field Operational Test in Gothenburg,

Sweden[C]. 21st World Congress on Intelligent Transportation Systems. Detroit, USA. 2014.

[5] HUHTALA-JENKS K. MaaS of the Month: Whim Insights from the world's first Mobility as a Service(MaaS) operator[R]. MaaS Alliance, 2019.

[6] Mitsubishi Corporation. Mitsubishi Corporation Invests in Finland's MaaS Global Ltd.[R]. [2020-02-15]. https://www.mitsubishicorp.com/jp/en/pr/archive/2019/html/0000038292.html.

[7] BP. BP invests in city mobility start-up MaaS Global[R]. 2019. https://www.bp.com/content/dam/bp/business-sites/en/global/corporate/pdfs/news-and-insights/press-releases/bp-invests-in-city-mobility-start-up-maas-global.pdf.

[8] Toyota Motor Corporation, Nishi-Nippon Railroad Co., Ltd, Kyushu Railway Company. Toyota and Nishitetsu to Begin Full-scale Operation of Multi-modal Mobility Service "my route" in Fukuoka City and Kitakyushu City[EB/OL].[2020-02-21]. https://global.toyota/en/newsroom/corporate/30632572.html.

[9] Nishi-Nippon Railroad Co., Ltd, Toyota Motor Corporation. Nishitetsu and Toyota to Begin Trials of Multi-modal Mobility Service "my route" in Fukuoka City[R/OL].[2020-02-15]. https://global.toyota/en/newsroom/corporate/25143085.html.

[10] TOYOTA. Toyota to Gradually Expand Service Area of "my route", the Multi-Modal Mobility Service[R/OL].[2020-02-15]. https://global.toyota/en/newsroom/corporate/31311813.html.

[11] VASARI D, MAGNALARDO S. Italian best practice: myCicero, One-stop mobility shop[M]. 25th ITS World Congress. Copenhagen, Denmark. 2018.

[12] JITTRAPIROM P, CAIATI V, FENERI A-M, et al. Mobility as a Service: A Critical Review of Definitions, Assessments of Schemes, and Key Challenges[J]. Urban Planning, 2017, 2(2): 13-25.

[13] HARMS L, DURAND A, HOOGENDOORN-LANSER S, et al. exploring mobility-as-a-service: Insight from Literature and Focus Group Meetings[R]. Den Haag, Netherlands: Netherlands Institute for Transport Policy Analysis (KiM), 2018.

[14] 八维通科技有限公司.基于轨道交通的城市MaaS平台建设实践[J]. 城市轨道交通, 2019(03):58-59.

[15] MaaS4EU[EB/OL].[2020-02-15]. http://www.maas4eu.eu.

[16] TOMOYAMA S. Toyota's Connected & MaaS Strategy[M]. TOYOTA. 2019.

[17] Mobility as a Service: Mapping a route towards future success in the new automotive ecosystem[R]. USA: accenture, 2018.

[18] Siemens Mobility. The Mobility Marketplace opens access to the world of intermodal mobility [EB/OL]. [2020-04-07]. https://www.mobility.siemens.com/global/en/portfolio/intermodal/mobility-marketplace.html.

[19] KAMARGIANNI M, GOULDING R. The Mobility as a Service Maturity Index: Preparing Cities for the Mobility as a Service Era[C]. the 25th ITS World Congress, Copenhagen, Denmark, F, 2018.

[20] AALTONEN S. MaaS Readiness Level Indicators for local authorities [R]. 2017.

[21] ABDULMASIH D, BLYTH M, BUBNA P, et al. Identifying markets for future mobility services [R]. Ricardo plc, 2018.

第三章 MaaS的影响

MaaS从提出之日起就被众多的利益相关者视为未来可持续交通的可能实现之道,人们对其效益寄予厚望。截至目前,真正意义上的MaaS系统进入示范及实际应用的案例极少,能够给出效果分析的更是有限,本章结合已有的对MaaS的潜在效果分析和部分案例的实验或运行效果,对MaaS可能带来的及已有的影响进行分析。

一、MaaS的潜在影响

MaaS的总体体系架构涉及众多的利益相关者,MaaS的发展是交通出行生态系统所有参与者的重要机遇。社会、城市、人口及技术等的发展趋势,以及各种层出不穷的出行服务App,显示了消费者对MaaS的需求。对于不同的MaaS参与者而言,其获益终将不同,出行服务供应商将利用MaaS识别和创造新的市场机遇,而消费者将通过自己的选择对哪一款产品最终取得成功造成影响。因此,MaaS的运行也将给各利益相关者带来相应的潜在影响。恰当理解用户需求并良好开发的MaaS系统能够为出行者、城市及交通管理者、出行服务供应商等利益相关者带来多种收益,也能够在一定程度上解决当前世界各国所面临的一些交通问题。

1. 城市管理者

城市管理者(或城市政府)在交通领域的目标之一是为城市的发展提供可持续的交通系统,并减少交通系统所带来的负面影响,如环境污染、交通事故等,而MaaS在该方面具有良好的潜力。

(1)减少小汽车出行:MaaS的主要目标之一是取代私人小汽车的出行(改变交通工具)以及减少独自驾车的出行(合乘等),无论何种方式,这样的取代都可以减少路上的小汽车数量(暂不考虑小汽车出行的自然增长等),降低出行者对小汽车的依赖,从而降低拥堵程度及减少小汽车的污染排放,改善城市空气质量。如果城市管理部门使用 MaaS 来推进更环保的交通方式的话,还能够给予出行者参与社会公益的满足感。

(2)提高已有设施运行效率:通过 MaaS 提高已有基础设施的运行效率,则可以节约投资,从而将资金用于更需要投资的地方。例如在众多国家,现有的公共交通系统高度依赖政府补贴,但近年来多个国家的公共交通补贴呈日渐不足之势,MaaS 可以通过利用各种新型的公共交通形式(例如定制公交、微公交等)及"微出行"(Micromobility)等方式,来填补公共交通的不足,解决"最后一公里"的问题,为出行者提供无缝出行服务,这也是 MaaS 的重要驱动力。

(3)影响土地使用:如果通过 MaaS 的实施实现减少小汽车车公里数(Vehicle Kilometer of Travel,VKT)的目标,则由于进入市中心的私人小汽车数量减少,MaaS 可能能够让市中心的土地增值。同时,由于停车需求的降低,停车空间可以用于其他用途,例如休闲或经济活动,提高城市中心的吸引力和土地价值。城市也可以收回路缘空间(主要指路内停车位空间),或者用于增加道路机动车通行能力,或者为自行车、步行出行提供更多的空间。

(4)提高交通安全水平:MaaS 在减少交通事故方面也可能有一定的潜力,一方面,减少小汽车的使用量在一定程度上意味着交通事故可能会减少,另一方面,减少普通市民的自驾小汽车出行(无论是改为乘坐公共交通还是合乘),则驾驶人中的职业(或专职)驾驶员的比例将增加,而最近的一项研究表明,在英国 Uber 使交通事故中受严重伤害的人数下降 9%[1]。未来,MaaS 的发展有助于推动自动驾驶车辆的广泛使用,也将有助于提高道路交通安全水平。

(5)社会效益:随着人们减少对小汽车等私有出行方式的依赖,在提高社会包容度、降低孤独感、改善获取服务、教育、就业及社会交往方面都有好处。MaaS 为所有的出行者提供可持续的出行选择,尤其是对于那些传统上比较难利用公共交通方式的人,例如老年人、行动不便者。有研究表明,MaaS 的一些关键特征,如基于网络的出行规划、电子支付系统、多行程票务以及实时的到达驶离信息等,可以大幅增加老年人使用出行服务的可能性,也就是意味着 MaaS 可能是应对老龄化社会的一个潜在的解决方案[2]。

(6)掌握城市交通系统特性:通过 MaaS 平台整合了多种交通方式的全部信息,城市对出行模式的了解可以达到一个新的高度,例如了解出行者是如何进行出行决策以及什么因素会影响出行决策。由于有了对某一次出行的全部了解,因此,城市可以通过提供各种激励措施来鼓励具有社会责任的出行行为;有了对所有出行的信息掌握,城市可以为出行者提供更优的出行路径,而且也可以是系统最优的路径。

(7)降低环境影响:如果 MaaS 减少小汽车出行量的目标能够实现的话,则有助于减少道路交通的总排放量。

总体而言,MaaS 的良好实施有助于城市实现其可持续发展的社会经济及生态目标。当然,MaaS 对城市发展的作用是正是负亦取决于 MaaS 带来的具体的直接影响,例如 MaaS 带来的交通方式转移是怎样的?如果由于 MaaS 的实施使得基于小汽车的出行更加方便(如目前的网约车等)而导致部分出行者放弃公共交通转向基于小汽车的出行,那么 MaaS 就难以为可持续发展贡献力量。反之,如果由于 MaaS 的实施使得众多的私人小汽车出行者转向公共交通、慢行交通等可持续交通方式,则 MaaS 的实施将有效推动城市的可持续发展。

2. 交通相关部门

这里说的交通相关部门指隶属于城市政府的交通主管部门,主要负责城市交通系统的规划、设计、建设及维护,不包括出行服务供应商(即各类交通运输公司,如地铁运营商、公共交通运营商等),其关注点主要集中在交通系统的社会效益层面。MaaS 对其的潜在效益表现在如下几点。

(1)在有大量用户使用的情况下,MaaS 平台能够收集详尽的城市市民出行信息,这些丰富的数据(或曰"出行大数据")可以为相关部门进行城市规划、城市交通系统的规划、设计、建设和管理等提供更优的数据支撑,提高现有设施利用率,避免昂贵而低效的基础设施建设。MaaS 数据的应用还能支撑城市出行服务的定价等问题。

(2)政府相关部门可以借此机会与私营出行服务供应商合作,共同建立 MaaS 平台或促进其发展。通过协调和促进各种交通方式的发展,MaaS 能够提高公共和私人交通工具以及相关基础设施的利用率。

(3)基于 MaaS 平台获取的海量数据,MaaS 可以根据成本和其他因素,将乘客重新分流到最高效的交通方式,即 MaaS 从长远来看是一种有效的出行需求管理工具,有助于实现整个综合出行服务系统的可持续发展。

(4)利用 MaaS 的数据分析能力和出行优化能力,交通管理部门可以在一定程度上提高对新的出行服务模式的诞生和演变的应对能力。

3. 出行服务供应商

MaaS 本身并不改变交通系统,而只是将已有的出行服务系统更加动态地利用起来。因此,如果出行服务供应商可以抓住这个机遇的话,便能够拓展市场和增加收益。

(1)由于 MaaS 将整合全部可得的出行服务供应商,因此,通过一个集成的平台(用户直观看到的是一个集成各种交通方式的 App),MaaS 可以使出行服务供应商的产品和服务对于出行者而言更加直观和易于获取。因为之前受制于众多的出行服务 App 的影响(一个出行者很难下载全部出行服务供应商的各个 App),出行者往往无法获得全部可以使用的出行服务。

(2)由于 MaaS 能够获取详细的出行者需求及出行数据,因此,这些数据与出行服务供应商的共享利用可以使得出行服务供应商更好地监控、管理和规划其出行服务,帮助出行服务供应商更好地满足出行者的需求。

(3)MaaS 对出行服务供应商的潜在影响是,通过增加出行服务之外的新的营收项目或扩大出行服务市场,可以提高出行服务供应商的收益。

公共交通部门是已有的出行服务规模最大的机构,在城市交通系统中居于支配性地位,除前述的一些影响外,MaaS 对公共交通部门还会带来如下的一些潜在影响。

(1)一些新兴的出行服务方式可以协助公共交通解决"最后一公里"的问题,例如社区公交车、公共自行车等,从而可以为公共交通的发展带来有益的补充,从这个角度看,MaaS 除了给出行者和城市提供相应的益处外,也会为公共交通部门带来明显的效益。

(2)与私有出行服务供应商的集成有助于公共交通企业扩展或改变它们的服务,从而为出行者提供更好的服务,例如,公共交通企业可能不再需要被迫在一些基础设施完善但公共交通出行需求较低的地区提供满足基本标准的定时定线公共交通服务,而新兴的交通网络公司(TNC)等可能可以为低密度开发地区的出行者提供出行服务。

(3)对于公共交通而言,如果实现了 MaaS 的预期目标之一,即增加使用各类公共交通的出行者数量,则一方面会提高部分原本利用率较低的公共交通线路或车辆的利用率,但另一方面也增加了对公共交通系统服务能力的需求,尤其对于目前在高峰期已经过饱和运行的线路。还有其他一些影响,例如由于一体化购票出行,在地铁车站排队买票的人会减少,当然目前我国各种电子支付方式的发展已经在很大程度上减少了此类现象。同时,增加对公共交通系统的需求也会带来新的挑战,因为目前众多的公共交通都需要政府补贴,增加公共交通需求可能同时增大政府补贴的压力。

(4)与使用更传统的票务系统相比,MaaS 还可能为公共交通部门带来潜在的好处,从而降低管理成本。

4. 出行者

对于选择利用 MaaS 平台来获取出行服务的出行者而言,无论原来是利用何种出行方式,都说明 MaaS 为其提供了更优的选择。MaaS 能够为出行者提供出行的自由,同时也在改变着出行者对交通的理解。需要注意的是,当人们在出行时,人们关注的是良好地完成出行,而不是说在选择驾车还是乘坐公共交通。同时,对于有规律的出行者而言,交通方式只是第二重要的问题,最重要的是出行体验——如何快速舒适地从出发地到目的地。MaaS 要做的恰恰就是减少交通方式间换乘的不便,从而为出行者提供无缝顺畅的点到点出行服务。

具体而言,MaaS 可能为出行者提供的效益表现在如下几点。

1)更加便捷

MaaS 利用实时互联方式使公共、私营和各类绿色的出行方式有效协同,并充分地利用便捷的手机 App。通过使用 MaaS,出行者不再需要使用不同的 App 逐一购买各种出行服务方式的票券,而是从一个来源购买所有的出行服务。只需一个账户,消费者就可享有信息服务、行程规划、行程预定和支付等服务,出行方式涵盖自行车租赁、拼车、汽车共享、道路救援和公共交通等,出行者只需要一键为整个行程付款即可,或者使用套餐服务灵活使用各种出行服务方式,从而实现便利的多模式一体化出行。

2) 满足个性化出行需求

MaaS 将用户体验放在首位，进行个性化定制服务。MaaS 是一个全方位的出行服务模式，基于出行者的不同偏好（如出行时间、价格、绿色出行方式偏好等）提供特定时间内的最佳选择。MaaS 还将考虑出行的其他具体需要，例如需要随身携带大件行李、童车或需要无障碍通道等，尤其对于有暂时性或永久性出行障碍的人而言更为重要。

同时，由于 MaaS 理论上需要整合全部的出行服务方式，因此，可以为出行者提供多种可选的出行方式，甚至灵活地提供多种车型，也将大大提升出行体验。

3) 节约出行成本

MaaS 的核心理念之一是提供服务而不再由私人占有交通运载工具，将个人对交通工具的拥有权转化为使用权。以小汽车为例，拥有并使用一辆小汽车的成本是比较高的，而 MaaS 为那些想放弃保有小汽车的出行者提供了一种可替代的需求响应型出行选择，可以将高昂的购车成本分摊到每次出行中，大大降低出行费用。而从小汽车出行转向公共交通出行亦可以有效节约出行成本。

另一方面，MaaS 服务供应商可以通过批发的方式从出行服务供应商处获得更为便宜的公共交通等出行服务票价，从而以较低的价格出售给出行者，从而使得公共交通出行者也降低成本。例如英国的 CityMapper 目前推出了一款在伦敦一定区域内的公共交通周卡，包括地铁、公交车和火车，价格为 32 英镑/周，无限次乘坐，比伦敦交通局（Transport for London，TfL）的售价便宜。

4) 帮助出行不便者

MaaS 的另一好处是可以帮助目前出行不便的人群出行，包括低收入群体、老年人、残疾人和公共交通欠发达地区的居民等，这些人都可以受益于需求响应型出行服务，从而减少对私家车出行的依赖。

当然，MaaS 也可能会扩大出行中的不平等性，因为往往高质量的服务水平只能提供给那些能够承担更多费用的出行者。而这种情况可能会抑制对可持续出行方式的使用，增加基于小汽车的出行量（如果使出行者更容易获取和使用小汽车，如 Uber 等的出现会增加基于小汽车的出行量），进而导致出行的不平等。

另一方面，MaaS 的运行几乎完全基于智能手机，而这种数字化的服务可能使得那些对技术掌握不到位的出行者难以获得 MaaS 的服务，从而导致所谓"数字鸿沟"的扩大。

5. 汽车制造商

近 20 年来，汽车行业在不断发生变化，电气化、自动化、互联化等已经成为汽车产业发展的重要趋势，然而，"互联网＋"交通的发展似乎比汽车的发展变革更快。近 10 年来"互联网＋"交通的发展已经使得传统的汽车制造厂商开始重新审视未来汽车产业的发展方向,近年来众多的汽车制造商开始尝试承担起出行服务供应商的新角色,当然形式多样,如第二章中对丰田的描述。

而 MaaS 以降低小汽车的使用和保有为其目标之一,更是会给汽车制造商带来明显的影响,如果真正意义上的 MaaS 在众多区域得以大规模推广的话,将极大地降低出行者对新车的需求,一些 MaaS 系统的实验或运行已经表明参与者拥有小汽车的需求的下降。

纵然 MaaS 并不能减少对基于小汽车出行的需求,例如人们虽减少了小汽车的保有量,但是并未减少使用小汽车出行的次数,例如更多地使用共享车辆,那么也将会降低社会上总的机动车保有量。"共享经济"意义下的一辆共享汽车能够减少9~13辆私人小汽车上路[3],而研究表明,赫尔辛基都市区内目前全部的小汽车出行可以由目前私人小汽车保有量的4%来满足[4],当然这是极端的情况,但是 MaaS 的普及对汽车制造商的影响不容忽视。

MaaS 对汽车制造商的另外一个影响可能是,未来私人小汽车保有量的下降,提供共享服务的出行服务供应商的增加,使得汽车制造商的销售将主要面向出行服务供应商而非个人。

MaaS 对汽车产业的潜在影响,已经推动传统的汽车制造商,例如丰田、大众、奔驰等,开始建立新的商业模式以适应 MaaS 的影响,例如直接参与到 MaaS 系统的建设中来。

6. 其他影响

需要注意的是,前面所谈皆为 MaaS 按照良好的愿景进行发展所带来的影响,但实际上,如果 MaaS 的发展目标不明或发展路径偏离最初目标,则也可能引起负面效应。MaaS 可能会产生不同的交通方式的转移,其中部分转移是不满足可持续发展目标的,例如从步行和自行车转向公共交通、从公共交通转向汽车共享、出租车或网约车以及基于小汽车的出行等。这种不佳的方式转移(例如从公共交通转向小汽车出行)实际反映了人们基于特定出行需求进行交通方式的选择。而增加对出租车和网约车等基于小汽车的出行方式的使用,也会导致交通拥堵以及环境污染加重。

在对小汽车的影响方面,MaaS 可能会降低汽车保有量,例如 MaaS 可能会导致人们推迟买车或决定出售自己的汽车,因为一些人的出行需求有限而不必保有一辆小汽车,如上大学的年轻人或退休人员。但是 MaaS 未必会降低小汽车使用量,尤其是当 MaaS 使得基于小汽车的各种出行方式更加便利和便宜时。有研究认为 MaaS 也可能会刺激更多(私人)小汽车的使用和拥有[5],因为用户可能会在购买之前使用 MaaS "试驾"几辆车[6]。

MaaS 可以让人们产生更多、更长的出行,因为多模式服务可能会刺激城市内部和城市之间的出行需求,加剧高峰期公共交通的压力,从而导致公共交通出行者采用其他出行方式等。

在对城市环境影响方面[7],前述认为 MaaS 对环境有益的前提是认为 MaaS 能够降低拥堵和减少小汽车使用量,但是如果 MaaS 不能降低小汽车的使用量,那么就无法实现这一目标;而且如果 MaaS 的包月套餐中提供无限次的出租车(或汽车租赁等)服务的话,出行者从收回成本的角度考虑可能都会加大对基于小汽车出行方式(出租车、汽车租赁等)的使用,如此,则MaaS是否能够带来良好的环境效益是值得商榷的。而目前有证据表明Uber和Lyft的出现降低了公共交通的使用量[8]。

健康和福利:如果MaaS忽略或忽视慢行交通方式的话,则可能对健康不利,例如出行者原本希望短距离骑车出行,却因为MaaS没有提供服务而可能选择其他方式。

社会包容性:对于无法使用智能手机的人,MaaS是不可用的,这意味着一部分人将被排除在外;缺乏银行账号也会影响到MaaS的使用;同时,对于低收入阶层,MaaS也缺乏相应的考虑。

就业:长期来看,现有的出行服务供应商模式可能需要改变,由此可能导致部分人员的失业等,当然,新兴的MaaS服务供应商也会创造新的就业机会。

因此,MaaS等各种新兴的业态不仅对当前管理城市出行的方式和未来管理城市出行的方式具有重要影响,而且还可能产生一些潜在的重大社会和环境影响,从而影响更广泛的城市管理的目标。

目前来看,还没有足够的证据表明MaaS在众多领域到底各有什么确定性的益处,但是,如果政府的政策制定者能够参与MaaS的政策制定和发展的话,那么可以正确引导MaaS的发展,使其能够发挥正面作用。

二、MaaS实践的效果分析

目前能够真正达到MaaS基本功能的雏形系统非常罕见,而在某城市内能够集成所有可用的出行服务供应商的MaaS系统尚未出现,因此,真正的MaaS系统的实证效果难以得知,下面主要是梳理近几年一些实验性质的系统和一些MaaS雏形系统运行的实际情况。

1. SMILE

SMILE在2015年完成测试之后,进行了在线的调查评价,大约有17%的测试参与者参加了调查[9]。用户群体特性包括如下几点:主要是维也纳市民,20~40岁为主,拥有大学及以上学历者占53%,与维也纳的总人口相比并不具有代表性,但代表了MaaS早期用户的特征。

受访者中,77%拥有一辆自行车,59%拥有一辆小汽车,7%拥有一辆电动自行车,2%拥有一辆电动汽车。拥有公共交通年票的比例很高,84%拥有Wiener Linien卡,49%有ÖBB的打折卡。

参加SMILE测试项目的出行者使用公共交通的比例很高,86%的出行者每天使用公共交通或每周使用数次;30%的驾驶人每天使用自己的小汽车或每周使用数次;27%的人每天骑自行车或每周骑行数次;51%的受访者还使用汽车共享(多数是Car2Go、Zipcar和Drive Now❶)或自行车共享(主要为City Bike Vienna)。

在SMILE试点过程中,有6%的受访者每天使用SMILE,有30%的受访者每周使用数次。SMILE App大多被用于私人出行(64%),休闲出行(59%)等。在选择交通工具时,试点用户更倾向于选择公共交通出行(80%地铁,77%有轨电车)。此外,参与者对汽车共享(21%的汽车共享、7%的电动汽车共享)和自行车共享(10%的自行车共享和5%的电动自行车共享)也提高了兴趣。

试点用户的多式联运出行有所增加,26%的用户增加了公共交通工具和私家车组合使用的情形,20%的用户更经常地使用公共交通与自行车的组合。与公共交通联合使用较多的是自行车共享(68%)和私有自行车(51%),其次是私人小汽车(51%)、小汽车共享(49%)、电动汽车共享(8%)和电动自行车共享(5%)。增加公共交通与小汽车和自行车联合出行的主要驱动力是SMILE建议采用这样的出行方式以便更快抵达目的地。

SMILE的使用改变了出行者对出行方式的选择[10],48%的受访者增加了公共交通的使用量(城市公共交通26%、铁路22%),15%和10%的受访者增加汽车共享和自行车共享的使用量,7%和6%的受访者增加了出租车和自行车的使用量,而增加了电动汽车共享和电动自行车的使用量的受访者各是4%。22%的受访者减少了出租车的使用量,21%的人减少了私人小汽车的使用量,另有6%的人减少了自行车的使用量。由此可见SMILE减少了基于小汽车的出行总量。

利用SMILE,超过2/3的受访者尝试了新的出行路径,大多数是选择不同的出行方式(47%)或新的不同方式的组合(24%),37%选择了更有效率的路径,21%选择了更有吸引力的路径,而17%选择了对环境更友好的路径。由此可见SMILE可以改变大家的出行选择。

在满意度调查方面,76%的受访者表示非常满意(53%)和满意(23%),不满意的(含非常不满意的)受访者只占到5%。

总体来看,自从使用了SMILE,受访者中出现了以下变化:

①69%的受访者表示SMILE App建议的路径比以前的路径更快;
②60%的受访者表示在休闲出行中使用了新的路径;
③55%的受访者表示根据需要整合了不同的出行方式;
④48%的受访者表示自从使用了SMILE App后其出行行为有所改变;
⑤46%的受访者表示休闲出行的交通方式发生了变化;
⑥41%的受访者表示在日常出行中做出了新的选择;
⑦33%的受访者表示注册了新的出行服务;
⑧25%的受访者表示日常出行的交通方式发生了变化。

---

❶ Car2Go是奔驰戴姆勒的汽车共享服务,Drive Now是宝马的汽车共享服务,2019年二者合并为ShareNow。

2. UbiGo

1)背景

UbiGo 在哥德堡试点过程中,也同时跟踪研究了应用的效果[11],主要是通过问卷、访谈和出行日志的方式,并且与未参与实验的出行者的问卷和访谈进行了对比。结果表明,这种 MaaS 类服务的早期用户主要是被好奇所驱动,而如果要持续使用,则必须有方便性和经济性等要素的吸引。

UbiGo 项目设计了调查使用情况的问卷,问卷调查分了 3 次进行,实验之前、实验期间、实验之后,一共有 155 个参与实验的人填写了全部 3 次的问卷。实验之后,对 3 个家庭进行访谈。除了 3 次针对参与者的问卷调查外,实验完成后还进行了后续的问卷调查,主要是用来调查那些表达了参与该实验的兴趣但未能参与该实验的人,共有 145 人完成了这个问卷调查。另外对 24 个没有参与的出行者进行访谈,无论其是否有兴趣。

参与实验的人员在实验之前的日常出行模式与哥德堡市居民和哥德堡市中心区居民的出行方式构成比例见表 3-1[11]。从表 3-1 可以看出,与哥德堡全市居民相比,参加实验的人员日常出行选择小汽车偏少而选择公交车相对较多。

表 3-1 不同群体的日常出行方式构成比例对比

出行方式	参与者实验之前的日常出行各方式比例(40 个样本)(%)	哥德堡居民各出行方式平均比例(%)	哥德堡中心区居民各出行方式平均比例(%)
小汽车	27	41	24
公交	34	25	26
步行	24	24	38
自行车	10	6	8
其他	5	4	4

2)UbiGo 实验的影响

通过实验发现,对 MaaS 的预期与现实结果相匹配的方面包括:出行者接受"出行服务自助餐"的概念、可减少私家车的拥有量、增加了出行前的计划。但也存在着对 MaaS 的预期与实验结果不相匹配的方面,例如:小汽车使用量的减少超出预期、出行代理和服务供应商的业务模式、后台管理和智能手机平台[12]。

大部分被访者(64.4%)认为在实验过程中,他们的出行行为发生了变化,其中最主要的变化是出行方式的变化(42.5%),在实验中,被访者对出行更为满意。

这些被访者在参与实验过程中各方式出行分担率的变化率见表 3-2[13]。

参与实验者的各出行方式的变化率　　　　　　　　　　　　　表 3-2

出行方式	参与者实验之前的日常出行各方式比例 (40 个样本)(%)	参与者实验期间各出行方式的变化率 (36 个样本)(%)
步行	25	−5
自行车	10	+35
私人小汽车	25	−50
汽车共享	2.5	+200
电车	15	+5
公交车	15	+35
客车	5	+100
火车	2.5	+20

调查结果显示[10],参与者减少了私家车的使用(48%的参与者表示减少了私家车的使用量),增加了公交车、有轨电车和共享汽车的使用量(分别有50%和57%的参与者表示更频繁地使用这些模式)。有趣的是,20%的参与者增加了对出租车的使用量,而 MaaS 的一个经常被报道的问题就是增加出租车出行量,虽然这可能是降低私家车使用的结果。在对待不同出行方式转变的态度方面,52%的人说他们对公交车和有轨电车的态度"更积极"了,61%的受访者表示他们对汽车共享的态度"更积极"了。私家车是唯一一种很多参与者认为自己的态度"更消极"的模式,达到23%,其他所有模式被认为"更消极"的都低于6%。

实验发现,出行者开始往往高估自己的出行需求。例如在试验期间,参与者们平均每月购买904veh·h,但只使用了620veh·h;同时也高估了自己对公共交通的使用量,购买了2220d,只使用了1920d。

参与实验的驱动力也是研究所关注的方面,会对将来 MaaS 的真正实施起到很好的参考作用。对于 UbiGo 的实验,在实验开始之前的问卷回答中,参与者的最主要驱动力是好奇(占到62.8%),而不是设想中的环境友好、经济性或奖励措施等。图 3-1 显示了未参与者的主要驱动力以及参与者的主要驱动力随时间变化的情况[11,12]。

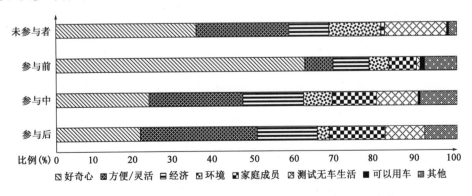

图 3-1　非参与者的主要驱动力以及参与者的主要驱动力随时间的变化

对于在招募过程中报名并且收到邀请但是没有参与的人(106人)进行调研,在没有参与实验的原因中,比例最高的是 UbiGo 的价格比目前的出行费用高(占到 39.6%),第二高的是出行较少或者更多使用自行车和步行(30.2%),这与第一个原因有一定的关联。实际上 UbiGo 也不是对所有人而言都比较好的选择,尤其是对于几乎不用小汽车的人来说用处有限。这反映了替代的交通方式并不能满足所有的需求,例如汽车共享目前在哥德堡的分布有限,15.1% 的人感觉汽车共享站点过远而无法使用。

访谈还揭示了其他一些障碍,有些人认为 UbiGo 的概念理解起来太困难,主要是招募过程有些问题,可以改进。

另一方面,在实际实验过程中,参与者很少利用其获得的奖励,参与者认为提供的奖励应该与交通直接相关,例如奖励出行时间或公交车票,而不是其他一些与交通不相关的奖励。

实验后的调查反映:78.8% 的参与者认为如果再启动 UbiGo 的话,他们还会参与;18.1% 的参与者说可以考虑,3.1% 的参与者说不会参加。

UbiGo 的实验表明,交通模式转变的障碍不是放弃私人小汽车,而是放弃便利地获取小汽车,同时也表明减少小汽车的使用不能仅依靠发展公共交通,而是要采用多模式整合的方式。用户对灵活性的期望超过了 UbiGo 能够提供的程度,例如用户期望获得更多的出租车、长途客运服务等。

从 UbiGo 的实验中研究者发现,如果希望促使人们使用这种集成化出行服务,则应保证:①价格不能比现在的价格高;②不能比现在的出行还不方便或不灵活;③基础设施必须足够完善以服务于各个出行者,例如,对于汽车共享而言,如果站点过远,则出行者不会选择使用;④必须易于使用。

3)对不同类型用户的影响

为了深入探索小汽车的拥有和使用对出行者选择 MaaS 的影响,在实验中将被访者分为 4 类——主要是与小汽车的保有及使用有关。总体结果显示,尽管不同用户组的动机不同、表现不同和经历不同,但实验的结果显示,整体来说 MaaS 还是有效的[14]。

在实验中,基于是否拥有汽车或有使用汽车的权利和在实验期间停用汽车的可能性,将被访人员分为 4 类:

第 1 组——汽车"停用者":拥有 1 辆或多辆汽车,但在实验期间决定停止使用 1 辆车的人,也就是那些想要测试在没有车的情况下如何使用车辆的人(19 个被访者)。在被停用的 20 辆汽车中,有 17 辆来自只有 1 辆车的家庭。

第 2 组——汽车"续用者":拥有 1 辆或多辆汽车,在实验期间继续使用汽车的人士(52 个被访者)。

第 3 组——汽车"共享者":不拥有汽车,但已经是汽车共享机构的会员(34 个被访者)。

第 4 组——汽车"新用者":不拥有汽车,实验前也不是汽车共享机构的会员,但是在实验中想通过 UbiGo 的服务获得汽车的使用权(46 个被访者)。

所有的被访者都填写了实验之前、实验期间、实验之后 3 个阶段的问卷。

(1)第 1 组结果。

与第 3 组、第 4 组相比,第 1 组被访者在实验前觉得他们出行的时间效率会降低,但实际上在实验过程中时间效率并没有明显的降低。第 1 组被访者觉得共享汽车的地点与其出行地点之间的距离的重要性很高,高于第 4 组被访者对共享汽车地点的要求,这与其本来拥有 1 辆汽车而使用车辆非常便利有关。

第 1 组被访者认为相对于其他的组,他们对环境的影响减少了,同时,相对于第 3 组、第 4 组,他们对公共交通的使用量增加更为显著,第 1 组被访者觉得他们的交通费用相对于第 3 组有较大下降。

从第 1 组被访者的自我报告来看,他们大大增加了公共交通和车辆共享服务的使用量,而且大多数人对这些出行方式都是积极的态度;私人小汽车的使用量下降,26% 的人对使用私人小汽车的出行方式持更消极的态度。

但是在出行满意度方面,各组之间没有明显差异。

总体而言,第 1 组是积极拥抱 UbiGo 所提供的出行机会的。

(2)第 2 组结果。

第 2 组的被访者在试验期间继续保有自己车辆的使用权,但是也尝试更便宜的公共交通,尽管继续保有车辆的使用权,但是他们也希望相对第 4 组而言能够降低对环境的影响。

相对第 4 组,第 2 组被访者报告其使用公交车及电车更多。但是第 2 组被访者也报告与其他组相比使用共享车辆显著偏少,而使用私家车显著偏多;相对第 3 组,使用汽车租赁服务也少。第 2 组被访者对共享汽车最不看好,与第 1 组和第 3 组相比,他们对共享汽车的满意度显著偏低;第 2 组只有 60% 的被访者住在公寓,与其他组 90%~95% 的被访者居住在公寓的比例相比,因居住密度较低,故获取共享汽车可能更为不便。第 2 组对环境的影响居中,低于第 1 组但高于第 4 组(第 4 组是没有车的出行者有了用车的机会)。

到了实验阶段,与第 1 组和第 4 组相比,第 2 组对共享汽车的使用量还是明显偏低,而且明显不满意。

从第 2 组的自我报告来看,大部分被访者报告其对公共交通的使用量有所增加,大部分的被访者报告其私家车的使用量在下降,而且有 31% 的人对使用私人小汽车的出行方式的态度更为否定。

对于车辆共享,只有一小部分人报告说增加了使用量,其中 48% 的人对这种方式更加肯定。

(3)第 3 组结果。

在实验期间,与第 2 组相比,第 3 组被访者租赁汽车和使用共享汽车明显更多,而更少使用私人小汽车。

相对于第 2 组,第 3 组被访者对车辆共享的满意度更高;与第 1 组被访者相比,第 3 组的出行模式转变和模式选择都较少;在实验期间,第 3 组被访者对公共交通(公交车和电车)的使用量明显少于第 1 组,而对共享车辆的使用量和态度变化相对第 1 组和第 4 组也较小。

相对于第 1 组,第 3 组节约的钱更少;相对于第 2 组,对汽车共享的地点和车辆更为肯定。尽管以前就使用共享车辆,但是还是有一半多的第 3 组参与者增加了对共享车辆的使用量,而其中 50% 对其态度更为肯定,对私家车的态度更为否定。

尽管有 41% 被访者报告交通行为没有变化,但也有 41% 报告有交通方式选择的变化,有 32% 报告出行前规划有所改变。

调查显示,虽然这个小组的人之前已经在使用 UbiGo 涵盖的出行方式(汽车共享),但他们还是对出行服务的套餐比较满意并且愿意付费。

(4)第 4 组结果。

在实验中,第 4 组被访者还是大量使用公共交通(公交车、电车),他们觉得自己的出行模式和方式选择与第 1 组类似。

与第 2 组相比,第 4 组被访者对汽车共享的地点和车辆的满意度都较高;与第 1 组相比,他们对公共交通的使用增加较少;与第 2 组和第 3 组相比,他们明显增加了对汽车共享的使用,并且对其评价是肯定的。

48% 的人报告有出行方式变化,41% 报告没有出行行为的变化。

在实验中,第 4 组的人对小汽车的使用量小于实验前的预期,可能与其之前的生活方式有关,或者使用小汽车出行的成本还是过高。

总之,所有的组都有向可持续的出行服务模式转变的倾向,93% 的参与者对他们的出行情况感到满意;69% 的人对出行更加满意;97% 的人希望在实验结束后继续使用这项服务;93% 的人会向他人推荐这项服务;报告行为改变的人中 97% 对这些改变感到满意。

4)2019 年新启动 UbiGo 的影响

2019 年 UbiGo 在斯德哥尔摩应用的结果显示[15]:

①90% 的预订是使用公共交通工具,剩下的 10% 是使用汽车共享或车辆租赁服务;

②公共交通和汽车预订的收入比例约为 1∶1;

③参与的每个家庭约有 1.6 人使用 MaaS 服务。

3. Whim

MaaS Global 公司邀请兰贝尔(Ramboll)公司基于其 2018 年的出行数据进行分析,并发布了相应的报告[16],是目前第一个基于实际数据揭示人们如何使用 MaaS 服务的分析,并与赫尔辛基大都市区的其他交通方式的总体使用情况进行了对比。

当然,我们需要注意到这个报告的数据分析有一定的局限性,因为是基于 Whim 发布后第一个全年的数据,而且在这一年中用户增长较快,因此反映的并不是平均的情况。

从用户对象上来看，Whim 的用户群体和芬兰的人口年龄结构不尽相同，相对芬兰全国人口年龄分布而言，Whim 用户中的年轻人比例较高，而 50 岁以上的人的比例明显较低，如图 3-2 所示[16]。

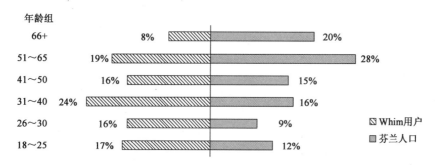

图 3-2　Whim 用户和芬兰人口的年龄结构对比

有关 Whim 使用的情况主要有如下的发现和结论[16]。

(1) 公共交通：赫尔辛基都市区的公共交通分担率是 48%，而 Whim 用户的公共交通出行比例是 63%（此为修正后的数据，应注意直接获得的 Whim 用户的出行并不是 Whim 用户的全部出行，而只是 Whim 用户使用 Whim App 实现的出行，例如步行、自有自行车出行以及乘坐别人驾驶的小汽车等出行都不会被包括在 Whim 用户的 Whim 数据中，63% 是假定 Whim 用户每天出行 3 次，修正那些被忽略的出行之后的比例）。

(2) Whim 用户更多使用多种出行方式完成出行：Whim 用户使用出租车衔接公共交通的次数是典型的赫尔辛基居民的 3 倍。在赫尔辛基都市区，3% 的出租车出行是用来接驳公共交通的，而在 Whim 用户中，在使用公共交通前 20min 内使用出租车和使用公共交通后 30min 内使用出租车的出行（分析默认这两类出租车的使用是用来接驳公共交通出行的）占到出租车出行总数的 9%；同时，使用公共交通前后的自行车使用频率明显增加。

(3) MaaS 帮助解决起始一英里和最后一英里的出行：12% 的自行车出行发生在使用公共交通前 30min，30% 的自行车出行发生在使用公共交通工具的后 90min。应注意，乘坐出租车的距离几乎没有超过 5km 的（免费的上限）。

(4) 出租车是受 Whim 用户欢迎的方式之一：Whim 用户使用出租车的次数是普通赫尔辛基居民的 2.1 倍。（同样，需要注意无法采集到 Whim 用户的全部出行，因此，实际上是用同类人员的出行数据来补充到全部出行后计算的出租车的出行次数）。应注意，使用出租车多并不意味着不可持续，如果是替代私人小汽车出行，则一方面减少了私人小汽车出行，另一方面减少了停车需求。

(5) Whim 用户的自行车出行距离略短（1.9km 与 2.1km）：Whim 用户多是在市中心使用自行车，距离短则是因为在市中心速度低（而使用自行车的时间没有明显区别，都是 15min 左右），另外很多长距离使用自行车的出行多是以旅游、休闲为目的，而 Whim 用户使用自行车主要用于通勤。

(6) Whim 用户和赫尔辛基都市区居民的日均出行次数基本相同：Whim 用户一天大约出行 3.4 次，赫尔辛基都市区居民则出行 3.3 次，但构成略有不同，如表 3-3 所示[16]。

Whim 用户和赫尔辛基都市区居民的日均出行次数及方式分担率　　　表 3-3

出行方式	Whim 用户		赫尔辛基都市区居民***	
	人均日出行次数	方式比例(%)	人均日出行次数	方式比例(%)
公共交通	2.15	63	1.6	48
出租车	0.07*	2	0.03	1
小汽车	0.2**	6	0.2	7
自行车+步行	1.0**	29	1.4	44
合计	3.4	100	3.3	100

注：* 来自 Whim 的数据。
　　** 基于出行行为调查调整后的数据。Whim 用户每天使用 Whim 的出行次数是 2.24 次，根据赫尔辛基都市区居民的数据进行了调整。
　　*** 来自 Helsinki Region Transport 的数据。

(7) 公共交通是 Whim 的绝对支柱：95% 的 Whim 出行是由公共交通完成的，由此可见公共交通是实现 MaaS 的绝对支撑，其他出行方式的比例较低（出租车 3.75%、自行车 1.02%、汽车租赁 0.03%、汽车共享 0.001%）。

(8) MaaS 主要沿着公共交通走廊发展：公共交通发达和 Whim 出行之间有很强的相关性，68% 的 Whim 出行出现在具有最高公共交通可达性的区域。

(9) 新的出行方案能够取代 38% 的日常小汽车出行：使用 Whim 最成功的区域也是最方便使用自行车的区域，由此可见，交通方式的有限性将限制 MaaS 的发展。

(10) MaaS 用户遵守规则：97% 的自行车出行时间小于 30min（30min 内免费）、87% 的出租车出行距离小于 5km（5km 最多 10 欧元，是一种折扣，否则 5km 大概要 14～16 欧元），这个结果表明费用还是会明显影响出行行为。需要注意的是，有 5.1% 的自行车出行行为是链接的，即出行者为了省钱，在 30min 内归还自行车后立刻使用另一辆自行车，当然这个比例很小。而出租车出行中，这种情况大概只有 0.5%。

(11) 租车也成为 MaaS 日常出行的一部分：当然租车的出行量非常非常小，但是一部分 Whim 用户发现可以用租车来代替私人小汽车。

Whim 的研究结果表明，使用 MaaS 具有环境和经济效益：

① 当人们更多地使用公共交通工具时，城市的交通拥堵可以得到缓解，这也会使得城市空间可以以更加以人为本的方式得到利用；

② 通过使用更多样的出行方式（而不仅是私人小汽车），可以减少 CO_2 排放；

③ MaaS 可以推动人们做出更健康和更环保的选择，包括慢行出行方式。

4. 其他实验

除了前述 3 个较大规模的实验或实际系统运行的结果外，目前国际上也有一些城市在进行验证类似 MaaS 概念的实验,这里介绍几个相关实验。

1) 剑桥的实验

2016 年,阿特金斯(Atkins)公司在剑桥做了一个验证 MaaS 概念的工作(Zume 实验)[17],为期 2 个星期,选了 10 个参与者,主要测试起始一英里和最后一英里的接驳服务(停车及乘坐公共交通接驳)。Atkins 与当地一个出租车公司合作,早上在家附近的一个地点提供拼车服务(最多 3 人)把出行者送至停车换乘公共交通车站,晚上提供从停车换乘公共交通车站回家的服务(最后一英里),试验是免费的,主要在一个距离剑桥中心 12mile 的地方。

通过实验主要希望回答 3 个问题:①是否可能将私人小汽车出行者吸引到公共交通?②最后一英里的服务是否有足够的吸引力能够取代第二辆小汽车?③最后一英里的服务是否能够改善目前本地出行存在的挫折感?

最终实验共提供了 118 次服务,至少有 3 个人以前从来没有在通勤中采用过停车换乘方式,服务满意度为 4(满分为 5),75% 拥有 2 辆以上小汽车的人表示可以考虑放弃第 2 辆车,而英国有 1/4 的家庭拥有第 2 辆车,如果结果能够外推的话,可以看出 MaaS 对于降低小汽车拥有量和使用量的潜力。

Zume 实验表明如果能够提供良好的最后一英里的服务,出行者还是愿意从小汽车出行转向公共交通出行。MaaS 最大的问题还是在于灵活性方面的不足,需要公共交通的持续改善。

2) 曼彻斯特的实验

2018 年早些时候,Atkins 公司和大曼彻斯特交通局(Transport for Greater Manchester, TfGM)合作在曼城区域进行了一个 MaaS 实验,其目标是为 39 个参与者提供 MaaS 服务,用户可以使用一种多模式个性化的出行服务。

曼城的 MaaS 实验整合的交通方式:公共交通(公交车和轨道交通)、需求响应型出租车、汽车俱乐部、自行车共享、需求响应型迷你公交车。实验还包括出行规划、实时信息更新和一票制服务。主要是通过这个实验来验证 MaaS 能否提升出行者的满意度等,同时也可以了解其潜在效益以及是否可持续,最后一共有 39 个参与者,参与者可以获取一个月的免费出行卡。实验持续 2 周,为 39 个参与者提供全部的 MaaS 服务,在上午 6 点到晚上 9 点之间可以提供大曼彻斯特区的全部出行。研究人员成立了一个中央控制中心,用来形成和管理出行、与参与者实时联系等。

实验前和实验后研究人员分别对参与者进行了综合问卷调查,参与者也会撰写出行日记,实验后研究人员还同参与者进行了深入的面谈,通过多种方式来了解实验的效果。

40 次改变出行方式的建议,只有 11 次被接受,主要是因为实验时间是冬季。其他的一些结果如下:

(1) 626 次出行中的 73% 使用了两种及以上的出行方式;

(2) 21%的参与者在试验后更愿意使用慢行出行方式;

(3) 26%的参与者在实验之后更愿意使用公共交通;

(4) 27%的参与者对公共交通的认知在发生积极的变化;

(5) 用户最喜欢的功能是一体化票务和实时信息更新;

(6) 实时信息更新、重新规划、便利的搜索路径和出行规划有助于减少出行压力。

通过实验,也对MaaS实施的模式、调整、障碍、风险等进行了相应的分析总结。

建立整合如此多交通方式的MaaS生态系统对于商业和运营而言都是一个挑战。同时要明确MaaS的建设策略以及当地政府和交通部门在MaaS发展过程中的地位和角色,根据实验来看,建设策略最好是公私合作,公共部门有相当的掌控力,除了便于推进MaaS本身的实施外,还能够实现公共部门的公共愿景(例如降低污染、改善交通等)。

MaaS最大的挑战就是数据共享,次之的挑战是成本及商业模式,因为MaaS的目标是要提供能够匹敌小汽车出行便利性的出行服务,还要让提供MaaS服务的众多参与者有利可图。

两个实验表明,MaaS一定要能够提供灵活的出行模式并且可靠。对于这两个实验,都有很多人表示想要参加,说明大家对当前的出行方式还是有不满的。

从实验来看,研究者认为在MaaS发展初期,针对每个城市的具体情况进行定制化设计可能是必要的。在MaaS实现规模经济之前,MaaS应当聚焦于提供灵活的、个性化的、可靠的本地出行服务。

3) 比利时根特的实验

2017年中,在比利时根特开展了一个MaaS示范项目[18],测试时间为两个半月,该项目有100个小汽车用户作为参与者(主要为根特大学的雇员),目的是探索一个包月的MaaS套餐如何降低小汽车使用量。结果显示,大多数参与者是愿意尝试MaaS的服务的(尤其是公共交通及共享小汽车服务),但是在现实生活中要想达到一个比较明显的私人小汽车使用量下降是很困难的。尽管参与者有很强的动机减少小汽车使用量并且可以获得激励,但是在放弃小汽车使用时,还是面临明显的困难,尤其对于休闲出行而言。

参与者必须具有3个方面的条件:①必须居住在根特大区内;②必须有私人小汽车且目前经常使用;③必须拥有智能手机。

实验提供两种激励计划:①通过智能手机提供月出行预算150/250/350欧元,可以用于支付出行费用;②在实验结束后,前5名优秀参与者可以分别获取500、400、300、200、100欧元的奖励。对于全程参与但是月出行预算没有花完的参与者,可以将剩余金额转给他们。

实验有3个要求:①参与者要尽可能少地使用他们的私人小汽车;②测试至少3种不同的出行服务;③在项目期接受至少3次问卷调查。最后有90个参加实验的人员,参与主要原因包括:测试自己是否可以不用私家车也能出行、对环境的积极影响、好奇心。

测试的交通方式包括车辆租赁、出租车、公共交通服务(公交车、电车)、公共自行车。在测试期间,私人小汽车还是可以使用的,但是要尽量少地使用;要发送实验开始及结束时的车辆行驶里程,同时要把每次小汽车出行的出行目的发给实验组织者。而且如果使用私人小汽车,则出行预算会被削减。

实验结果如下。

(1) 对私人小汽车的取代作用。

实验结果发现,MaaS无法完全取代私人小汽车出行,尤其是当无法获取良好的替代方式或者天气情况恶劣时。对于通勤交通,可以比较容易限制小汽车使用,但是对于休闲出行,则比较困难;73.7%的通勤者不使用小汽车通勤,但是休闲交通略有不同,有一半的人还是偶尔会使用小汽车。

(2) 私家车在很大程度上被自有自行车(电动自行车)取代。

相当多的参与者用自有自行车(电动自行车)取代私人小汽车,主要是私人交通工具的便利性确实高。而MaaS要想在市内短距离出行中发挥作用取代私人交通工具,困难很大。

汽车共享被大多数(75%)人视为可行的小汽车出行的替代方式。小汽车在灵活性、舒适性、可靠性和用户友好性方面是无可比拟的。MaaS可能更多是作为小汽车的补充。

通过与几十年前的交通领域的一些争论(如20世纪90年代对信息通信技术发展对交通的影响的探讨等)相比较,该研究[18]认为将MaaS作为小汽车的补充,而不是小汽车的替代,或许更为合适;MaaS的利用和小汽车的拥有之间的关系可能比想象的更为复杂,当然也必须注意到,在根特的小样本研究难以直接代表普通大众,因为根特大学雇员的人口社会特性与普通大众人口特性有所不同,例如前者受教育程度偏高等。

5. 小结

回顾前述的一些实验及应用结果,结合其他一些研究,下面简单总结一下MaaS对出行行为变化的几个主要影响。

1) 对小汽车使用的影响

SMILE示范中有21%的参与者降低了其私人小汽车的使用量,在UbiGo的实验中,44%的参与者在实验过程中降低了其私人小汽车的使用量,而Whim的数据显示新的出行方案能够取代38%的日常小汽车出行。当然,参与MaaS实验的用户在多大程度上能够减少小汽车的使用量取决于众多因素,例如实验前的出行行为、社会人口学特性以及对实验的期望等[19]。例如,对于因为小汽车出行较贵且不便而想放弃拥有车辆的人而言,在实验中有95%的人降低了私人小汽车的使用量;而另一类参与者只是希望把MaaS作为一种智能手段来管理对多种出行服务的使用,只有约20%的此类参与者减少了私人小汽车的使用量。

2) 对车辆拥有和车辆使用的影响

在伦敦的一个调查显示,无论年龄和居住地,67%的无车者认为他们不需要拥有小汽车[20]，而且，如果有 MaaS 可以使用，则36%的无车被调查者表示他们会推迟购买一辆小汽车，而40%的无车被调查者则根本不会购买一辆小汽车。在 UbiGo 实验中，有一类参与者，他们没有汽车但是希望能够使用小汽车，没有买车的原因是因为拥有私人小汽车比较贵且有些不便，这些人在实验中，有78%增加了对共享汽车的使用量，有30%增加了对租赁车辆的使用量[19]。

另有研究[21]的被访者认为 MaaS 的广泛使用将使小汽车拥有量下降，更准确地说是一些家庭将首先放弃第2辆车。在对 UbiGo 的潜力进行分析时，研究者[22]认为这种服务可以很好地替代家庭的第2辆车。由此可见，MaaS 对汽车拥有的影响可能首先体现在对第2辆车的拥有和使用情况上。

3）对公共交通的影响

很多研究认为公共交通应当成为 MaaS 生态系统的支柱。如前所述，在 SMILE 实验中，48%受访的参与者增加了公共交通的使用量，而在 UbiGo 的实验中，有50%的参与者增加了对公共交通的使用量。伦敦的问卷调查研究表明[20]，受访者中35%的经常使用小汽车的人表示如果 MaaS 可用的话，他们可以用公共交通来代替小汽车出行。但是也需要注意，如果 MaaS 使得共享车辆变得方便后，会有一部分公共交通用户转向共享车辆。而如果公共交通要提高吸引力，则需要在确保有座、环境安静、提高速度等方面做出一些改善。

4）MaaS 的附加值

增加了选择的自由度：UbiGo 实验的参与者非常喜欢能够在一个平台规划众多的出行服务方式，由此增加了选择的自由度。不仅是出行方式的自由度，还有同一出行方式不同类型车辆的自由度（例如选择共享的电动汽车还是合乘的家庭用车）。

更好地支持多式联运出行：SMILE 的55%的受访者表示根据需要整合了不同的出行方式；而 Whim 用户也更多使用多方式联运完成出行（例如 Whim 用户使用出租车衔接公共交通的次数是典型的赫尔辛基居民的3倍）。

定制服务促进应用：根据对 UbiGo 的研究，UbiGo 中为适应每个家庭定制的出行套餐在改变出行行为方面发挥了根本性的作用，UbiGo 的参与者认为有一个出行套餐可以让他们反思当前的出行习惯，64%的参与者表示他们增加了替代方式的使用量，尤其是共享汽车、公交车和电车[6]。

本章参考文献

[1] KIRK D S, CAVALLI N, BRAZIL N. The implications of ridehailing for risky driving and road accident injuries and fatalities [J]. Social Science & Medicine, 2020, 250:112793.

[2] APTA & Public Transportation Partnership for Tomorrow. Mobility for the Aging Population [EB/OL]. [2020-02-15]. http://lobby.la.psu.edu/_107th/125_SMART_Growth/Organizational_Statements/APTA/APTA_mobility_for_aging_pop.htm.

[3] MARTIN E, SHAHEEN S A, LIDICKER J. Impact of Carsharing on Household Vehicle Holdings [J]. Transportation Research Record: Journal of the Transportation Research Board, 2010(2143):150-158.

[4] Shared Mobility Simulations for Helsinki [R]. Paris, France: International Transport Forum, 2017.

[5] Milton Keynes. Mobility as a Service: Exploring the Opportunity for Mobility as a Service in the UK [R]. UK: Transport Systems Catapult, 2016.

[6] SOCHOR J, KARLSSON I C M, STRÖMBERG H. Trying Out Mobility as a Serviceexperiences from a Field Trial and implications for Understanding Demand [J]. Transportation Research Record: Journal of the Transportation Research Board, 2016(2542):57-64.

[7] PANGBOURNE K, MLADENOVIĆ M N, STEAD D, et al. Questioning mobility as a service: Unanticipated implications for society and governance [J]. Transportation Research Part A: Policy and Practice, 2020(131):35-49.

[8] CLEWLOW R R, MISHRA G S. Disruptive Transportation: The Adoption, Utilization, and Impacts of Ride-Hailing in the United States [R]. Davis, California.: Institute of Transportation, UC Davis, 2017.

[9] SMILE mobility. Pilot operation [EB/OL]. [2020-02-15]. [http://smile-einfachmobil.at/pilotbetrieb_en.html.

[10] LINTON C, BRAY J. MaaS Movement? Issues and Option on Mobility as a Service for City Region Transport Authorities [R]. Leeds, UK: Urban Transport Group, 2019.

[11] SOCHOR J, STRöMBERG H, KARLSSON I C M. Travellers' Motives for Adopting a New, Innovative Travel Service: Insights from the UbiGo Field Operational Test in Gothenburg, Sweden [C]. 21st World Congress on Intelligent Transportation Systems. Detroit, USA. 2014.

[12] SOCHOR J, STRÖMBERG H, KARLSSON I C M. Implementing Mobility as a Service: Challenges in Integrating User, Commercial, and Societal Perspectives [J]. Transportation Research Record: Journal of the Transportation Research Board, 2015(2536):109.

[13] Mobility as a Service [R]. Brussels, Belgium: UITP, 2019.

[14] SOCHOR J, STRÖMBERG H, KARLSSON I C M. An innovative mobility service to facilitate changes in travel behavior and mode choice [C]. 22nd ITS World Congress, 5-9 October 2015. Bordeaux, France. 2015.

[15] PICHLER S. MaaS of the Month: Enabling Smart Mobility in Stockholm UbiGo-a B2C MaaS solution powered by FluidHub [R]. MaaS Alliance, 2019.

[16] WHIMPACT: Insights from the world's first Mobility-as-a-Service (MaaS) system [R]. Ramboll, 2019.

[17] HEATHCOTE-MáRCZ F, BAKSHI N. The future is mobile: insights from UK MaaS trials [C]. 25th ITS World Congress. Copenhagen, Denmark. 2018.

[18] STORME T, DE VOS J, DE PAEPE L, et al. Limitations to the car-substitution effect of MaaS. Findings from a Belgian pilot study [J]. Transportation Research Part A: Policy and Practice, 2020(131):196-205.

[19] STRÖMBERG H, KARLSSON I C M, SOCHOR J. Inviting travelers to the smorgasbord of sustainable urban transport: evidence from a MaaS field trial [J]. Transportation, 2018, 45 (6): 1655-1670.

[20] KAMARGIANNI M, MATYAS M, LI W, et al. Londoners' attitudes towards car-ownership and Mobility-as-a-Service: Impact assessment and opportunities that lie ahead [R]. London, UK: MaaSLab-UCL Energy Institute Report, Prepared for Transport for London, 2018.

[21] SMITH G, SOCHOR J, KARLSSON I C M. Mobility as a Service: Development scenarios and implications for public transport [J]. Research in Transportation Economics, 2018(69): 592-599.

[22] KARLSSON M, SOCHOR J, AAPAOJA A, et al. Deliverable 4: Impact Assessment [R]. MAASiFiE project funded by CEDR., 2017.

第四章 MaaS的商业模式

从当前MaaS在全球不同国家和城市的发展情况来看,不同的城市采取了不同的MaaS发展路径,但是无一例外的是,任何城市或地区在发展MaaS的过程中,都面临着如何具体发展和实施MaaS的问题,以及需要什么样的制度及管理架构。各个城市的管理规定、出行服务供应商的营利能力、竞争环境、用户特性、出行距离、出行时空需求等都不一样,导致MaaS的实施方法也不一样。

影响MaaS发展和实施的因素众多,但是作为一个需要进行运营并希望持续发展的系统,MaaS的发展和实施必须具有一个科学合理的商业模式。目前来看,已经测试和实施MaaS的城市所采取的商业模式并不完全相同。也有专家认为,当前实施MaaS的技术问题都可以获得解决,但最大的问题在于是否能够找到有效的商业模式。

MaaS的规划和实施可能不会有"一刀切"的通用方法。根据市场、国家、地区或城市的不同,可能需要不同程度的政府监管和控制来确保服务于公共利益的MaaS。在某些地方,公共交通机构自己可能会提供MaaS系统,如第二章的一些案例。在另一些情况下,它们可能允许私营供应商拥有特定项目的所有权,或者它们可能只是进行战略控制,而系统则完全由第三方或第三方组合交付。在欧洲,出行市场可以说是更先进和更发达,众多发达的国家和城市已经建设了良好并被广泛使用的公共交通系统。随着欧洲大陆上的政府越来越多地超越它们传统的作为基础设施提供商的角色,并成为由私营公司提供的出行服务的推动者,一个更加开放的MaaS市场将可能出现,主要是政府机构和科技公司之间形成合作关系,而这也是正在德国汉堡、英国曼彻斯特、瑞典斯德哥尔摩和其他一些欧洲城市[1]发生的事情。

在美国,私人小汽车还是占绝对主导的地位,因此MaaS模式可能需要更规范地谨慎控制私营和公共交通解决方案的组合,而重点须放在公共交通的使用上。最终,市场的自由程度将取决于一个城市或地区的独特环境——每个城市或地区都需要决定地方政府在改善出行进程中的参与程度,而城市或地区会有很大可能出现特有的解决方案和融资模式。成功的关键在于确保运输机构、地方政府和私营企业合作开展关于MaaS的对话,并考虑到社会公平性[1]。

数十年来,交通运输领域的政府管制模式也在不断发生变化,从原来的较强的管制到众多领域的放松管制,再到目前公私合作项目的不断出现以及新兴的 TNC(交通网络公司)企业的发展,交通运输领域的商业模式也在不断发生着变化。目前来看,似乎尚不存在一个适用于全球所有城市和地区的统一的 MaaS 商业模式,因此,本章在此主要结合已有的案例和研究,介绍一些可能的商业模式。

一 概述

简单而言,商业模式就是公司通过什么途径或方式来赚钱,即公司如何创造价值并传递给消费者以及公司如何获取利润。而具有可持续发展理念的商业模式则是需要考虑将社会和环境价值融入企业价值,一个具有可持续发展理念的商业模式应当除了给公司本身和消费者创造价值外,还能够为所有利益相关者、自然环境及社会创造价值。

MaaS 的重要目标之一就是实现交通系统乃至城市、社会、环境的可持续发展,MaaS 的可持续性价值体现在:对于用户,能够通过 MaaS 获取有吸引力的、合算的、便利的出行服务;对于社会,能够通过减轻交通拥堵、改善交通可达性带来社会效益;对于环境,能够通过促进低碳交通方式的利用改善环境质量[2]。因此,对于 MaaS 的商业模式而言,最关键的问题是要回答,什么样的 MaaS 商业模式能够实现经济、环境、社会的可持续性。

MaaS 商业生态系统包括了范围广泛的利益相关者,包括政府主管部门、公共和私营出行服务供应商、数据提供者、IT 公司、票务和支付服务供应商、电信和金融公司、科研机构、客运协会等[3]。而 MaaS 的商业模式需要能够让所有利益相关者都有收益。

1. 商业模式的挑战

有研究分析过 MaaS 在商业方面所要考虑的诸多因素[4],包括:费用模型、现有类似产品、现有出行服务、未来用户服务、现有潜在伙伴关系、潜在障碍、商业机会、资金、试点、知识产权、关键绩效指标(Key Performance Indicator,KPI)、风险、市场、共享经济、利润等。在这些考虑因素中,有如下一些决定 MaaS 能否成功的关键挑战[1]。

1)经济模式

目前,众多 MaaS 的实验还没有发现一种良好的 MaaS 经济模式,其关键就是如何理解和平衡 MaaS 所涉及的不同利益相关者及其各自的目标,而这些利益相关者及其目标在 MaaS 中可能存在直接冲突。潜在 MaaS 服务供应商的多样化目标和战略目标、现有出行服务的可用性和 MaaS 参与者在 MaaS 伙伴关系中的合作意愿等是可能导致 MaaS 业务生态系统结构不同的一些原因[3]。

例如在城市中,通常是由政府部门提供基础的交通设施,但是新的交通运行者(如 MaaS

服务供应商)的介入将产生新的问题,例如如何将公益和商业进行整合。私营的MaaS服务供应商必须要能够赚钱,但很多时候出行服务产生的并不是直接的经济效益而是社会效益,例如缓解拥堵、更好的生活质量、更公平的出行机会等。因此,MaaS很可能需要由一个政府实体来设计和监管,这个政府实体需要考虑城市本身的利益,而不仅是MaaS经营者的经济利益。

2)价格体系

MaaS商业模式的另一个关键挑战就是寻找一个能够实现对已有交通运输网络最优利用的价格体系。目前MaaS的一个模式就是套餐式的订阅,意味着MaaS服务供应商期望通过销售套餐并最终优化已有的出行资源来赚钱。然而,考虑到MaaS的根本目的是提高出行的密度(即更多利用公共交通),那么这个模型就存在相应的缺陷。目前而言,城市中集约式出行模式(公共交通)是由政府大量补贴的,那么私营的MaaS服务供应商从纳税人补贴的服务(除非MaaS服务供应商是作为政府的承包商)中获利是不合逻辑的,而这种模式也无法鼓励对已有网络的优化使用。

即走即付模式可能更合适一些,它鼓励对可持续和大运量交通方式的使用,同时对改变工作模式、出行模式也更灵活。事实上,公共交通部门已经发现周卡和月卡的使用量在下降,因为它们的经济优势并不明显,而且不如即走即付适合人们不断变化的个人需求。例如Whim在英国西米德兰兹郡的价格体系目前就以即走即付为主,原有的套餐近期全部停售,当然这与众多因素有关。因此,无论未来MaaS的模式是什么,都需要新的价格模型。

支撑MaaS的经济模式将影响其价格的竞争力和受欢迎程度。MaaS必须为用户提供有吸引力的服务,它必须创建一个整合的平台,将同为竞争对手的出行服务供应商聚集在一起,它必须能够以可以与保有小汽车相竞争的价格提供所有这些服务。如果MaaS在商业上不可行,它将需要来自私营或公共部门的某种形式的补贴[5]。一种可持续的商业模式是将目前与汽车所有权相关的资金释放出来。

3)广义效用

广义效用是指MaaS如何为城市公共政策目标做出贡献,包括改善公共卫生和空气质量、增加公共交通使用量和提高社会包容性等方面。MaaS实际上有增加小汽车使用的潜在风险,从而将可能导致空气质量恶化和交通拥堵。如果没有恰当的规划,MaaS可能会通过帮助懂技术的中等收入城市居民而排斥贫穷、边缘化的社区。MaaS要想真正取得成功,就必须帮助城市成为更绿色、更健康、更包容的地方,让人们希望在这里生活、工作和享受公共服务[5]。

4)标准规范

MaaS商业模式的选择和建立也需要有相应的各类标准的支撑。在大多数国家,在MaaS发展的众多基础支撑方面缺乏相应的立法、管制甚至技术标准,例如单一账户支付、多模式收费政策、多模式出行规划或多模式数据共享及分析。目前很少有国家为出行服务规制开放市场;缺乏标准和规则阻碍了有效的出行服务的发展,并且使得公共和私营部门难以在 MaaS 的讨论中找到共同语言。毫无疑问,在未来 MaaS 的发展过程中,需要仔细考虑相应的规则和政策。

5)灵活模式

MaaS 的一个问题就是可能并不存在一个通用的模式。不同的城市有不同的综合交通系统,即使同样的出行方式,例如公共交通或汽车租赁,其运行方式可能也有所不同。因此,从事 MaaS 技术支持的组织必须在进行技术开发时考虑足够的灵活性。而 MaaS 服务供应商也应当能够结合不同城市的出行需求,提供不同的服务,例如 Whim 在不同城市提供的服务包(套餐)有所不同。

2. 利益相关者的期望

如第一章所述,MaaS 的发展涉及众多的利益相关者,而各利益相关者对 MaaS 的发展都有各自的期望,在未来 MaaS 的商业模式发展中也需要进行考虑。

在此分析的 MaaS 的主要利益相关者,包括出行者、私营出行服务供应商、公共交通出行服务供应商、政府主管部门、技术提供者,其对 MaaS 的相关的责任和期望如表 4-1 所示[6]。

各利益相关者的责任和期望　　　　表 4-1

利益相关者	责任	期望
出行者	MaaS 的所有服务都应该是为出行者设计的,出行者是最终用户,每一次使用 MaaS 的自动化程度决定了 MaaS 的水平	出行者应该拥有尽可能多的出行选择。每个选项或建议都应是结合出行者偏好给出的最优方案。建议的出行选项应该用尽可能少的交互步骤来激活服务,并确保收集到的数据绝对清晰,确保其隐私和安全
私营出行服务供应商	为 MaaS 提供其相应的出行服务,实时可靠地运营其服务和系统,并持续不断地进行信息的实时更新	基于良好的商业和营销策略,能够在一种竞争的环境中提供服务
公共交通出行服务供应商	为 MaaS 提供其相应的出行服务,开放、实时、可靠地运营其服务和系统,并持续不断地进行信息的实时更新。将公共交通与私营出行服务进行整合将有利于提高出行效率和经济效益	供应商期望人们在城市中心区更多地选择公共交通,而公共交通服务质量的提升也在一定程度上有赖于私人机动化出行的减少。同时,在基础设施、运营管理、车辆等方面更加依靠智能化的方案来进行投资优化
政府主管部门	在法律框架内协调、管理、立法和调节出行服务。其目标是为其管辖范围内的居民提供全面的出行服务。政府建立相应的法律和行政管理框架以规范 MaaS 的建设,通过改进出行政策和支持开放标准立法来起到催化剂的作用,同时保护公民隐私和促进经济发展	实施与更安全、更可持续的交通方式相适应的交通政策,并建立机制鼓励相应的交通选择
技术提供者	提供出行技术解决方案,综合考虑路边、智能手机应用、可穿戴设备、车载和中央系统的需求。技术方案必须符合政府制定的法律和政策,并为区域内的出行者和出行服务供应商所接受。此外,可以定义开放标准(包括数据、框架等方面)	应用最先进的、差异化的解决方案,销售和推广它们的应用程序、系统和经验,满足客户和运营商的需求

目前随着"互联网+交通"的迅速发展,私营出行服务供应商的类型不断增加,规模不断增大,因其运行模式等方面的差异,对 MaaS 的期望和责任也会有所不同,在此主要分析汽车共享服务供应商和公共自行车供应商的期望等[7]。

1)汽车共享服务供应商

(1)预期的收益。

①获得新客户——通过 MaaS 获得更高的营业额和利润。

②汽车共享服务供应商希望 MaaS 供应商理解该行业是一个低利润率的行业,它们不希望放弃自己的议价能力,以便能够从 MaaS 供应商那里获得佣金或从它们的利润中提成。

(2)数据。

①汽车共享的运营需要一些数据,用于在社区建设和用户出行过程中提供服务。汽车共享服务供应商需要用户的私有数据和使用数据,从而能够以需求为导向规划其服务。

②相对于 MaaS 平台内外的竞争者,汽车共享服务供应商还需要保护其车辆可用性的数据,从而达到保护商业机密的目的。

(3)其他需求。

①灵活的合同保障——汽车共享服务供应商希望在价格、规则和管制、扩张、车队管理等方面保持控制权,这也意味着有可能在需要的时候改变服务而不是永远遵守最初的协议。

②MaaS 供应商应当承诺未来不与汽车共享服务供应商直接竞争,不擅自将收集和生成的数据提供给平台外的竞争性的出行服务供应商。

2)公共自行车服务供应商

(1)预期的收益。

①运行过程中的数据:用户 ID、个人出行数据、支付数据,当然这些数据取决于谁来承担计费和扣款责任。

②进入更大的市场——获得更多的客户。

③它们的服务按市场价格销售的收入(因为利润率是比较小的)。

(2)期望的影响力。

①出行方式选择/出行方式层次结构。

②公共自行车服务供应商的营销。

(3)其他需求。

①MaaS 用户完成的用户清算。

②将自行车道/安全的自行车路线纳入出行路径规划中。

③MaaS 供应商应该通过展示骑行所消耗的卡路里和减少的 CO_2 排放量的正面效果来展示骑行对公众健康和可持续发展的好处,以提供更好的个性化选择。

④最好是通过运营商的客户服务来对客户流程进行管理。

⑤尊重运营者的定价自主权,除非该服务是公共采购的系统,而其中的价格体系是由合同约束的。

⑥MaaS 供应商应确保只接受那些能够保证一定的行业标准质量水平的公共自行车服务供应商。

⑦MaaS 供应商需要尊重一个事实:公共自行车服务供应商不可能在所有站点的所有时间为所有人提供自行车服务。

3. 关键问题

在发展 MaaS 商业模式过程中,如下一些关键问题需要考虑和回答[8]。

1)定义交通机构在 MaaS 环境中的最优角色

例如,政府在 MaaS 发展中应该是推动者、领导者,还是任由市场自由发展？到目前为止的 MaaS 的发展大多以私营企业为推动者。然而,无论 MaaS 的发展路径如何,公共部门都应当监督 MaaS 的发展,监视这些服务的性能,以实现交通系统的可持续发展。

2)找到公私合作的平衡点

政府交通机构关注 MaaS 的战略目标,需要考虑公私合作的分工及平衡点。例如当前阶段,在部分国家和城市有些出行服务的工作已经在由公共部门向私营部门转移。

3)恰当理解 MaaS 给出行者带来的影响

从私人小汽车向其他交通方式的转移不是很简单就能完成的,取决于其他交通方式的便利性能否达到或接近小汽车出行的便利性,而一旦处理不好,将出现反向的结果。

4)创造双赢局面

有时技术和服务的创新主要从某个方面或角度入手,而并不考虑系统的整体最优,由此也会影响其发展。

5)为 MaaS 建立最优的市场环境

一个 MaaS 服务供应商可能形成垄断,而多个 MaaS 服务供应商则可能存在竞争以及使部分人员迷惑,同时无法形成合力。

6)理解商业模式以及确定谁来付费

目前对于是否存在一个可能的第三方 MaaS 服务供应商还存在疑问,主要是案例太少。而作为 MaaS 服务供应商,其盈利的途径可能有如下几点[9]:

①MaaS 服务供应商从各个出行服务供应商手中购买出行服务,之后打包出售,可以赚取差价;

②MaaS 供应商将获得大量的出行者的出行数据,这些数据可以提供给其他的出行服务供应商或其他有需求的组织机构,即将手中的数据"变现";

③由于 MaaS 供应商准确知道出行者的需求和信息,因此可以考虑如下一些增加收入的

方式:有针对性的广告、电子商务、杂货店外卖、为中途停留而定制的内容等。

7)探讨 MaaS 对出行服务的长期影响

MaaS 潜在的长期影响目前尚属未知,但是可以随着市场的发展而加以监测。

二、商业模式

MaaS 的出现将使得城市交通系统中的一些传统的市场角色发生相应的变化,例如,原来各类出行服务供应商直接面对出行者的市场结构将有 MaaS 供应商(包括 MaaS 平台供应商和 MaaS 服务供应商)加入,市场结构发生如图 4-1 所示的变化[10]:

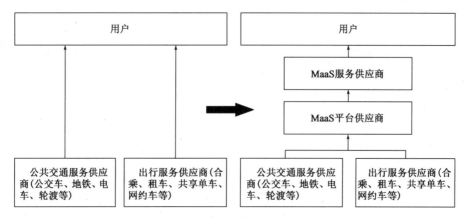

图 4-1 MaaS 导致的出行价值链的变化

鉴于 MaaS 商业模式对于 MaaS 生态系统形成的重要性,有众多的研究都对 MaaS 的商业模式进行了或多或少的探讨,例如史密斯(Smith)在 2017 年提出了 MaaS 的 3 种开发途径[11]:市场驱动、政府介入、公私合作。实际上,对于 MaaS 的不同商业模式而言,关键的差异在于第一章中提到的 MaaS 平台供应商和 MaaS 服务供应商的角色由什么类型的单位来担任以及市场的垄断程度。

综合已有的多个探讨 MaaS 商业模式的研究成果,目前来看,MaaS 的商业模式(或曰市场模型)主要有 3 类[10]:政府控制、市场驱动、公私合作。

(1)政府控制型:公共部门掌握控制了整个 MaaS 服务体系,不仅要集成各个不同的出行服务供应商,还要作为 MaaS 服务供应商来运营[例如丹麦的奥胡斯(Aarhus)]。

(2)市场驱动型:公共部门在 MaaS 管理中不发挥明显作用,市场是开放的,私营企业可以作为 MaaS 服务供应商以及 MaaS 平台供应商(例如赫尔辛基模式:MaaS Global)。

(3)公私合作型:公共部门充当 MaaS 的平台供应商,而 MaaS 服务供应商的市场则开放给私营企业(例如哥德堡)。

1. 政府控制型

在政府控制的商业模式下,公共交通机构的规模将借助 MaaS 运营显著扩大。在这种情况下,公共部门不仅要继续负责规划和采购传统的公共交通服务,而且还要承担 MaaS 平台供应商和 MaaS 服务供应商的角色[10,11]。因此,公共部门将通过精心策划和资助 MaaS 的开发、实施和运行来推动 MaaS 的发展。尽管如此,公共交通机构也不一定要在其内部增加新的角色,因为公共部门也可以通过从私营部门采购 MaaS 平台供应商和 MaaS 服务供应商的开发和运营服务来引领 MaaS 的发展(例如柏林的案例)。当然,公共部门也可以设立它们直接或间接控制的新 MaaS 相关机构。但是有些公共交通机构不愿承担这种角色,主要是它们缺乏相应的资源,例如技术水平受限、运营团队缺乏等。

这种商业模式的逻辑主要基于以下 3 个基本论点[10,11]。首先,MaaS 发展的主要目的是通过促进从私家车向其他出行方式的转变来增加社会效益。其次,公共交通是 MaaS 的支柱,因为它是唯一一个可以取代私家车并满足大部分出行需求的方式。第三,公共和私营部门可能有相互冲突的目标。例如,私营 MaaS 服务供应商的目标可能是通过销售尽可能多、尽可能价格昂贵的出行服务来实现收入最大化。相比之下,公共部门更倾向于减少私人小汽车出行数量和提高公共交通的份额。因此,如果希望实现社会效益,则政府控制型是必要的。另外也有人认为,在 MaaS 生态系统中增加新的角色的商业机会非常有限或不会存在,主要是因为其利润很小,管理成本较高且用户未必愿意额外付费,故可能需要公共资金来促进 MaaS 的发展。

MaaS 生态系统的运行需要整合城市或地区内的全部出行服务方式,而对于一些大城市而言,往往仅公共交通系统就涉及多个运营商,因此,如果是由公共交通部门作为 MaaS 供应商(含 MaaS 平台供应商及 MaaS 服务供应商),则可以较为容易地整合起城市内的公共交通系统资源,而且由于交通机构一般都是其他出行服务供应商的管理部门,因此,整合其他的出行方式也有一定的便利性。同时,由于其与交通运输管理部门往往联系密切,因此,也可以影响其出台 MaaS 发展方面的一些规章制度。

在政府控制型的 MaaS 商业模式中,将城市和公共交通管理机构置于中央统筹的角色,为所有城市居民提供良好的出行服务。这种形式的 MaaS 在过去的几年里得到了相当多的关注,在整个欧洲范围内有多个相应的部署,最明显的是在柏林(由 Trafi 开发的 Jelbi 应用)[12]。

也有观点是不希望将第三方的运输服务整合到公共交通系统中来[1],但是实际上在一些公共交通高度发达的城市,人们依然会选择其他的出行方式,而在多交通方式共存的区域,人们选择公共交通的比例也较高。

由政府控制 MaaS 的平台及服务有相应的好处[13]:

(1)相对而言,政府是较有能力让私营和公共的出行服务供应商进入它们的平台的实体,它们可能有最好的取得成功的机会。

(2)政府可以根据特定服务的需求指定私营运营商解决方案,而不是"让市场来决定",否则将导致街道上车辆的过度部署,就像曾经的互联网租赁自行车恶性竞争一样。

(3)政府可以利用生成的数据制定减少交通污染和拥堵的解决方案。

(4)政府可以出台政策鼓励通勤者使用可持续的出行方式,例如促使他们乘坐公共汽车,而不是私人小汽车。

(5)可以向私营出行服务供应商收取佣金,从而有了一种从私营出行服务供应商那里获得收入的有效方式——而现实是迄今为止,城市无法从作为平台运营的公司那里获得这种收入。

(6)政府可以通过MaaS应用接触到市民,可以直接向市民发布有关道路建设、地铁延误、天气等方面的信息。

(7)通过作为MaaS推动者的角色,公共部门还能够确保为基础设施建设提供资金。通过对已有设施的智能化使用,可以为未来的关键交通基础设施的维护等提供相应的收入来源。例如,芝加哥对各类的"网约车"服务设置了分层税收制,每次至少收取65美分的税收[14]。

(8)体现政府的综合能力。同私人小汽车出行相比,为了使得可持续的多模式出行变得真正有吸引力,不同的可持续出行模式需要以一种综合的方式进行协调、规划和交付[15],不仅需要从设施的角度(协调网络规划、车站、城市规划等),也需要从信息的角度:一站式出行App充当个人出行助手,提供出行信息、预订和票务等。而这些工作只有政府机构是完全有能力实现的。

当然,由政府交通部门或公共交通企业作为MaaS供应商也会存在一些问题,例如,此类部门可能并不容易去调整它们的角色,而政府交通管理部门的行事风格也可能会影响到其创新的能力。另外交通部门是非营利性机构,可能没有动力去改善服务。还有一个问题就是受制于体制机制,其所提供的MaaS无法跨城市运行,每个城市将需要各自发展各自的MaaS。

在现实中,各城市或地区能否采取政府控制型的MaaS商业模式,还取决于当地的法律法规,例如在瑞典,可能因为多种法律的限制,公共交通部门不能从事传统公共交通行业以外的工作[11]。

同时,公共部门和公共交通服务供应商也可能缺乏资源(资金和人力)来进行数据管理,因为这并不是其核心工作。因此,为了推动MaaS的发展,公共部门需要推进高质量数据的可访问性和可获得性,同时设置相应的体系框架以确保可以获取各种数据源(公共的与私有的)。缺乏通用的数据标准、数据结构等依然是数据共享中的问题之一。当然,不同城市的公共交通服务供应商因其业务范畴的不同导致技术力量也有所区别,在数据管理方面的能力也就有所差异。部分城市的公共交通服务供应商有一定的技术能力。

政府控制型 MaaS 案例[12]

柏林公共交通公司(Berliner Verkehrsbetriebe,BVG)是柏林主要的公共交通公司,它管理着柏林的U-Bahn(地铁)、有轨电车、公交车和轮渡。BVG最近进行了B2G的公共MaaS

的综合实施,由立陶宛 Trafi 公司开发的 Jelbi App 在 2019 年发布❶。Jelbi MaaS App 可以被认为是公共 MaaS(Public MaaS)平台,因为它的平台深度整合了各个出行服务供应商,也包括 BVG 公交车、轨道交通和有轨电车,可以在 App 内实现完整的行程规划、搜索、注册、预订和支付。

虽然 Jelbi App 引起了用户的兴趣,但始终存在着难以对所有出行方式全面覆盖的问题。也就是说,对于公共交通部门来说,如何在一个城市出行生态圈中招募并深度整合所有可用的出行服务供应商是一个巨大的挑战,而事实证明,这一点已在多处得到了验证。因此,即使是在将公共交通部门置于出行服务协调中心的 Public MaaS 平台中,由谁来与每个出行服务供应商形成商业协议依然是个重要的问题。是公共交通机构,还是 MaaS 供应商,抑或是第三方集成商?

尽管政府控制型 MaaS 有很大的希望将公共交通机构置于所谓的"驾驶座"上,但对于 MaaS 供应商和公共交通机构来说,这是否是一种可持续的商业模式,以及在未来几年内,这样的平台将如何跨越地域和实现规模化,还有待观察。

政府控制型的 MaaS 商业模式除了直接由政府控制的公共交通部门或公共交通企业作为 MaaS 供应商之外,还可以考虑采用政府通过合同购买服务的方式运行[16]。

在全球范围内,在过去 30 年里的交通运输领域都出现了放松管制的趋势,即更多地利用市场能动性来推动交通运输的发展,例如将放松经济管制和竞争性招标等要素结合起来,目前在众多国家和城市的公共交通服务中有较为广泛的应用。例如在英国,20 世纪 90 年代末期,在公共交通运营中结合政府与市场的长处,在承认公交私营化现状的基础上,加强了政府的管制。政府的责任主要体现在规划公交车通行线路、确定班次和价格、监督运行质量,公交车的具体运营则交给各个私营公交公司。私营公交公司通过竞标的方式获得线路运营权,那些亏损的线路,也要进行招标确定运营公司,然后由政府给予补贴,保证运营者能够赢利。同时还设置了私营公交公司的退出机制,服务质量低劣、事故不断、乘客投诉量大的公交公司,将受到处罚乃至被勒令退出。而服务好的公司会获得政府的奖励。

基于此,有研究者提出类似的政府通过合同购买 MaaS 服务的商业模式[16],该模式能够在给市场提供自由度的同时,对其保持强有力的监管控制和监督。在该模式中,政府通过竞争性招标直接采购 MaaS 供应商(包括 MaaS 平台供应商和 MaaS 服务供应商),一旦市场成熟而有多家 MaaS 供应商或 MaaS 服务供应商可选,政府则有机会在随后的谈判中取得更多主动性。在此模式下,政府部门主要设定运营标准,例如在运营区域内,在多长时间内给多大比例出行者提供出行服务。MaaS 供应商可以在郊区运营或分包"网约车"和"微出行"(Micromobility)

---

❶ https://www.jelbi.de/en/home(2020 年 2 月访问)。

等,并实现与连接城市核心区的公共交通的无缝对接。为了保持在高效的出行方式下提供全方位的服务,并考虑交通公平性,可以鼓励内部交叉补贴,同时也有望得到政府的财政支持,以弥补提供 MaaS 服务的资金缺口。

在此模式下,政府有机会将道路用户收费作为一揽子价格的一部分来对道路网络效率进行监管。目前世界上的一些道路拥堵收费制度设计还是存在一定的缺陷,未能更好地提高网络运行效率。MaaS 将所有的出行方式汇集在一起,提供了一个一体化的方法,这样可以实现一个集成的信息系统,它可以根据一天的时间(例如具体到分钟)、地理位置(按地点和道路类型)和出行模式(包括空间和时间)效率来定价。其他一些要素如环境因素(车辆排放)、补贴(为体现社会包容性等)以及一些免税政策,也可以囊括进来。由此可以实时确定特定行程的价格,还可以对低乘坐率的私人小汽车等征收高额的附加费,以阻止此类出行行为,并可以以类似的考虑满载率的方式收取公共交通乘车费等。从长远来看,这种道路时空效率最优的定价会影响人们对于居住和工作地点的选择,从而有助于城市向更可持续和更紧凑的形态发展。当然这种想法是比较激进的,其实现的前提是所有出行者都使用 MaaS 平台出行,虽然这个目标也是 MaaS 发展的愿景之一,但是在现实中,MaaS 可能只是一个小众群体的出行工具,因此 MaaS 尚难以作为交通出行需求管理的手段[16]。

2. 市场驱动型

由于交通运输行业具有一定准公共行业的性质,因此,历史上交通运输行业受到政府较多的管制。近几十年来,在全球范围内,交通部门公共服务的提供开始由公共垄断转为放松经济管制和竞争性招标等方式,以便让市场力量和私人经营者更多地参与其中,虽并非一帆风顺,但目前来看也取得了一些成绩,而这个过程中的经验和教训可能对于 MaaS 商业模式如何发展有一定的借鉴。目前,一些国家(例如澳大利亚等)的政府似乎热衷于鼓励初创公司甚至是成熟的企业承担起 MaaS 服务供应商的角色,以测试 MaaS 服务模式的潜力。然而,其他一些国家则更愿意通过提供公共部门主导的多模式 MaaS 服务而拥有更大的控制权[16]。

在市场驱动型的商业模式中,这意味着 MaaS 平台供应商和 MaaS 服务供应商的角色或者由目前已有的私营机构承担(如出行服务供应商或与交通有关或无关的各类技术服务商,例如 TNC 企业、地图导航企业等),或者由专注于 MaaS 的新创企业(如 MaaS Global 等)承担。而公共交通部门与目前相比则无太多的变化,其为推动 MaaS 发展所需要做的主要工作应该是:允许第三方出售其公共交通车票;调整其客票的类型以便与其他出行服务方式捆绑销售;为第三方经销商(如 MaaS 服务供应商)提供可行且公平的交易等[11]。

在该模式下,公共交通部门对 MaaS 发展的控制力较弱,主要与转售公共交通车票相关,而公共交通部门最直接的工作是为公共交通提供补贴以增强公共交通的吸引力。市场驱动模式的大多数支持者或者相信亚当·斯密(Adam Smith)的"看不见的手"将确保社会福利,或者认为与转售公共交通车票相关的监管框架将足以避免不恰当的发展。

市场驱动模式背后有一个基本的假设[11],即 MaaS 生态系统为 MaaS 平台供应商、MaaS 服务供应商以及其他出行服务供应商提供了可行的商业机会。这在很大程度上也是基于这样一种观点:与公共部门相比,私营部门在开发满足客户需求的创新服务方面具有更高的动机和更强的能力。因此,开放市场的力量可能使得 MaaS 能更好地与私家车竞争。然而,即使是市场驱动型的商业模式,一个功能良好、容量较高的公共交通系统依然是发展一个可行的 MaaS 生态系统的先决条件。此外,尽管是市场驱动型的商业模式,公共交通机构仍然需要在内部技术、组织和业务发展方面进行投资,以便使得第三方能够转售公共交通车票。

私营企业作为 MaaS 供应商,相对公共部门而言可能可以较快地推动其发展,由于其追求利益最大化,因此会考虑不断改进其服务以提供先进的、个性化的服务。而一些已有的私营出行服务供应商也更喜欢让私营企业成为 MaaS 服务供应商。同时,私营企业作为 MaaS 服务供应商可以比较容易地跨地区发展。

但是,私营企业作为 MaaS 供应商,也会存在一定的问题。

(1)市场垄断的问题[17]。

私营的 MaaS 供应商将掌握有关出行的大数据,一方面可以利用大数据赚钱,另一方面可以建立市场壁垒,影响新的出行服务供应商或 MaaS 供应商等的诞生或参与。由于交通出行服务领域存在较为明显的规模经济性,因此,在历史上放松管制后的众多领域都出现过类似逐步形成垄断的现象。另外,垄断后的价格也会是一个大问题。

(2)"围墙花园"(Walled Garden)的问题。

在由私营机构作为 MaaS 服务供应商的市场中,如果该私营机构是已有的私营出行服务供应商(例如 Uber、滴滴等),则该私营出行服务供应商可能无法让其他私营出行服务供应商进入它们的平台,因为没有供应商愿意共享它们的数据。由此使得私营机构的 MaaS 成为一个封闭的平台,这意味着只有在 MaaS 供应商的封闭生态系统内并经过预先批准的服务才能在应用程序中运行并提供给消费者,例如在国内如果滴滴运营 MaaS 平台,则哈罗单车可能很难会进入其平台。而且,公共交通供应商也会因为类似的原因拒绝使用它们的平台(当然也有合作的,例如在美国丹佛,公共交通机构与 Uber 的合作等),因此如果是私营企业作为 MaaS 服务供应商的话,可能需要花费较长的时间来整合已有的公共交通服务。最终,此类私营的 MaaS 服务供应商所推广的服务对它们自身的业务可能是有利可图的,但不一定是对城市或环境最好的。

事实上,目前 Uber 已经开始进入 MaaS 市场,因为它已经获得了自行车(Jump)和电动滑板车(Lime)市场份额,并通过 Uber 平台提供公共交通售票服务,因此它希望为整个综合出行(可能是多方式的)提供打包价格。

(3)过度竞争的问题[13]。

私营企业作为 MaaS 供应商的商业模式的另一个潜在问题是过度竞争,为了在竞争中胜出,它们会过度布置无桩的自行车和电动自行车等,以期在竞争中胜出。例如巴黎有 11 家电动自行车运营商以同样的价格提供同样的车辆,这种过剩的电动自行车已经使许多巴黎人反对这一伟大的出行解决方案。

(4) 利益至上而抑制可持续交通方式的发展[8]。

私营的 MaaS 有很大可能会优先追求利益,从而有针对性地为特定对象服务,如高收入的、熟练使用数字工具的人群。例如,在旧金山,Lyft Shuttle 就从战略上有意识地避开了低收入区域。因此,商业驱动的 MaaS 有可能忽视"道路是全部市民所有"这一事实而造成道路使用的不公平,破坏交通服务的公平性。

因此私营企业主导的 MaaS 也可能导致如下的结果:使得公共交通出行者向 Car-Sharing 等基于小汽车的出行方式转变,或使得步行、自行车向机动化出行方式转变。目前 Uber、滴滴等的发展已经出现了这种苗头。

另一方面,用户如何选择也取决于 MaaS 如何给各类服务进行定价,例如如果目前的套餐中包括一定数量的出租车和车辆共享,但是如果不能累积到下一个月,则会促使用户去更多地使用这些方式。

(5) 用户或出行服务供应商的成本更高,以及不公平的服务等问题[8]。

MaaS 服务供应商必然需要有收入,如果 MaaS 服务供应商只是出行服务代理而本身并不提供实际的出行服务,那么这些收入最后是由用户承担还是由出行服务供应商承担呢?无论由谁承担,都会增加相应对象的费用。MaaS 也会在一定程度上增加不公平性,例如能够出高价的用户可以获得更好的服务。

(6) 切断出行者、出行服务供应商以及政府交通机构之间的联系。

政府部门近年来都在投入大量的人力物力提升公共交通系统的服务水平,以便吸引大家采用公共交通方式出行,其中部分努力就是建立出行者与公共交通企业之间的联系。如果公共交通企业认为在它们和出行者之间再插入一层 MaaS 服务供应商会阻碍它们和出行者之间的密切联系的话,那么它们可能就不会支持 MaaS 的发展。

在这种商业模式中,进一步细分则存在"赢者通吃"和"自由竞争"两种可能的模式。

因此,市场驱动的私营运营 MaaS 的模式可能会导致利益至上,而与政府的发展目标不一致,因此对政府监管体制的优化提出了新的要求。

市场驱动型 MaaS 案例[12]

丹佛区域公交(Denver Regional Transit District,RTD)是科罗拉多州丹佛—奥罗拉—博尔德联合统计区的区域性公共交通服务机构。其运营区域达到 2342mile^2,服务于 308 万人口。RTD 选择实施 MaaS 的方法是积极整合"网约车"服务和其他按需服务作为其向乘客提供服务的关键组成部分。鉴于 RTD 之前的出行规划和购票 App 的使用率较低,RTD 选择了另外一种实现 MaaS 的方法,可以被视为是一种私有化的 MaaS 模式。

在这种模式下，RTD 与 Uber（与 Masabi 和 Moovit 合作）签订了非独家协议，让出行者可以直接在 Uber App 中预订和支付 RTD 的公交和轻轨线路的车票。Uber 也在丹佛（以及全美范围内）发起了一场积极的营销活动，宣传其在 App 内提供预订和购买车票的能力，成为公共交通的"合作伙伴"。

然而，这引起了生态圈中其他公共交通部门的诸多质疑和担忧，目前有可能成为 MaaS 发展的障碍。这些担忧集中在隐私、控制权以及公共交通部门在 MaaS 中的作用等方面。例如：如果私有化的 MaaS 应用成为事实上的公交品牌，这对公共交通部门向乘客提供服务会有什么影响？在这样的环境下，如何保护个人数据？最后，在立法授权的情况下，公共交通部门如何保留与乘客的直接关系而不至于失去控制权？

3. 公私合作型

公私合作型商业模式是介于前两种类型之间的类型，一般是指公共部门来承担 MaaS 平台供应商的角色，而 MaaS 服务供应商则开放给私营部门，因此，这种情况意味着公共及私营部门都在 MaaS 的开发中扮演积极的、重要的角色。

目前来看，MaaS 生态系统应该由公共和私营部门共同组成已是共识，公共和私营部门需要通过竞争与合作来获取各自的利益。与市场驱动型的商业模式类似，公私合作型的商业模式的可行性是基于公共部门能够为私营部门赋能的想法。然而，在这种模式下，公共部门将主要承担 MaaS 平台供应商的角色。大家认为这种模式将减少 MaaS 服务供应商的初期投资，而且有助于技术与管理的整合。该商业模式的另一个潜在好处是，公共部门控制的 MaaS 平台供应商可以作为 MaaS 服务供应商和出行服务供应商之间的"中立缓冲"，从而降低 MaaS 服务供应商在 MaaS 生态体系中变得过于强势的风险。这有点类似于一些酒店预订平台，完全由私营机构控制的 MaaS 平台的平台供应商和 MaaS 服务供应商会具有较大的市场话语权。

将 MaaS 完全置于自由市场还有另外一个较大的风险是：公共交通部门、地方政府在引导未来出行行为的过程中的话语权将非常有限，而这个风险地方政府和公共交通部门可能都无法承受，因为它们的责任是形成可持续的城市交通系统。而不断出现的新的交通模式具有打破现有交通生态系统的潜力，因此，公共交通部门应当与私营单位一起形成 MaaS，由此两类部门都可以从中受益。

当然，公私合作型的 MaaS 商业模式使得公共交通机构和城市失去了与出行者之间直接的接触，因为多个出行方式被捆绑在一起，这可能与政府的首要政策目标之间存在冲突，因为政府需要将城市公共交通服务放在第一位。

因此，在公私合作的模式中，为了实现良好的可持续交通发展，私营部门将承担更多实现公共价值的角色。

目前在瑞典，似乎在采用公私合作的模式，例如斯德哥尔摩地区的公共交通机构发布了

MaaS 战略,指出在未来的 MaaS 生态系统中,它们只是充当公共交通运营者的角色,通过支持国家层面的平台集成者来支持国家的公共交通合作。同时,西瑞典地区的公共交通机构与其他地区的公共交通机构正在合作开发一个联合的、国家层面的售票用的技术平台[11]。但由于各种原因,这类全国性的平台目前并未形成[18]。

有研究者对上述 3 种类型做了简单对比,如表 4-2 所示[19,20]。

3 种 MaaS 商业模式类型对比　　　　表 4-2

类型	MaaS 供应商（MaaS 平台供应商和 MaaS 服务供应商）	案例	MaaS 供应商的情况	其他参与者的情况	特征	优劣势
政府控制型	公共部门作为 MaaS 平台供应商和 MaaS 服务供应商	公共交通企业扩展其角色作为 MaaS 供应商	公共交通出行服务供应商增加在采购和运营方面的新角色,如从私营机构购买服务等; 能够管理公共交通服务以便与私人小汽车竞争; 中立的不以营利为目的的公共供应商能够实现可持续交通的目标	如果 MaaS 供应商力求满足社会目标,那么私营出行服务供应商可能会与 MaaS 供应商有目标冲突,私营的出行服务供应商将无法从其服务中获取最大化的利益	MaaS 由公共交通供应商运营,提供特定的出行服务; 公共交通部门制定规则; 其他出行服务供应商可能不得不开放它们的 API（应用程序接口）	公共交通已经拥有最大的客户数据库,并且是可持续城市交通系统的支柱,所以带头整合其他出行服务是有意义的; 公共交通仍然与现有客户相关,并通过成为一个真正的出行服务供应商而对新的客户更具吸引力; 被认为能够实现可持续交通的最大化增长,具有社会包容性,并与公共政策目标保持最佳一致,数据也将与政府共享; 被认为在提供客户导向和创新的服务方面将做得不足
市场驱动型	私营的 MaaS 平台供应商和 MaaS 服务供应商	私营技术提供商（如 TNC）； 新创企业； 第三方； 电信企业； 私营出行服务运营商	商业化 MaaS 运营; 期望有较高的激励和良好的能力去发展创新型服务; 公共交通服务组织的变化最小; 如果 MaaS 供应商来自已有的出行服务供应商,则会偏向自己的出行服务,只有新创的第三方单位才能做到相对公正	公共交通服务供应商只要作为赋能者,不需要直接与出行者打交道; 公共交通服务供应商需要适当调整自己以加入 MaaS 生态系统,例如调整票价体系及数据共享等; 需要良好的公共交通服务作为前提; 将更多依赖私营出行服务供应商	由 MaaS 供应商和出行服务供应商之间的协议形成市场竞争; 形成自由的不受监管的市场	被认为可以提供以客户为导向的创新解决方案; 会被质疑是否具有社会包容性; 有很大可能不会与公共部门共享数据,公共部门也就无法通过数据分析来改善现有的公共交通服务和规划; 在提供出行选择时出现偏差的风险较高

续上表

类型	MaaS供应商（MaaS平台供应商和MaaS服务供应商）	案例	MaaS供应商的情况	其他参与者的情况	特征	优劣势
公私合作型	公共的MaaS平台供应商；私营的MaaS服务供应商	PPP（Public-Private Partnership）模式，即政府和社会资本合作	在MaaS服务供应商和出行服务供应商之间由公共的MaaS平台供应商作为中立缓冲	公共部门仍然作为MaaS生态系统的赋能者	平台由公共实体建立，其规则由公共部门确定；作为公共基础设施，不同的参与者可以在其上构建MaaS解决方案；所有的出行服务都必须开放它们的API正面竞争	被认为能够提供以客户为中心的、创新的和无偏袒的服务；本地的出行服务供应商更有可能被整合；需要解决开放后端平台的融资问题

4. 其他

1）无中心型

有研究[20]提出第4种商业模式，即应用区块链技术建设无中心型的MaaS商业模型。其特征如下：

(1) 使用区块链实现分布式出行；

(2) 所有的利益相关者通过分布式记账技术在一个共享的平台上工作；

(3) 不需要一个单一的实体作为中介，同时能够创建一个协调的出行生态系统；

(4) 允许交通运输管理部门对某些交通出行方式选择进行激励，并确定出行经济的规则；

(5) 对这种技术的可行性研究仍在进行中。

2）政府管制程度

不同的商业模式将带来不同的市场行为，也将影响MaaS所能够产生的效果，从城市的角度而言，针对不同的MaaS商业模式，将可能需要进行如下不同的干预和管制[21]。

开放的MaaS市场：这种情况下出行方式选择的复杂性不需要与一些风险因素进行关联考虑（如空气污染、交通拥堵等），当可选的出行方式较少时，系统可靠性不足，但是出行者能够对出行负责，因此一般情况下会减轻对公共交通的依赖。政府几乎没有对市场进行管制，不过在某些情况下为了实现政府的目标也可能会加强管制。

轻度的MaaS管制：例如赫尔辛基、维也纳等，出行方式选择增多，出行风险中等，空气质量、拥堵可能有些问题，虽然交通机构或地方政府对出行生态系统进行管制，但是很可能有1个或多个MaaS系统，主要由私营机构在运行，通过用户界面实现集成出行规划、预订和支付等。这类管制的一个例子是，政府要求任何提供集成出行规划的出行服务供应商都必须显示所有可用的出行选项，而不仅是自己的服务。

全面的 MaaS 管制：多个供应商运行 MaaS 服务，提供复杂的出行方式选择，但如果建设不当或缺乏恰当的引导，则可能增加空气污染、加重交通拥堵，如果没有政府介入，则很难实现政府的政策目标。因此，这种状态的 MaaS 市场需要强有力的管制：或者政府自己运营 MaaS，私营供应商被授权运行；或者私营机构运营 MaaS，政府进行价格和服务管制。

3）评价要素

MaaS 的商业模式目前来看尚未固定，当前世界各地的 MaaS 示范项目的商业模式不尽相同。在评价哪种模式更为有效的时候，需要考虑是否有利于实现如下目标[20]：

①交通出行更多转向公共交通、步行和骑自行车；
②提高用户数量及市场渗透率；
③提高社会包容性；
④创新性；
⑤客户导向及可用性；
⑥与公共政策目标保持一致；
⑦整合本地出行服务供应商；
⑧提高非歧视性；
⑨与公共部门分享数据。

---

3 个城市的商业模型[3]

有学者使用奥斯特沃德画布（Osterwalder's Canvas）为 MaaS 开发了一个通用的原型业务模型，以考虑理想的 MaaS 的全部潜力。针对 3 个研究的城市，首先使用雷达图的方式研究了对象城市的 MaaS 商业生态系统中的关键要素，用 –3 到 3 的分数表示各研究城市的各关键要素对 MaaS 创新的从负面到正面的影响，如图 4-2 所示。

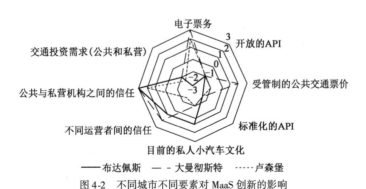

图 4-2　不同城市不同要素对 MaaS 创新的影响

以"目前的私人小汽车文化"为例，目前在卢森堡和大曼彻斯特地区的居民出行非常依赖私人小汽车，而布达佩斯的居民出行则更多使用公共交通，因此，该因素在卢森堡和大曼彻斯特地区对 MaaS 的发展而言将会是一种障碍。图 4-3 给出了基于 Osterwalder's Canvas 分析的布达佩斯的商业模式，虚线框内为需要考虑的内容。

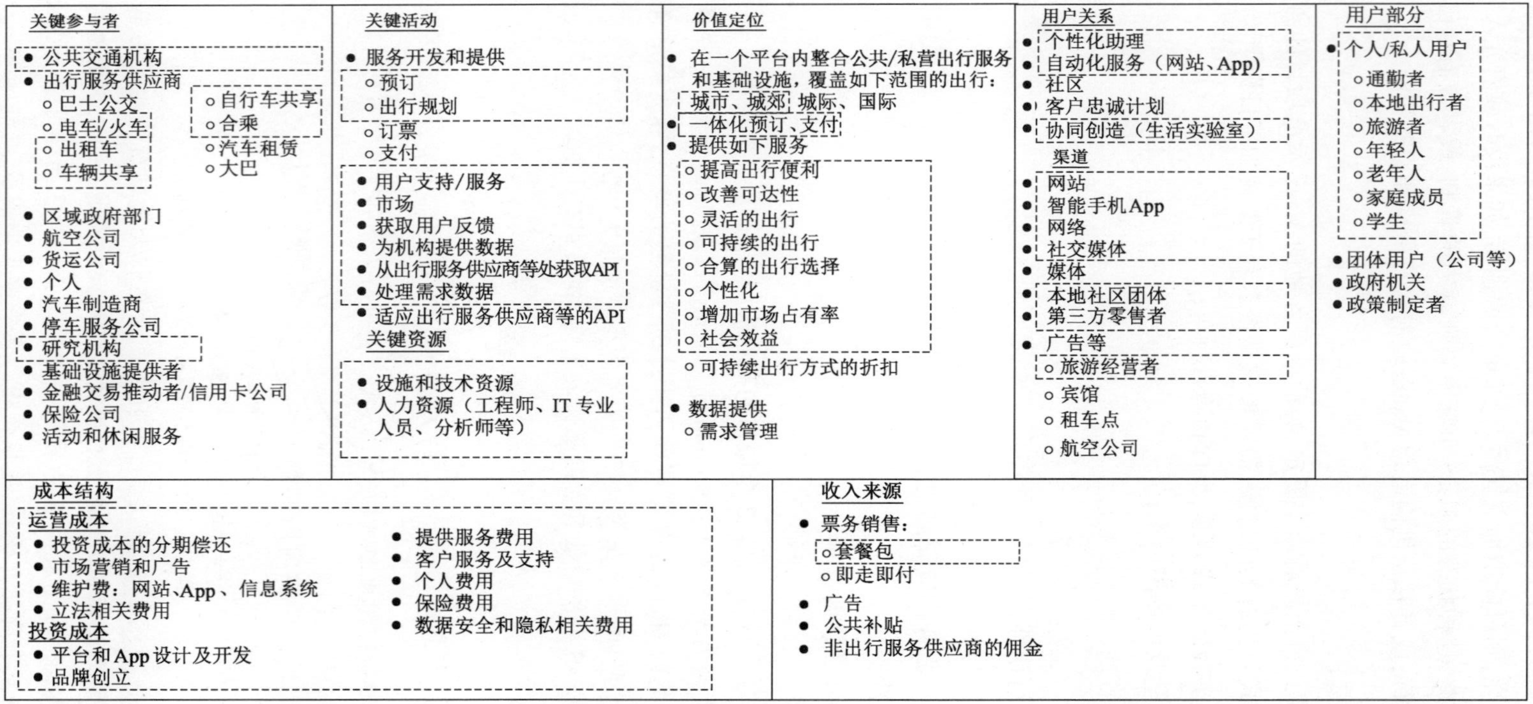

关键参与者

- 公共交通机构
- 出行服务供应商
  - 巴士公交
  - 自行车共享
  - 电车/火车
  - 合乘
  - 出租车
  - 汽车租赁
  - 车辆共享
- 区域政府部门
- 航空公司
- 货运公司
- 个人
- 汽车制造商
- 摩托车公司
- 研究机构
- 基础设施提供者
- 金融交易推动者/信用卡公司
- 保险公司
- 活动和休闲服务

关键活动

- 服务开发和提供
  - 预订
  - 出行规划
  - 订票
  - 支付
- 用户支持/服务
- 市场
- 获取服务提供数据
- 为出行服务供应商处处获取API
- 从出行服务供应商等处取数据
- 处理票需求数据
- 适应出行服务供应商等的API
- 关键资源
- 设施和技术资源
- 人力资源（工程师、IT专业人员、分析师等）

价值定位

在一个平台内整合公共/私营出行服务和基础设施，覆盖如下范围的出行：城市、城郊、城际、国际
提供如下服务：
- 一体化预订、支付
- 提高出行便利
- 改善出行
- 灵活的出行
- 可持续的出行
- 合算的出行选择
- 个性化
- 增加市场占有率
- 社会效益
- 可持续出行方式的折扣
- 数据提供
- 需求管理

用户关系

- 个性化助理
- 自动化服务（网站、APP）
- 社区
- 客户忠诚计划
- 协同创造（生活实验室）

渠道

- 网站
- 智能手机APP
- 社交媒体
- 媒体
- 本地社区团体
- 第三方零售者
- 广告等
- 旅游经营者
- 宾馆
- 租车点
- 航空公司

用户部分

- 个人/私人用户
  - 通勤者
  - 本地出行者
  - 旅游者
  - 年轻人
  - 老年人
  - 家庭成员
  - 学生
- 团体用户（公司等）
- 政府机关
- 政策制定者

成本结构

- 运营成本
  - 投资成本的分期偿还
  - 市场营销和广告
  - 维护费：网站、App、信息系统
  - 立法相关费用
- 投资成本
  - 平台和App设计及开发
  - 品牌创立
- 提供服务费用
- 客户服务及支持
- 个人费用
- 保险费用
- 数据安全和隐私相关费用

收入来源

- 票务销售
  - 套餐包
  - 即走即付
- 广告
- 公共补贴
- 非出行服务供应商的佣金

图4-3 布达佩斯的商业模式

三 用户的角色

MaaS 的核心特点之一是以用户为中心,推动 MaaS 开发和部署的基本原则和核心动机是基于以用户(客户)为中心的理念,并采用以市场为中心的方法[22]。MaaS 将成为个人和企业用户的最佳价值主张,帮助用户满足出行需求,解决个人出行中的不便之处。当更多的参与者被整合到生态系统中时,用户、供应商和决策者的价值就越大。而 MaaS 最终目的是提高整个交通运输系统的效率。

简而言之,与传统的出行服务相比,MaaS 用户应该总是"更好"才行。MaaS 是一种服务承诺。在出行的环境中,服务承诺意味着用户从 A 地到 B 地可以得到一个点对点的解决方案或至少是最好的可能的解决方案,MaaS 最吸引人的要素之一是其聚焦的自由、多样、灵活的出行服务。最佳的出行方案并不总是局限于最快或最合算的解决方案,而根据用户的喜好,也可以是最安全、最健康、最环保、最方便的,或者是最好的通勤选择[22]。

当前,条块分割的各交通运输相关部门正努力满足出行用户对无缝出行的需求。MaaS 有可能成为打破格局者,来为用户提供更多的权利和选择。新技术使得整合出行需求变得更为容易,使针对一系列目标群体的需求进行整合成为可能(在商业上也是可行的),例如移动性较差的人、希望定制高端服务的人以及介于两者之间的所有人,而不是要求所有出行者接受一种放之四海而皆准的解决方案。

在 MaaS 生态系统中,每个用户都基于不同的属性而有一个独特的身份,这些属性包括个人偏好、财务状况、身体特征和过去的行为等。服务提供者必须识别、服务和保护每个用户的个人偏好,以提供真正个性化的服务,用户还可以管理自己的数据,并最小化供应商收集、处理和存储的数据。用户对 MaaS 的信任依赖于整个生态系统预测及适应用户潜在需求的能力。

在设计和建立 MaaS 生态系统时,应充分尊重开放和包容的原则,即生态系统应向所有出行服务供应商开放,也应包括所有类型的出行者。为了提高 MaaS 的吸引力和公众接受度,整个价值链应该被仔细地设想和设计,以满足与生态、社会和财政可持续性相关的期望。

MaaS 的一个关键要素是将出行规划、预订和支付集成到一个无缝的客户界面中。这是一个复杂的过程,涉及许多封闭的后端系统和专有平台。从客户的角度来看,这种交互应当是简单和流畅的[23]。

在 MaaS 生态系统中,用户所关注的主要有如下 4 个方面[22]:

(1)安全:个人数据安全、出行安全。
(2)便利:出行规划、无缝换乘、灵活性、准确性。
(3)包容:包容性服务、可达性、与环境和健康有关的信息等。

(4)关怀:实时辅助、关于责任的信息、出行服务供应商破产时的用户保护等。

总之,目前来看,MaaS 的各种商业模式还在不断地测试和完善,但是可以基本确定的是,随着出行选择数量的不断增加,MaaS 将成为未来的一种商业模式。如果体系框架正确,例如以大容量公共交通和慢行交通为核心构建 MaaS 生态系统,那么这将是改变目前的城市交通出行习惯,从而实现可持续交通方式及优化城市交通系统的有效工具。

本章参考文献

[1] COLE M. Mobility as a Service: Putting Transit Front and Center of the Conversation [R]. San Diego, CA 92111: CUBIC Transportation Systems, 2018.

[2] SARASINI S, SOCHOR J, ARBY H. What characterises a sustainable MaaS business model?; proceedings of the 1st International Conference on Mobility as a Service (ICOMaaS) [C]. Tampere, Finland, 2017.

[3] POLYDOROPOULOU A, PAGONI I, TSIRIMPA A, et al. Prototype business models for Mobility-as-a-Service [J]. Transportation Research Part A: Policy and Practice, 2020(131):149-162.

[4] Milton Keynes. Mobility as a Service: Exploring the Opportunity for Mobility as a Service in the UK [R]. UK: Transport Systems Catapult, 2016.

[5] BRAY J. How Cities Can Engage with Mobility as a Service [EB/OL]. [2020-02-17]. https://meetingoftheminds.org/how-cities-can-engage-with-mobility-as-a-service-32737.

[6] OPIOLA J. Levels of MaaS-Mobility as a Service [R]. PARKING TODAY, 2018.

[7] Mobility as a Service [R]. Brussels, Belgium: UITP, 2019.

[8] HOADLEY S. Mobility as a service: Implications for urban and regional transport [R]. Brussels, Belgium: Polis Traffic Efficiency & Mobility Working Group, 2017.

[9] ENOCH M. Mobility as a Service (MaaS) in the UK: change and its implications [R]. 2018.

[10] SMITH G, SOCHOR J, KARLSSON I C M. Mobility as a Service: Development scenarios and implications for public transport [J]. Research in Transportation Economics, 2018(69): 592-599.

[11] SMITH G, SOCHOR J, KARLSSON M. Mobility as a Service: Implications for future mainstream public transport [C]. 15th International Conference Series on Competition and Ownership in Land Passenger Transport (Thredbo). Stockholm, Sweden. 2017.

[12] SHEPARD S. How Local and Regional Transit Authorities are Embracing MaaS: A Global Review [EB/OL]. [2020-04-19]. https://urbanmobilitydaily.com/how-local-and-regional-transit-authorities-are-embracing-maas-a-global-review/.

[13] DOUGLAS R. UMDaily. Mobility as a "Public" Service in Cities [EB/OL]. [2020-04-19].

https://urbanmobilitydaily.com/mobility-as-a-public-service-in-cities/.

[14] FREUND S. Chicago's new ride-hailing tax begins now, and it's the country's highest fee [EB/OL]. [2020-05-05]. https://chicago.curbed.com/2019/12/2/20992472/chicago-transportation-tax-uber-lyft-taxi.

[15] K S, G D P. The leading role of public transport for successful MaaS deployment in Europe [C]. Proceedings of 7th Transport Research Arena TRA 2018. Vienna, Austria. 2018.

[16] WONG Y Z, HENSHER D A, MULLEY C. Mobility as a service (MaaS): Charting a future context [J]. Transportation Research Part A: Policy and Practice, 2020(131):5-19.

[17] PANGBOURNE K, MLADENOVIĆ M N, STEAD D, et al. Questioning mobility as a service: Unanticipated implications for society and governance [J]. Transportation Research Part A: Policy and Practice, 2020(131):35-49.

[18] SMITH G, SOCHOR J, KARLSSON I C M. Intermediary MaaS Integrators: A case study on hopes and fears [J]. Transportation Research Part A: Policy and Practice, 2020(131):163-177.

[19] NARUPITI S. Exploring the possibility of MaaS service in Thailand, implications from the existing conditions and experts' opinions on "Who should be the MaaS provider in Bangkok?" [J]. IATSS Research, 2019(43):226-234.

[20] Ready for MaaS? Easier Mobility for Citizens and Better Data for Cities [R]. Brussels, Belgium: UITP, 2019.

[21] Reimagine Places: Mobility as a Service [R]. United Kingdom: KPMG, 2017.

[22] IISKOLA A, GIRO C, KARGAS C, et al. Recommendations on a User-Centric Approach for MaaS [R]. Brussels, Belgium: MaaS Alliance, 2019.

[23] VIJ A, SAMPSON S, SWAIT J, et al. Mobility as a Service in Australia: Customer insights and opportunities [R]. Melbourne, Australia: ITS Australia, 2018.

第五章 MaaS发展的影响因素

从前面数章的内容可以看出,影响MaaS发展的关键因素众多,从完善的基础设施到合理的商业模式、从政府的政策到数据的共享、从不同参与者的定位到居民出行的需求等,本章在此主要从政府定位、数据共享等几个方面进行探讨。

一 政府定位

作为一个具有一定公共性质的行业,在交通领域内,政府的作用和职责较为广泛,以地方政府为例,主要的一些职责包括:制定政策,包括当地交通运输发展政策、发展战略、各类交通规划等;制定交通运输规则和管理条例,在国家的政策、法律、法规要求之下,结合当地情况制定当地的交通行业管理、通行限制、停车管理等规则或条例,例如对网络预约出租车的管理;通过自己组织或合同外包服务的方式为市民提供出行服务(例如公共交通系统、出租车系统、公共自行车系统等);进行城市道路交通管理等。当然,近年来,在一些方面,城市政府的角色也在技术和市场的推动下发生变化,例如不断探索的公共交通改革、互联网租赁自行车对传统公共自行车的冲击等。

MaaS作为信息化时代快速发展的产物,其未来的发展也将与政府定位密切相关。从过去数年MaaS的发展来看,MaaS实施的最大挑战是政府管理而非技术。很明显,当今社会中信息技术的发展已经超前于政府治理水平,在交通领域也是如此,网络预约出租汽车、互联网租赁自行车等的出现都曾给城市交通管理带来新的题目,未来,系统治理也是每个发展MaaS系统的城市所需要关注的焦点。

近来,在部分国家和城市,把MaaS看作一个完全由私营部门主导的项目的想法正在慢慢消失,关于MaaS的驱动因素、益处、挑战和目标的许多考虑都指向一个类似的结论:公共交通(或政府公共部门)可以而且应该在MaaS的设计和实施中发挥中心作用。但这个角色到底应该是什么呢？政府在监管未来的出行解决方案方面应该走多远？这是一些迫切需要回答的问题。

1. 政府面临的挑战

对于 MaaS，我们面临的挑战是如何从现有的（也可能将来会出现的）出行服务方式出发，创造出高效率的多方式出行服务，从而改变人们的出行行为，使之朝着更可持续的方式发展，而不是使用私家车。而在具体的实现主体方面，不同地区专家的观点未必相同，例如，在澳大利亚，大多数专家认为应当由私营部门来主导 MaaS 的开发和实施[1]。而在欧洲，研究结果显示大家认为出行服务供应商是 MaaS 生态体系中最重要的角色，尤其是公共交通的各类服务商，大家认为公共交通机构应该作为 MaaS 的主体[2]。

无论什么部门主导 MaaS 的实施和发展，众多地区的实践结果显示[1]，大家普遍认为地方政府是非常重要的角色，政府主要扮演规则制定者和监督者的角色，可以把所有的利益相关群体召集在一起后参与 MaaS 市场。然而，在推动 MaaS 发展的过程中，政府也面临着众多的挑战。

1) 如何整合全部出行方式

从已有的 MaaS 示范和试验的发展以及一些基于专家访谈的研究来看，目前 MaaS 发展的最大障碍之一就是全部可用的出行服务方式的整合。MaaS 的理想状态是整合某个城市或区域的全部可用的出行服务方式，但是目前来看，在有些地区连整合不同的公共交通方式或公司都非常困难（例如地铁公交车站的一体化优化等），更别说其他交通方式。

在数据共享方面，一些运行状态的数据已经得到一定程度上的共享，但是让公共交通部门开放其票务系统给私营公司也是一个挑战，即使在 MaaS 发展最为领先的芬兰也不过是近期才通过法律的形式推动这项工作。

当然，集成支付也会是一个问题：目前的每个出行服务供应商的支付系统都比较复杂，不过技术的进步似乎为集成支付提供了解决方案，例如微信、支付宝等提供了可能的集成支付选择。

2) 如何实施合理的监管体系[3]

如前所述，不同的城市或地区可能采用不同的 MaaS 的商业模式，而无论采取什么类型的商业模式，政府都需要考虑建立相应的合理的监管体系。例如：MaaS 经济的本质意味着，随着不同的参与者进入和离开 MaaS 生态系统，或者从根本上改变他们提供的报价，市场可能会出现相当大的不稳定性，就像互联网租赁自行车一样[4]。

如果一个城市政府完全拥有 MaaS 服务（类似于之前对公共交通的控制），那么它可以控制和规范 MaaS 所提供的服务，并影响多模式出行环境的发展以推动可持续城市交通系统的建设[3]。这种模式在多个方面是有益的：它使得城市对公共资产（如道路、人行道和停车场）

的使用具有良好的控制和话语权;它使得城市政府或公共部门能够确保将出行服务提供给更广泛的公众;它帮助城市政府保护那些可能被快速发展的按需出行服务所遗弃的人员或其他有出行障碍的人员。由于城市政府或公共部门需要考虑出行服务的提供对整个城市和环境的影响,因此,只有通过对其进行控制和监管,才能提供一种机制以确保 MaaS 的发展能支持更广泛的城市发展目标的实现。

但另一方面,如何实施恰当的监管也是一个挑战,因为监管可能是相对僵化的,而且往往难以实施。对不断出现的新型的出行服务及其运营实施过于严格的监管可能会放慢变革的步伐、阻碍创新。监管过度的出行市场甚至可能阻碍私营供应商和新的参与者进入市场,从而剥夺了为出行者提供更好出行服务的机会,并减缓了急需的城市空间转型,私营公司会有意见。让市场自行解决也是不可取的,因为私营公司会根据自己的意愿提供城市交通解决方案,服务于较为有限的客户群,而不会考虑更广泛的城市或地区交通发展目标。私营组织也不太可能将个人出行和整个交通网络的优化置于公司利益之上,从而使得公众的出行权益无法得到保障。因此,如何通过恰当的监管实现多个目标间的协调,是 MaaS 对政府提出的又一挑战。

监管方面的挑战可能是 MaaS 最大的障碍之一。交通管理部门最好能够理解多个视角,并在制定地方和国家法规和政策方面发挥带头作用,以支持 MaaS 的发展。

3)理解 MaaS 的潜在效益

政府相关部门必须充分认识到 MaaS 的效益和影响,MaaS 的效益主要体现在两个方面,一是潜在的社会经济效益,二是直接的经济效益。

MaaS 潜在的巨大效益以及各类利益相关者对其巨大的兴趣使其在短短数年之内成为一个超级流行的概念,"它应当存在、它必须存在"。然而,如果这样一种模式在一定时期内以一定规模存在的话,需要在经济上是可行的。因此,交通主管部门必须知道 MaaS 的经济效益,而不是只是因为这个概念吸引了大家的注意力而不考虑其经济性[4]。

MaaS 的一个关键的挑战就是在以出行者愿意支付的价格提供优质服务的同时,还能够为参与 MaaS 的各类出行服务供应商和 MaaS 服务供应商提供一定的回报,如此才能确保 MaaS 的良好运行。

4)角色定位

如前所述,MaaS 有不同的商业模式,而不同的商业模式又决定了城市政府(或地方交通主管部门)的不同角色,即城市政府(或地方交通主管部门)在 MaaS 的发展中的角色就存在不确定性,而其不确定性则会影响到 MaaS 的成功或失败[5]。城市政府或交通主管部门可以仅是一个出行服务提供者(例如作为 MaaS 中的公共交通服务提供者),也可以是整个城市的出行管理者(以公共交通为核心整合全部的可能的出行方式)。

从一个极端讲,城市政府可以是 MaaS 的经营者,或者是它的积极参与者。这将使城市能够确保 MaaS 既为出行者服务,又能为更广泛的公共政策目标服务。但是,这种程度的参与可能会带来商业风险以及开发和管理此类要约的成本的责任。这些风险和责任将是一个关键的考虑因素,特别是对于预算紧张的城市交通机构而言。

折中的方案是分步发展,城市政府(或交通主管部门)从它们已有的资源(例如智能票务、出行规划和实时信息服务等)开始发展。无论是公共部门主导还是私营部门作为第三方,城市政府都可以为其搭建一个平台来整合新的出行服务方式或新的票务产品。这种方案可能会带来不确定性和零散的成果,也可能无法满足更广泛的公共政策目标或出行者的需求。

另一个极端是城市政府可以选择退出而不参与MaaS发展。相反,它们将允许私营部门发挥领导作用,这可能导致MaaS产品市场更具创新性和竞争性,这种方式不会给城市交通主管部门带来直接的商业风险。然而,它可能再次面临成果分散或被私营部门垄断企业利用的风险。

当然,城市政府(地方交通主管部门)在MaaS中的角色取决于城市和它们的交通机构决定采取哪种选择,以及它们希望在决定MaaS的发展方面发挥多大的作用,这也取决于当地的环境和人们的愿望,而且无疑将受到不同城市和国家的监管框架的影响。例如,在英国,对伦敦以外的公共汽车行业放松管制和铁路私有化可能是一个限制因素,因为运输机构无法完全控制公共交通的定价。

交通部门需要考虑的战略问题[6]

(1) 对MaaS的立场是什么?
①谁来协调MaaS的发展?
②潜在的商业模式是什么?
③全国性的还是基于城市的模式合适?
④选择哪种MaaS的战略及商业模式?
(2) 全网交通运输政策应如何调整来适应集成化的出行生态系统?
①目前有哪些政策上的激励、限制和抑制因素?
②如何保持政策的适应性和扶持性?
(3) 商业和公共组织如何有效合作来实现现代化的出行?
(4) 支付和公共交通票务系统如何跨不同的出行平台运行?
(5) 设备、供应商和服务如何根据顾客的喜好实现互操作性?
(6) 在各出行服务方式内部和相互间,如何更好地协调定价以满足财政、经济和社会目标(包括由于新增出行服务供应商而导致的收入再分配)?
(7) 如何在允许出行者控制隐私和安全的前提下实现全覆盖和透明的数据采集及共享?
(8) 数据应如何在生态系统之间交互(或数据政策哪里需要调整)?

(9)在全网出行解决方案中如何管理出行者所有权,而不会抑制创新或使市场碎片化?

(10)MaaS是否鼓励使用公共交通工具?

(11)MaaS能减少交通拥堵和污染吗?

(12)是否存在一种开放和数据共享的文化?

(13)MaaS是否具有社会包容性?

(14)MaaS是否鼓励积极的生活方式?

2. 对政府的行动建议

从MaaS的概念来讲,MaaS将传统的交通出行服务供应商、政府机构和出行者进行了密切的联系,并为各利益相关方提供广泛的机遇。因此,为了最大限度地发挥MaaS在未来可能实现的优势,作为在城市交通系统中具有决定性地位的政府部门,需要从当前开始思考其在MaaS生态系统中自身的任务和可采取的行动,从而为出行者提供一键式出行的完美服务。例如,2018年,英国的调查报告[7]概括了英国交通部(DfT)为实现MaaS的效益和避免负面后果而可以进行的一些工作:领导MaaS的发展;为英国MaaS的发展提供实践支持;审查法律和规则等,以便为MaaS提供合适的监管框架等。

总体而言,在MaaS发展过程中,政府涉及的政策及监管方面内容可能包括[8]:当地MaaS管制、开放数据政策、税收减免政策、MaaS采购框架、财政削减、公共交通法案、MaaS服务供应商授权、长期的MaaS政府政策、合作、MaaS投资、出行服务供应商授权、票务转售管制、社会包容政策、出行者权利规制、道路管制、雇员权利、投资者激励等。

而有些职责是政府必须承担的,例如管制、政策、规划、环保、财政、税收、补贴、安全等。可负担的、可持续的交通系统对于保持一个城市或区域经济活力是非常关键的。同时,政府应确保社会包容和公平,这也是无法交给市场的职责。基础设施的发展、维修和补贴等也必须由政府政策加以协调,以确保实现对资金和土地的最佳利用。除了经济和定价政策,政府还应当制定安全、管理相关的标准等[3]。

综合已有的实践和研究内容,政府应当逐步地将自己从直接提供出行服务的角色中解脱出来,可以在如下众多方面推动MaaS在未来的发展。

1)长期规划

创建MaaS生态系统、整合各出行服务供应商、开发技术解决方案、吸引出行者以及改变出行行为等都不是一个短期的过程,因此,在MaaS生态系统的发展过程中,政府应当在长期规划等层面发挥主导作用。

(1) 在发展一个可持续发展的 MaaS 生态系统过程中,国家和地方层面的公共行政部门的一个尤其重要的任务是要坚守其政策目标。

如前面章节所述,MaaS 被认为有众多的潜力,但是要想让 MaaS 真正地发挥作用,必须明确 MaaS 的目标,以清晰的目标来指引 MaaS 的发展。例如,无论是公共交通部门、地方政府还是 MaaS 服务供应商,在实施 MaaS 系统之前都需要仔细思考,到底希望 MaaS 实现什么功能和目标?

相关研究分析表明[9],利益相关者非常愿意加入 MaaS 伙伴关系,以获得更高质量的出行需求数据,并增加其市场份额和收入。但利益相关者的观点因其所代表的业务领域不同而有明显的差异。例如:布达佩斯的调查显示,众多被调查者认为在 MaaS 生态系统中,城市政府和公共交通管理部门是最重要的,其次是 TNC;而在大曼彻斯特,公共交通公司被认为最重要,其次是地铁、电车公司等,公共交通管理部门(排名第 6)和地方政府(排名第 9)虽也重要,但排名位置已经很不靠前。

因此,要发展 MaaS 的城市或地区必须有一个清晰的发展战略愿景,该愿景能够引导 MaaS 系统的发展并改善公共部门与私营部门之间的协作,从而确保 MaaS 的实施能够实现政策目标乃至城市更为广泛的发展目标。

政府部门可以召集 MaaS 生态系统中所有利益相关者,确立大家所关注的整个城市或区域的发展愿景及目标:即促进交通系统的可持续发展,以推动城市、社会、环境、经济的可持续发展。同时政府部门应当制定衡量 MaaS 是否成功的标准。

(2) MaaS 整合了广泛的利益相关者,并且很有可能是采取公私合作的商业模式,在此情况下,政府的交通主管部门可以专注于 MaaS 的中长期规划或发展路线图(3 年及以上)、关键的技术路线以及相应的激励政策等,以推动 MaaS 的持续发展。

在制定 MaaS 的中长期发展规划或发展路线图的时候,需要注意的是,从目前来看,MaaS 的未来发展还有较大的不确定性,例如出行者支付意愿的不确定性以及选择的不确定性,或者说潜在用户群体的不确定性,这将直接影响 MaaS 发展;各个出行服务供应商是否愿意加入 MaaS 生态系统中也具有极大的不确定性;MaaS 的效果也还存在极大的不确定性等。针对这些不确定性,政府应当注意采用先进的规划方法和手段,考虑采用能够适应未来不确定性的方法(如情景规划法、动态自适应政策制定法等)进行相应的规划及设计[10]。

(3) 鼓励支持多式联运的城市规划,调整城市交通规划重点,重视发展交通枢纽、出行节点等多式联运基础设施,同时在城市交通规划中,将 MaaS 作为实现与如下某方面有关的政策 KPI(关键绩效指标)的催化剂,包括气候、环境、空间利用、社会包容、城市活力等。

(4) 利用 MaaS 运营所获得的数据来优化城市交通系统。

2) 推动建立 MaaS 生态系统

(1) 建立强有力的伙伴关系。建立本国或本区域各利益相关者参与 MaaS 发展的规程,包括公共和私营参与者、研究机构和出行者等,鼓励所有参与者共同起草有关如下主题的行为准则,包括商业模式、开放性、标准化、接口、数据互惠、客户共享等方面。促进 MaaS 相关利益者的伙伴关系,提供合同框架以处理数据互惠、获取公共交通票务、佣金、交易补偿等方面的问题,鼓励开放的合作和伙伴关系管理。这意味着不同的出行服务供应商作为商业伙伴,与负责交通战略规划的公共部门进行合作。为了信任运营平台的 MaaS 供应商,并加入整合的出行服务,业务合作伙伴期望公平、公正、创新、强有力的品牌和积极的形象,以及足够稳定和值得信赖的集成商。事实上,应该平等对待所有的商业伙伴,MaaS 供应商对待出行服务供应商的方式应该是非歧视性的,接入 MaaS 平台的条件应该是公平的。此外,解决方案的可用性必须是优秀的,从而对出行者有较大的吸引力。当然,所有的出行服务供应商都希望通过 MaaS 平台获得新客户[11]。

(2) 构建数据集成平台:在 MaaS 的生态体系中,政府部门的重要角色之一可能是"数据经纪人"[1]。政府可以(帮助)创建一个集成的数字生态系统,让众多的出行服务供应商都可以用它来服务于出行者,而每个出行服务供应商都不必从头开始构建其数字基础设施。该措施将减少各类有意提供 MaaS 出行服务的供应商进入市场的障碍,增加市场的竞争,并最终改善出行者体验。当然,很多时候政府本身并不愿扮演这样的角色,有的地方政府认为市场力量有望迫使私营的出行服务供应商共享数据,而政府则可以通过建立适当的激励机制促进私营部门的数据共享,从而发挥 MaaS 发展推动者的作用。

(3) 构建数据保护及质量要求标准:数据是 MaaS 实施的关键。政府部门需要构建相应的数据保护体系对 MaaS 生态体系的各利益相关方实施数据保护和数据互惠,以优化城市交通系统。

(4) 推动数据开放:一方面,政府可以推动当前公共交通系统数据的对外开放,例如,伦敦 TfL 把数据提供给数千个不同的开发者,目前已有数百个 App 使用其数据。另一方面,集聚的、匿名的 MaaS 使用数据(包括原始目的地请求等需求数据)可以以互惠的方式与公共交通运营者、私营出行服务供应商和其他出行服务供应商共享。在芬兰,目前政策导向正在趋于放松管制和增加市场[12],MaaS Global 不具备公共交通背景却能够在芬兰初步成功,是因为芬兰是为出行服务提供开放市场的国家[3]。

3)促进交流与合作

MaaS 的发展是一个较为复杂的事情,没有成熟的模式可以借鉴,需要扩大视野进行学习与创新,因此,政府部门应放眼全球展开交流合作,鼓励不同出行服务模式的发展,从而提供满足不同用户不同需要的创新服务。城市间和区域间的合作也变得越来越重要,最初,MaaS 很可能在一个城市或一个地区层面实行,然后在国家层面,最终在国际层面上运行。不同城市的地方政府(或交通部门)应当相互学习,以便在 MaaS 发展所需的环境成熟之前,能够完善考虑当前阶段的所有可能情况[13]。

4) 建立恰当的管理体系以促进 MaaS 的发展[11]

MaaS 应该成为一个推动出行者更多选择可持续出行方式的工具,对任何 MaaS 解决方案而言,都需要确保公共交通和慢行交通是其核心。大运量公共交通是城市交通生态系统的支柱,是所有 MaaS 模式成功的关键因素。目前众多城市很多不当的激励措施如免费停车等,都在刺激小汽车的使用而抑制可持续交通方式的发展,从而导致 MaaS 对小汽车使用者缺乏足够的吸引力。因此,政府应当对小汽车的使用适当进行限制,停止一些不当的激励措施,例如一些支持汽车使用而阻碍可持续出行行为的措施(如免费停车等),增加一些限制单独驾车出行的措施(例如通行限制、道路收费、停车限制、街道改造等)。政府应确保任何在交通方面的努力都符合更广泛的社会公平目标。政府应该扮演负责任的和鼓舞人心的监护人的角色:在必要时介入并纠正过程,但允许城市在不影响创新的情况下找到自己的解决方案[3]。

同时,在应对新兴的各类出行服务的过程中,政府应当做好监督的角色,例如限制互联网租赁自行车的投放量、规划并指定自行车停放地点、收取额外的附加费用或税收、对各个新兴出行服务供应企业及个人实行认证等。

5) 制度和政策方面的调整

(1) 城市内管理出行服务的不同机构之间的碎片化制度会成为高质量 MaaS 解决方案的障碍,因此,城市政府或公共部门需要优化交通管理体系,克服主管城市出行服务的交通部门或其他相关部门目前存在的制度方面的碎片化问题。实际上,各种交通出行方式不同的管理制度和部门职责经常是难以协调的源头。然而,大多数出行方式的资源都是独立进行规划和运营的。因此,即使在出行者层面进行了集成(例如统一购票),也并不意味着能够满足需求。调整现有的机构模式,将所有城市交通服务统一纳入出行代理机构或多式联运部门,将有助于出行服务的良好协调组织[11]。

(2) 应仔细考虑公平和自由定价。如果政府部门允许 MaaS 服务供应商重新组合和重新定价现有的出行服务而不是仅转售它们,那么就需要仔细分析其对公共交通收入和合同可能产生的影响,例如可能需要必要的补偿来保持公共服务的规模。如果允许自由定价,就需要确保特定群体的出行者能够享有方便、公平和包容的价格。例如,很多国家规定公共交通客票除了公共交通机构可以出售外,其他单位无权出售,从而限制了 MaaS 的发展。同时,公共交通的价格也是受到管制的。

(3) 政府应当在 MaaS 中保护出行者的利益,例如不能因为新的出行服务模式的产生而带来安全方面的问题等。

6) 提供资金支持

(1) 通过资助来促进创新:通过政府的直接投资来刺激创新,可以成为 MaaS 发展中鼓励协同创新、培养出行者意识或解决技术障碍的重要催化剂。例如,如果希望公共交通部门在

MaaS 生态体系中发挥主导作用,则可以提高现有公共交通部门的能力,确保它们拥有必要的能力和资源来满足技术方面的需求。2013—2014 年,UbiGo 实验效果非常好,但由于缺乏资金支持,也只能在实验结束后停止 MaaS 出行服务。早期先进行一定范围内的示范项目目前是全球众多城市在发展 MaaS 时通常采用的一种方式,也是被专家视为最可取的初步政策[14],政府可以考虑通过资助示范项目的方式来推动 MaaS 在本地的创新和应用。

(2)政府在 MaaS 启动的时候给予一定的税收优惠政策、刺激政策等。目前来看,公共交通部门必然需要作为 MaaS 的主力,但是公共交通部门目前是受税收补贴的,如果以公共交通部门为核心搭建 MaaS 服务体系的话,就意味着 MaaS 也会受到税收的补贴,这需要政府作出调整。

(3)完善交通基础设施:MaaS 可以被认为是连接不同出行服务的数字网关,但是完成出行服务还是靠各种的基础设施和运输工具,故而各种的出行服务需要在物理层面也进行无缝集成才能真正具有吸引力。因此,需要更好地建设多模式的换乘枢纽、出行节点,提供连接各种出行方式的可视化指示,这些是实现集成化出行服务的关键。目前欧洲的一些城市结合 MaaS 的战略,也在推动"出行节点"建设工作[15]。

在此探讨的政府的行动建议是综合各个方面的考虑,当然,对于不同的商业模式,政府在其中的地位和作用会有所差异,其所需要考虑的行动也会有所不同。同时,政府发挥的角色差异也与出行服务供应商的情况有关,例如出行服务供应商的品牌实力,它们获取和保留客户的战略方法、可用的资金来源、对质量控制的渴望以及现有的组织能力等。同时,对于地方政府而言,其在 MaaS 发展中所扮演的角色也与国家层面的政策、活动等密切相关。

美国公共交通协会给美国的 MaaS 发展建议[15]

(1)连接更广泛的愿景与战略。

(2)在不同层面进行相应的准备:技术成熟性、不同服务供应商的合作意愿、数据治理原则、公共交通系统的鲁棒性及不同模式的物理整合程度。

(3)开发数据协议:要考虑隐私保护。

(4)测试、失败,最终取得成功:需要更多的试验和示范来推动创新。

(5)评价效果:要通过设置合理的评价指标来评价工作的效果。

(6)新的合作伙伴的协同工作:需要科技公司、汽车制造商、当地政府、大学、研究机构和规划机构等良好地协同工作。

(7)制定适当的采购办法。

(8)聚焦于公共政策教育:需要宣传潜在的效益。

(9)设计时要考虑社会公平性和所有人的使用。

二、数据共享

2010年以来,"大数据"是个新兴并火热的概念。近年来随着大数据技术的逐渐成熟,大数据在众多领域发挥的作用越来越明显,因此,不少国家都将大数据的发展上升为国家战略,而在城市层面,也有不少城市在利用大数据进行城市治理创新方面取得了明显的成效。

交通运输也是"大数据"发挥作用的重要领域,我国交通运输部也在2019年12月9日发布《推进综合交通运输大数据发展行动纲要(2020—2025年)》,以加快建设交通强国。

对于MaaS的建设与发展而言,众多的示范、实验及研究表明,跨部门的数据共享是实现MaaS的根本。总体来看,目前在数据共享方面是趋于开放的,但是在具体领域,尚存在较大的困难需要克服,因此,数据共享的实现程度同时也是能否实现MaaS的主要决定因素之一。

笼统而言,交通领域相关的数据主要包括如下一些类型[16, 17]:

公共数据:通常由政府、政府部门或公共企业持有的数据。这些数据通常可供广泛使用,可能包括人口普查数据、交通运输相关数据、能源使用数据等。

私有数据:私营公司、第三方组织或个人获取和持有的数据。这些数据通常不能通过公共数据资源获得,可能包括专有信息,如个人出行数据、移动电话使用情况、射频识别(Radio Frequency Identification,RFID)标签数据或货运数据。

被动采集数据:被动收集到的数据。虽然作为独立数据集的价值有限,但是当与其他数据源结合时,它们通常很有用。这些数据可能包括互联网搜索历史、移动电话的位置跟踪或交互记录。

网络社区数据:捕获的非结构化数据,例如作为社交交互的一部分[如在线评论或社交媒体(如Twitter或Facebook)]。对这些数据可以进行分析和结构化处理,从而推断出有意义的模式。

自我量化数据:个人通过自我监控或跟踪,例如通过使用个人健身追踪器所披露的数据。

1. 数据开放的情况

目前,在大数据发展的背景下,多个国家和城市都在数据开放方面进行了诸多的工作。例如2012年,纽约颁布了地方性开放数据法案——《纽约市开放数据法案》,通过法律促进政府进行数据开放,营造良好的数据开放环境。该法案规定到2018年,除了涉及安全和隐私的数据之外,纽约市政府及其分支机构所拥有的数据都必须通过政府开放数据门户网站❶实现对

---

❶ https://opendata.cityofnewyork.us(2020年2月访问)。

公众开放,并且要求使用这些数据不需要经过任何注册、审批程序。此后陆续出台多项法案,对数据开放的多个方面进行了具体的规定。近年来,我国各级政府也逐步建立了数据开放的平台,在数据开放方面迈出了重要的一步。

在交通运输领域,交通类数据一直是各级政府对外数据开放的重要内容,例如英国政府数据开放平台 data.gov.uk 中提供大量的交通运输类的数据[18],并提供了 API 供应用程序使用,提高了数据的价值。欧盟 2017 年发布了有关多模式出行信息服务的监管条例,强制要求每个成员国要安装 National Access Point(数字接口,数据可以与元数据一起访问),并可以为各实体(如出行服务供应商)提供完全兼容和具有互操作性的静态和动态的出行和交通数据[19]。

最近,许多出行服务供应商选择开放它们的数据,以允许开发人员去提供信息服务。伦敦市交通局(TfL)的数据开放是一个比较有代表性的典型。目前 TfL 对外公开的数据主要包括如下 11 类[20]:空气质量数据,基本数据,地铁数据,公交车、长途客车及水上公交数据,道路数据,自行车数据,步行数据,牡蛎卡数据,无障碍设施及洗手间数据,网络统计数据,规划数据。全球其他众多城市也都在城市交通数据方面进行了大量的工作,例如北京市交通委员会在 2019 年 11 月印发了《北京市交通出行数据开放管理办法(试行)》,以深化大数据在城市交通治理中的应用等[21],开放的数据包括地面公共交通、轨道交通、静态交通、路网运行 4 个类别 14 个数据类型。

2. 交通数据开放的价值

大数据时代,数据被视为一类新的资源,具有重要的价值,而良好的数据开放则是实现数据价值的重要基础,例如向开发人员开放公共交通数据对出行者信息服务产生了巨大影响。在赫尔辛基,发布公共交通数据推动了面向城市出行规划应用程序的市场,仅在 Google Play,就有 30 多个有关赫尔辛基的多模式出行规划的应用程序[22]。而在国内,目前覆盖 253 个城市实时公共交通 App"车来了"的总用户量已突破 6000 万[23]。

2017 年 10 月德勤的一个研究报告称,TfL 开放数据的效益是每年 0.9 亿~1.3 亿英镑[24]。各种效益包括:

(1)节约出行者的旅行时间:每年价值 7000 万~9000 万英镑。

(2)改善出行规划:每年价值大概 2000 万英镑。

(3)为开发者提供的商业机会:每年价值 1200 万~1500 万英镑,至 2016 年底有超过 600 个 App 使用了 TfL 的开放数据。

(4)通过数据开放及共享,TfL 可以从第三方数据采集者处获得大量的自己无法采集的数据。

伦敦交通数据开放的成功引发了其他城市开放数据计划的增长,包括纽约、旧金山和柏林等。

3. 典型的交通数据标准

数据开放是数据利用的基础,而要想实现良好的数据开放及共享,尤其是跨多部门的数据共享,一个重要的基础就是通用的数据标准。为了推动数据共享,针对不同的出行服务方式,不同的组织在数据标准方面进行了大量的工作,下面介绍几个比较有代表性的数据标准。

1) 交通及出行信息中心数据交换规范 Ⅱ(DATEX Ⅱ)[25]❶

DATEX Ⅱ 是欧洲用于进行交通信息和交通数据交换的电子语言。DATEX Ⅱ 的开发始于 20 世纪 90 年代初,主要是由于高速公路运营商的交通中心之间需要交换信息,然而,很快又有向信息服务供应商开放这些信息的需求。而 DATEX Ⅰ 在这方面的能力比较有限,并且使用了过时的技术概念,因此人们在 21 世纪初开发了 DATEX Ⅱ。通过 DATEX Ⅱ,交通信息和交通管理信息以不依赖于语言和表示格式的方式进行发布,这意味着接收者不会产生误解或有翻译错误,但是接收者可以选择包括语音文本、地图上的图像或将收到的信息集成到导航计算中。而在未来,ITS 的进一步发展、自动驾驶所带来的新的数字化需求都会增加对标准的使用,从而给 DATEX Ⅱ 带来新的挑战。

DATEX Ⅱ 组织负责管理和维护 DATEX Ⅱ 标准及相应的文件,并为用户提供支持。DATEX Ⅱ 目前可以用于在交通控制中心、交通信息中心和出行信息服务供应商等之间进行数据交换,在欧盟的很多支持 ITS 发展的管理条例中都将 DATAX Ⅱ 作为首选。DATEX Ⅱ 的目的是提高全欧盟范围内交通中心之间的互操作性,同时能够降低成本,为 ITS 行业和出行服务供应商提供额外的商业机会。

2) 通用公交数据规范(General Transit Feed Specification,GTFS)

GTFS❷ 是 Google 推出的一种开源的公共交通调度数据格式,基于此格式公共交通机构可以发布其公共交通数据,为各种各样的软件应用程序所使用。时至今日,全球过千家❸的公共交通服务供应商都在使用 GTFS 数据格式。

GTFS 诞生于 2005 年,波特兰地区的公共交通机构(TriMet)希望通过开放数据能让乘客使用在线的公共交通出行规划,因此与 Google 合作制定了一种数据格式以便能够导入 Google 地图,这便是 GTFS 的前身,彼时 GTFS 还代表着谷歌公交数据规范(Google Transit Feed Specification),2010 年改为 General Transit Feed Specification。

---

❶ Specification for Data Exchange between traffic and travel information centres.
❷ https://gtfs.org(2020 年 2 月访问)。
❸ 截至 2020 年 3 月 15 日为 1235 家,数据来自:https://openmobilitydata.org。

GTFS用于分享公共交通车站、线路和时刻表等信息,通过使用固定的文本格式和字符对公共交通数据进行标准化,并具有简单而通用的特点。GTFS分为静态组件(包含时刻表、票价和地理交通信息等)和实时组件(包含到达预测、车辆位置和服务建议等)。一个标准的GTFS由13个文本格式(TXT)文件组成:6个TXT文件是必需的,分别是公共交通部门信息、车站、线路、车次、进出站时刻和运营日历;7个内容是可选的,包括日历起止日期、票价、票价规则、线路空间数据、频率和数据提交机构信息。

3)通用共享自行车数据规范(General Bikeshare Feed Specification,GBFS)

GBFS由北美共享自行车协会(North American Bikeshare Association,NABSA)于2015年引入,由城市公共自行车系统规划者和传统公共自行车公司合作开发,用于有桩公共自行车系统,例如纽约的Citi Bike和芝加哥的Divvy System,以便更方便地向用户提供目前可用的共享单车数量信息。

GBFS的主要特点如下:

(1)GBFS API可以报告可用车辆的实时信息,尽管GBFS的设计初衷并不是为了共享车辆的信息;

(2)一些城市将GBFS作为出行法规的一部分,用以获取关于可用共享自行车和滑板车的数据,以提高透明度并加强城市的监管;

(3)GBFS的数据反馈通常上报车辆的位置、车辆类型(自行车、滑板车)和当前电池充电状态(如果是电动的)。

目前NABSA签约的一个咨询团队正在进行一项全行业的努力,从多个利益相关者处获得反馈,以更新和提升GBFS,随着滑板车的推广,GBFS将继续得到更广泛的使用。

4)出行数据规范(Mobility Data Specification,MDS)

MDS是Open Mobility Foundation(OMF)的一个项目[26],包括了一组API,主要关注无桩电动滑板车、自行车、轻便摩托车和共享汽车。受GTFS和GBFS等项目的启发,MDS的目标是为市政当局或其他监管机构提供一种标准化的方式,以获取、比较和分析来自出行服务供应商的数据。

MDS帮助城市与在公共道路上运营无桩滑板车、自行车、轻便摩托车和共享汽车的公司进行交互。MDS是数字基础设施的一个关键部分,支撑世界各地城市出行政策的有效实施。

MDS是一个开源项目,最初由洛杉矶交通局(Los Angeles Department of Transportation,LA DOT)创建,2019年11月,MDS的管理工作和知识库的所有权转移到OMF。

目前,MDS主要包括3组不同的组件:

(1)供应商API(Provider API),用于管制机构从城市出行服务供应商获取数据,2018年6

月发布,主要用于获取最近的历史数据和车辆状态快照;

(2)机构API(Agency API),用于出行服务供应商向管制机构推送数据,2019年4月发布,主要用于实时信息的采集;

(3)政策API(Policy API),主要用于出行服务供应商从管制机构处获取影响其运行的本地规则的信息,2019年10月发布。

虽然MDS最初是为无桩自行车和滑板车设计的,目前只规定了来自这些服务的数据应该如何共享,但许多城市希望将这些数据共享标准扩展到其他服务(例如Uber和Lyft)。例如2018年11月,Populus团队和Lime合作,把MDS扩展到共享汽车,以便于Lime在西雅图街头路边停车场的使用。

数据规范的发展和使用使城市管理部门能够更容易地访问私营出行服务供应商的数据,包括关于出行的详细数据,这些数据可能用于重新确定特定个人的位置,这开始引起私营和非营利部门的参与者对隐私及数据安全的担忧。

Uber与洛杉矶之争

洛杉矶市要求出行服务供应商基于MDS提供出行起讫点的实时信息以及24h内的全部出行路径,以便监视是否有违反许可的情况。而Uber考虑隐私等因素,拒绝共享数据。洛杉矶市交通局的代表指出,数据共享规则明确禁止出行服务供应商提供用户数据,包括姓名、电子邮箱和信用卡号码。而Uber认为良好的数据整合方法也可以为LA DOT提供近乎实时的数据,同时保护洛杉矶市民和骑行者的信息。

2019年10月,由于Uber拒绝向政府共享骑行者的出行数据,LA DOT暂时吊销了Jump(隶属Uber)在洛杉矶运营公共自行车和滑板车的执照,随后Uber对此决定进行了上诉。2020年2月,Uber败诉[27],不过Uber表示将再次上诉。

2020年3月,Uber和其他一些组织一起成立Communities Against Rider Surveillance(CARS),抗议政府推行的MDS。CARS表示,它将在全国范围内提高人们对MDS("一种危险技术")的认识,并要求各城市采纳隐私原则("将乘客安全放在首位")。

2020年3月底,Uber再次提出上诉。

由此可见,城市与私营出行服务供应商之间的数据共享还有很多工作要做。

4. MaaS的数据需求

MaaS的良好运行需要有综合的数据集成进行支撑。初步梳理来看,MaaS涉及的数据包括如下几大类。

(1)出行服务数据:主要是城市内所有可用的出行服务方式的相关数据,包括时刻表、各类实时信息等,具体来看至少包括如表5-1所述的几种[28]。

各出行服务供应商至少可以为 MaaS 提供的数据类型　　　　表 5-1

出行服务供应商	提 供 的 数 据
公交公司	时刻表信息； 价格信息； 车站站点信息； 实时车辆位置信息
轨道交通公司(或铁路公司)	时刻表信息； 价格信息； 预订信息； 车站信息； 实时车辆位置信息； 车内状态信息
出租车公司	价格信息； 车辆信息； 预订信息； 实时车辆位置信息； 可持续性信息(出行激励等)； 特殊服务信息
租赁自行车公司	价格信息； 站点信息及自行车可用性信息； 健康信息(如卡路里消耗等)
汽车俱乐部(网约车等)	价格信息； 车辆信息； 预订信息； 车辆停放点及车辆可用性信息； 可持续性信息(出行激励等)； 特殊服务信息(单程服务等)； 注册信息等
车辆合乘公司	驾驶人信息等

(2)票务数据：包括出行票务数据、在线预订数据等。

(3)出行者数据：为提供有针对性的出行服务而需要了解的出行者的相关数据(例如使用汽车共享及汽车租赁服务的人需要有驾照等)。

(4)基础设施数据：例如哪里有充电桩、哪里有停车场、实时道路状态、拥堵状态、换乘点的换乘距离和换乘时间等。

5. MaaS 的数据共享

数据共享是 MaaS 的核心和基础,来自设备及互联的基础设施的数据是 MaaS 的助推剂。例如,目前赫尔辛基的 Whim 是典型 MaaS 系统之一,而赫尔辛基的开放数据政策可能是其试行 MaaS 的催化剂。共享数据的最终目标是利用其创建新的出行服务供应模式,而对用户出行数据的理解是创造新型出行服务方式的重要基础,这一切都离不开数据共享。

例如，自行车共享的实时数据（如自行车站点的位置、停车位的可用性以及每个站点的自行车数量）很少被提供给应用程序开发人员。如果 MaaS 供应商计划将自行车共享包含在服务中，那么供应商必须访问每个自行车共享站点的实时数据，以便其用户能够租用自行车或归还租用的自行车。此外，目前的网约车应用允许用户追踪预订车辆的位置，MaaS 供应商也必须达到同样的水平。然而，目前要求所有交通方式的供应商都公开其数据是一个巨大的挑战。

1）需要解决的问题

在 MaaS 的数据共享中，有几个关键的问题需要考虑。

（1）数据所有权问题。

未来的 MaaS 体系中，MaaS 服务供应商、MaaS 平台供应商以及基础的出行服务供应商都会拥有一部分或全部的 MaaS 用户的数据，而这些数据在不同供应商之间的所有权问题是需要在 MaaS 系统运行中解决的问题。例如，当公共部门作为 MaaS 服务供应商时，其对数据的所有权需求和私营部门作为 MaaS 服务供应商时会有所不同，公共部门可能会更希望拥有全部用户的出行数据。

（2）数据安全问题。

有调查显示，84% 的被访者❶愿意与政府部门共享个人身份信息以获得更加个性化的用户服务体验[29]；在交通领域的研究则表明 57% 的被访者为了得到更好的交通服务，不介意与他人分享他们的个人资料[30]。但是个人身份信息的安全和管理问题仍然是未来 MaaS 发展的关键因素。MaaS 系统涉及众多的利益相关者，能否在所有利益相关者之间确保数据安全决定着系统的成败。因此，在未来 MaaS 的发展中，最关键的一点是保护出行者的个人信息。出行服务供应商需要建立复杂的方法来管理出行者的数据安全性，并确保没有任何 MaaS 系统的参与者能够非法使用数据。为信息控制、数据匿名化和加密建立明确和公平的规则，是必须考虑的众多因素中的一部分。有研究发现隐私可能是影响 MaaS 实施的一个障碍[14]。

2016 年 Uber 数据泄露事件显示了出行者信息隐私的重要性（和敏感性）。当然，人们也很关注数据的所有权、共享和资源分配等。可以肯定的是数据本身的力量，一个全面的 MaaS 系统可以产生有关出行者行为的大量信息，这将是公共机构的交通规划人员极为宝贵的资源，他们可以借此更好地管理出行需求和规划未来的项目。

在欧洲，GDPR 可能是影响未来 MaaS 实施的一个重要因素。GDPR 的目的是在当前数据驱动的世界里保护所有欧盟公民的隐私和数据不受侵犯。虽然数据隐私的关键原则仍然适用于之前的指令，但监管政策已经发生了许多变化。

目前已经提供 MaaS 服务的一些企业都有详尽的数据隐私说明和保护协议，例如 Whim 等。

---

❶ 欧洲、北美、亚太 11 个国家的 6500 多名被访者。

(3) 数据格式问题。

数据共享的质量和一致性以及数据格式是 MaaS 成功的关键基础。需要注意的是,不是每个出行服务供应商都具有符合标准格式的数据,因此,数据格式也是 MaaS 发展过程中需要注意的问题。应当建立数据共享标准,使得所有的 MaaS 参与者都能够遵守它,无论大的或小的出行服务供应商,都需要能够根据数据标准很容易地接入 MaaS 平台。

目前来看,支撑 MaaS 发展的数据都是存在的,但是目前很多是不共享的,因此,城市政府和交通机构等首先需要做的是开放交通数据,之后推动开放整个交通生态系统。与目前众多已经开放数据的公共交通服务供应商相比,众多私营部门很少向第三方开放数据,例如目前的各类 TNC 公司,因此,需要有相应的措施保证私营的出行服务供应商能够开放和共享数据。

芬兰 2018 年 1 月 1 日启用的新的交通法(the Transport Code),强制要求所有的出行服务供应商开放数据并为第三方提供 API。现在有越来越多的城市开始要求新的出行服务供应商必须具有开放的数据接口以共享特定的数据。例如,在斯图加特有一个新的自行车共享项目是通过公开招标来实施的,招标文件明确规定了供应商必须为 MaaS 平台提供开放的数据接口[31]。

但是,人们也必须充分认识到,在出行服务领域,目前的数据开放与共享还是存在较大的阻力。欧盟 2011 年的白皮书《单一欧洲交通区域路线图:建立一个具有竞争力和资源高效的运输系统》(Roadmap to a Single European Transport Area-Towards a competitive and resource efficient transport system)中明确的 10 个目标中,第 8 个目标就是到 2020 年建立欧洲多式联运信息、管理和支付系统框架。然而,到 2016 年,在对 2011 年的白皮书进行进展评价的时候发现[32],到 2020 年"要实现这个目标是有点困难,迄今为止进展有限",主要原因是"一些出行服务供应商不愿意共享其运行时刻表与信息"。因此,人们必须认识到数据使用和共享会是 MaaS 发展的一个较大的障碍。

2) 可能的应对措施

针对前述问题,也有研究探讨了一些可能的应对措施,而且其他领域一些成功的数据共享案例也可以为 MaaS 的发展提供借鉴。

(1) 更好的数据管理。

通过技术手段实现更好的数据管理,例如:

①开发统一的、清晰易懂的、充分代表相关方基本做法的标准化的数据交互语言;

②在系统架构设计中融入对隐私保护的考虑,尤其是对于数据共享过程;

③在可能的情况下,尽量减少收集数据的方法和途径;

④实施统一的做法,根据用户要求删除数据,制定合乎规则的数据共享方法等。

(2) 建立良好的信任关系。

出行服务供应商可能会对数据开放表示担忧,因为它们会担心存在一些潜在的风险,例如:

①因为丢失数据或开放数据而失去客户关系；

②MaaS 供应商将成为所有需求和数据的控制者,进而削弱传统的出行服务供应商在数据领域的话语权；

③对某些数据进行共享容易导致向竞争对手披露商业模式；

④不确定是否所有的出行服务供应商都会被 MaaS 供应商所公平对待；

⑤出行服务供应商还需要充分相信 MaaS 服务供应商能够为用户提供高质量的服务。

更底层的其实并不是简单的开放数据,而是如何让用户更好地访问平台。

因此,为了建立良好的信任关系,确保数据是用来改善服务并且商业敏感数据是得到充分保护的,需要开展如下工作：

①MaaS 供应商应当提出公平的商业规则,例如出行服务转售的条款和条件；

②清晰明确的转售合约,例如出行服务供应商签订的共享许可；

③良好的数据监管和治理；

④涉及所有参与者的共享方法,例如定义行为准则。

数据共享案例

如果 MaaS 能够成为主流的交通出行应用,那么各种各样的交通设施提供者和出行服务供应商将会愿意与 MaaS 供应商共享它们的数据和服务。一个例子就是 Google Transit。多年来,政府在公共交通数据格式统一方面做出了各种努力,开展了多项研究项目。但尽管有这些努力,公共交通公司仍然不愿意放弃它们自己的数据格式。然而,当 Google Transit 变得越来越广泛后,许多公共交通服务供应商自愿按照 Google Transit 预定义的数据格式提供它们的数据。有两个原因使公共交通服务供应商能够与 Google Transit 合作：一是它们希望自己的公共交通服务被包括在 Google 地图和导航服务中,这些服务目前在世界范围内占有主导地位；二是 Google Transit API、General Transit Feed Specification (GTFS) 和 GTFS Real Time 简单易用且对用户友好。MaaS 供应商可以学习 Google Transit 并开发对用户友好的数据接入 API,以允许单个出行服务供应商可以简单、容易地加入 MaaS。这将需要预先定义的数据格式和质量检查机制。数据质量对于 MaaS 来说更为重要,因为它将直接影响出行者的体验。不同于用户免费使用的 Google Transit,MaaS 必须保证信息质量,以建立和保持出行者的信心[22]。

---

6. MaaS 数据的价值

MaaS 系统在运行过程中也会产生大量的数据,主要是与出行者相关的各类出行数据,对 MaaS 数据进行充分深入的分析挖掘,可以让出行服务供应商更好地进行网络优化及服务的调整,从而提高出行服务质量以更好地响应出行者的需求。

1) MaaS 平台产生的数据

以 Whim 为例，MaaS 平台的运行可能收集的数据包括[16,33]：

(1) 直接从出行者处收集的信息。

①基本的个人资料。最主要的是电话号码，这是用户注册时被要求提供的，并可作为账号 ID。

②附加的个人详细资料。这些信息可能包括姓名、电子邮件地址和街道地址。根据应用的使用情况，这些信息还可能包括所使用的设备、国家、语言、信用卡信息和其他支付信息。对于 Whim 而言，这些信息是确保 MaaS Global 能够处理通过该应用进行的任何支付。MaaS Global 还告知用户它们使用的是第三方支付处理商，这些处理商会要求并处理与支付相关的细节，这些信息不会被 MaaS Global 存储。第三方登录系统也会被使用，这些系统可能会将 Whim 信息与例如 Facebook 的登录信息和其他信息联系起来，而在国内则类似地用微信等账号登录众多的 App。

③验证数据。如有必要，Whim 有时可能会要求提供额外的信息，如个人身份号码、照片或驾驶执照的详细信息。例如，如果通过 Whim 平台预约汽车租赁，这些可能就是必要的。

(2) 通过使用 Whim 服务收集的信息。

①交易信息。交易记录，包括购买、下载、用户提供的内容、请求、协议、提供的服务、交付细节和其他互动（包括出行者关怀），都将被记录和存储。

②定位和位置数据。Whim 使用基于位置的服务，通过使用卫星、手机、Wi-Fi 或其他基于网络定位的方法来确定用户的位置。通过这些方式收集到的位置信息可能具有个人身份识别功能，特别是在与唯一的设备相关联的情况下，可能会与 MaaS Global 共享并存储。用户会被告知收集这些数据的原因，并被告知未经同意这些数据不会被使用。

③出行数据。Whim 的隐私政策指出："我们会存储您的出行信息。这包括出行的起止点、出行的起止时间、出行方式和费用。这些信息与您的唯一用户标识符相关联。这些信息对服务的运行至关重要，因为它使我们能够提供服务，并确保出行服务供应商获得补偿[33]。"

④其他与行程和出行相关的数据，包括最喜欢的地点（可能会被存储在地图上），以及日历数据，这是一个可选的设置，允许用户请求额外的提醒。

⑤其他数据。非个人数据，如 IP 地址、访问时间、浏览习惯和其他与使用应用程序相关的元数据，也可能被收集。虽然这些数据一般是不可识别的，但如果与其他数据联系在一起，也可能会成为可识别的数据，在这种情况下，将根据隐私政策进行处理。

2) 数据的价值

MaaS 所产生的数据的价值主要体现在如下几个方面：

(1) 能够让 MaaS 供应商通过提供更个性化的服务来改进服务质量，同时还能够从全局层面来优化 MaaS 的商业运营；

(2) 能够让出行服务供应商更好地了解它们的用户出行特性及需求，并帮助它们改进出

行服务、降低运营成本;

(3) 能够让城市政府和交通部门更好地理解出行需求以改进城市交通基础设施,也可以通过引导交通出行者使用其他的路径、方式和出行时间来更好地管理交通供需服务。

为了有效提升 MaaS 数据价值,在相应的数据保护法的框架下,MaaS 服务供应商应当将 MaaS 的用户数据和使用数据提供给各类出行服务供应商及城市交通主管部门等,这将促进整个交通生态系统的发展,有助于建设更好的城市,反过来也有益于 MaaS 的发展。

三、技术基础

MaaS 的概念诞生多年以来,对其技术进行探讨的研究比例并不高,一个原因是其实现所需要的各类技术已基本成熟,而其关键在于体制机制方面的变革。但从 MaaS 实现的需求来看,坚实的技术支持亦是关键要素,在此简单谈谈技术方面相关内容。

1) 一个账号

首先,如果没有"一个账号"的能力,MaaS 就无法运行,"一个账号"的系统就是指在一个给定区域内的出行服务供应商参与并同意使用一个账号来管理费用和支付事宜。通过一个账号,政府和运营商可以在一个系统上管理所有的出行需求,而出行者可以将他们所有的出行账号关联到一起,创建一个单一的用户身份——这是任何 MaaS 系统有效运行的核心思想。一个连接支付方式和账号的金融引擎还能够使出行者通过一个单一门户无缝地预订和购买他们选择的任何出行服务,所有这些都是一次出行的必要部分,无论出行服务供应商是谁。同时一个账号也允许用户从一系列考虑不同因素的选项中进行选择,例如便利性、费用、旅行时间、步行距离、环境影响、安全性、可靠性及舒适性等[3]。

在 MaaS 中,公共和私营出行服务供应商使用一个共同的平台提供预订和支付服务。目前其实这样的系统已经存在于很多城市,成为综合公共交通体系的基础,在此基础上扩展为 MaaS 相当方便。

2) 出行规划平台

MaaS 的第二个技术要求是建立一个真正的多方式出行规划平台,该平台可以无偏地提供所有的选择,包括可能相互竞争的公共和私营服务。这种多方式的出行规划和追踪平台必须能够提供实时的、基于位置的路线追踪功能,并提供基于实时数据和人工智能预测的实时路线更新、报警和重新规划路径的功能。在规划时必须提供所有的出行方式选项并基于用户的偏好进行定制[3]。

3) 区域拥堵管理平台

MaaS 需要一个区域拥堵管理平台。随着 MaaS 在城市中的应用越来越广泛,不同的交通方式、车型和服务选择将需要更为仔细的监控和管理,以确保城市街道上交通流的最优化并缓解交通拥堵。城市将需要一个集中的平台提供该地区所有出行的整体视图,以便有效地管理、控制和预测交通。将出行指标和个人计划整合到一个中心化的平台也能使政府实时优化交通、重新分配资源、识别拥堵点、引导车辆远离事故地点以及为大运量交通方式提供优先通道等,尤其是在高峰时间[3]。

4)区块链

区块链技术目前尚未在交通领域有较为明确的应用,在对MaaS的商业模式的探讨中,有人提出基于区块链技术的商业模型(详见第四章)。

通过将区块链应用在MaaS中建立的去中心化的MaaS网络所具有的价值主要体现在如下方面:通过协商一致建立的乘客使用的出行服务的来源和静态细节,提供了支付所需的可信信息;定制化的透明度确保为出行者提供出行选择的算法是公平的、开放的、透明的,这可以确保市场中大的、小的供应商之间可以进行竞争;社区建立的智能合约掌握着收入分配和用户出行套餐的规则,这些合约在完成行程时自动执行,从而进一步提升了所有网络成员的信任度,并降低了成本[34]。

区块链电动踏板车共享示范[35]

2019年,德国电信(Deutsche Telekom)推出了一款电动踏板车共享试点项目,使用区块链来处理用户身份和支付凭证。

在传统的集中式系统中,用户注册的每项服务都要求他们输入并存储个人信息和支付信息。多次登录可能会给用户带来不便,而存储出行者数据则让服务供应商增加了成本和安全风险。

相反,使用像区块链这样的分布式系统会在一定程度上分离服务供应商和出行者的身份和支付凭证,从而使其更加安全。它还增加了灵活性,因为现在存储在区块链中的同样的信息可以在多个服务供应商之间安全地共享。最终的结果是,在这种情况下,出行者只需要登录一次电动踏板车共享计划,就可以骑走任意一个参与其中的服务供应商所提供的电动踏板车。

试点项目名为Xride,由德国电信的创新部门T实验室(T-Labs)运营。试点在公司的波恩总部举行,为期4周,只对员工开放。

"在Xride中,以前集中式的功能,如身份管理、数据验证和存储、收费等功能完全分散。这使得车辆共享的成本更低、更安全、更高效,对供应商和用户都有好处。"T-Labs高级副总裁兼T-Labs负责人约翰·卡利安(John Calian)介绍道。

Xride利用了Stâx,由T-Labs公司开发,它将区块链技术汇集到一个单一的操作栈中,可以轻松管理多个企业。

本章参考文献

[1] VIJ A, SAMPSON S, SWAIT J, et al. Mobility as a Service in Australia: Customer insights and opportunities [R]. Melbourne, Australia: ITS Australia, 2018.

[2] POLYDOROPOULOU A, PAGONI I, TSIRIMPA A, et al. Prototype business models for Mobility-as-a-Service [J]. Transportation Research Part A: Policy and Practice, 2020(131): 149-162.

[3] COLE M. Mobility as a Service: Putting Transit Front and Center of the Conversation [R]. San Diego, CA 92111: CUBIC Transportation Systems, 2018.

[4] LINTON C, BRAY J. MaaS Movement? Issues and Option on Mobility as a Service for City Region Transport Authorities [R]. Leeds, UK: Urban Transport Group, 2019.

[5] BRAY J. How Cities Can Engage with Mobility as a Service [EB/OL]. [2020-02-17]. https://meetingoftheminds.org/how-cities-can-engage-with-mobility-as-a-service-32737.

[6] STREETING M, EDGAR E. Mobility as a Service: The next transport disruption. [R]. L. E. K. Consulting LLC, 2017.

[7] Mobility as a Service-Eighth Report of Session 2017-2019 [R]. London, UK: Transport Select Committee, 2018.

[8] Mobility as a Service: Exploring the Opportunity for Mobility as a Service in the UK [R]. Milton Keynes, UK: Transport Systems Catapult, 2016.

[9] POLYDOROPOULOU A, PAGONI I, TSIRIMPA A. Ready for Mobility as a Service? Insights from stakeholders and end-users [J]. Travel Behaviour and Society, 2018,

[10] JITTRAPIROM P, MARCHAU V, HEIJDEN R V D, et al. Dynamic adaptive policymaking for implementing Mobility-as-a Service (MaaS) [J]. Research in Transportation Business & Management, 2018(27):46-55.

[11] Ready for MaaS? Easier Mobility for Citizens and Better Data for Cities [R]. Brussels, Belgium: UITP, 2019.

[12] SMITH G, SOCHOR J, SARASINI S. Mobility as a Service: Comparing Developments in Sweden and Finland; proceedings of the 1st International Conference on Mobility as a Service [C]. Tampere, Finland, 2017.

[13] AALTONEN S. MaaS Readiness Level Indicators for local authorities [R]. 2017.

[14] JITTRAPIROM P, MARCHAU V, HEIJDEN R V D, et al. Future implementation of mobility as a service (MaaS): Results of an international Delphi study [J]. Travel Behaviour and Society, 2018,

[15] Being Mobility-as-a-Service (MaaS) Ready: final report of APTA International Study Mission

[R]. Washington, DC, USA: American Public Transportation Association, 2019.

[16] COTTRILL C D. MaaS surveillance: Privacy considerations in mobility as a service [J]. Transportation Research Part A: Policy and Practice, 2020(131):50-57.

[17] GEORGE G, HAAS M R, PENTLAND A. Big Data and Management [J]. Academy of Management Journal, 2014, 57(2): 321-326.

[18] 曾粤亮. 英国政府数据开放平台交通数据的建设现状调查与分析[J]. 情报资料工作, 2017, (05):20-26.

[19] SAKAI K. MaaS trends and policy-level initiatives in the EU [J]. IATSS Research, 2019(43):207-209.

[20] TfL. Our open data: A list of available TfL data feeds and guidelines for using them. [EB/OL]. [2020-02-28]. https://tfl.gov.uk/info-for/open-data-users/our-open-data?intcmp=3671#on-this-page-0.

[21] 北京市交通委员会. 北京市交通委员会关于印发《北京市交通出行数据开放管理办法（试行）》的通知[EB/OL]. [2020-02-17]. http://jtw.beijing.gov.cn/xxgk/tzgg/201912/t20191219_1287879.html.

[22] LI Y, VOEGE T. Mobility as a Service (MaaS): Challenges of Implementation and Policy Required [J]. Journal of Transportation Tech-nologies, 2017(7):95-106.

[23] 车来了[EB/OL]. [2020-03-15]. https://www.chelaile.net.cn/.

[24] Assessing the value of TfL's open data and digital partnerships [R]. London, UK: Deloitte, 2017.

[25] About DATEX II [EB/OL]. [2020-03-19]. https://datex2.eu/datex2/about.

[26] Mobility Data Specification[EB/OL]. [2020-03-15]. https://github.com/openmobilityfoundation/mobility-data-specification.

[27] WRAY S. LA wins appeal in data-sharing dispute with Uber's Jump[EB/OL]. [2020-02-24]. https://www.smartcitiesworld.net/smart-cities-news/smart-cities-news/la-wins-appeal-in-data-sharing-dispute-with-ubers-jump—5026?utm_source=newsletter&utm_medium=email&utm_campaign=Weekly%20Newsletter.

[28] KAMARGIANNI M, MATYAS M, LI W, et al. Feasibility Study for "Mobility as a Service" concept in London [R]. London, UK: UCL Energy Institute, 2015.

[29] Accenture. Citizens Willing to Share Personal Data with Government in Exchange for Enhanced Customer Services, Accenture Survey Finds [R/OL]. USA. [2020-03-15]. https://newsroom.accenture.com/news/citizens-willing-to-share-personal-data-with-government-in-exchange-for-enhanced-customer-services-accenture-survey-finds.htm.

[30] Travellers Needs and UK Capability Study: Supporting the realisation of Intelligent Mobility in

the UK. Transport Systems Catapult [R]. Transport Systems Catapult, 2015.

[31] WRAY S. Mobility-as-a-Service: Cities on the move [R]. SmartCitiesWorld, 2019.

[32] The implementation of the 2011 White Paper on Transport "Roadmap to a Single European Transport Area-towards a competitive and resource-efficient transport system" five years after its publication: achievements and challenges [R]. Brussels: European Commission, 2016.

[33] MaaS Global. Privacy Policy[EB/OL]. [2020-05-02]. https://whimapp.com/privacy/.

[34] MassMarket-London. Evaluating Payment Methods for MaaS[EB/OL]. [2020-03-15]. http://onlinepubs.trb.org/Onlinepubs/studies/TRB-CAAS-18-01/Gary_Thomas.pdf.

[35] WOOD N. Deutsche Telekom going places with blockchain e-scooter pilot[EB/OL]. [2020-02-23]. https://www.telecomtv.com/content/blockchain/deutsche-telekom-going-places-with-blockchain-e-scooter-pilot-36311/.

第六章 MaaS与公共交通

公共交通系统在MaaS生态系统中的地位和作用一直以来也是众多人员所关注的内容,从MaaS减少小汽车出行量的目标来看,公共交通必须成为MaaS的基础和核心,只有由公共交通来取代小汽车的出行,才能更好地实现MaaS促进可持续交通系统发展的目标。

同时,目前各国的公共交通部门也认为与私营的出行服务企业相比,它们更适合考虑公共利益,因此,公共交通部门认为其应该在MaaS发展中发挥重要作用,无论是作为合作者、赋能者还是管理者[1]。例如在维也纳,公共部门的目标不仅是要做MaaS开发的引领者,还要在确定和实现出行目标的过程中发挥战略性角色。维也纳的公共机构认为由公共机构控制MaaS的后台非常重要,这样可以更好地确保公平性和数据访问。

然而,公共交通企业要成为MaaS的平台核心也需要有一些前提条件,例如它们必须能够理解和利用已有基础设施和数据的价值,并且转变其组织的文化以允许更多的创新和实验等。

本章首先分析当前全球公共交通市场的发展状况,随后引入MaaS,分析MaaS可能对公共交通系统产生的影响,之后分析公共交通部门参与MaaS发展的一些可行的工作和可能的途径。

一 公共交通发展趋势

在众多城市中,公共交通向来是作为城市交通系统支柱的存在,而且对于高密度的大城市而言,必然需要以公共交通为主建立综合交通运输体系,然而,从近些年的发展来看,受众多因素的影响,目前全球范围内各个城市公共交通系统的发展不容乐观。

1. 美国

就全国层面而言,近年来美国的公共交通方式在全部出行方式中所占比例较小,除大城市中心区域外,在其他的众多区域中,公共交通并不是出行的主要方式。从美国全国的统计数据来看[2],最近数年以来,公共交通总客运量在2014年达到最高峰以后呈现逐年下降的趋势,见图6-1。

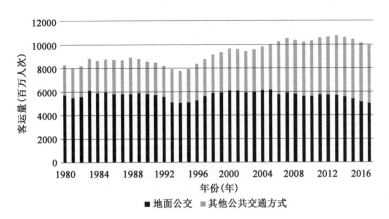

图6-1 美国地面公交和其他公共交通方式客运量变化

在城市层面,以纽约为例,近年来的公交车客运量也呈下降趋势[3],见表6-1。

表6-1 纽约近年来各类公共交通方式年客运量(百万人次)

年份(年)	地 铁	公 交 车	自 行 车	轮 渡
2010	1604.2	696.9	91.3	29.4
2011	1640.4	670.7	98.6	29.7
2012	1654.4	667.9	117.1	31.2
2013	1707.6	677.6	138.7	31.3
2014	1751.3	667.1	153.3	30.7
2015	1762.6	650.7	164.3	31.7
2016	1756.8	638.4	167.9	34.0
2017	1727.6	602.6	178.8	35.1

从表6-1可以看出,自2015年以来,地铁和公共汽车的客运量有所下降,而轮渡和自行车客运量在城市不断加大投资的背景中显示出较为明显的增长。由于交通拥堵等,公交车的乘客量已降至2010年以来的最低水平。2016—2017年期间,年度公共汽车客运量减少了近4000万人次,而各类出租车客运量(包括Uber等)增加了近4000万人次[3]。

2. 英国

根据英国交通部(Department for Transport,DfT)的统计[4],以英格兰范围(包括苏格兰和威尔士)为例,2018—2019年度(截至2019年3月)相对2017—2018年度,本地公共汽车客运量下降2900万人次,降幅为0.7%,相对2008—2009年度,下降6.9%;公共汽车行驶里程相对2017—2018年度下降1.3%,而相对2008—2009年度下降11.2%。

在伦敦,公共汽车的使用量2018—2019年度相对2008—2009年度下降了1.4%,除伦敦以外,英格兰其他地区的客运量自从2008—2009年度以来共下降了11.9%。

具体而言,各地区客运量的年度变化见表6-2[4]。

按地区类型划分的本地公共汽车客运量和行驶里程　　表6-2

地区	客运量(10亿人次)		车辆里程(10亿 mile)	
	2018—2019年度	相对2017—2018年度	2018—2019年度	相对2017—2018年度
伦敦	2.20	↓1.2%	0.30	↓1.9%
伦敦外英格兰大都市区	0.91	↓0.0%	0.31	↑1.3%
伦敦外英格兰非大都市区	1.21	↓0.1%	0.58	↓2.3%
伦敦以外合计	2.12	↓0.1%	0.88	↓1.1%
英格兰合计	4.32	↓0.7%	1.18	↓1.3%

1982—1983年度至2018—2019年度英格兰地区本地公共汽车客运量的变化趋势如图6-2所示[4]。

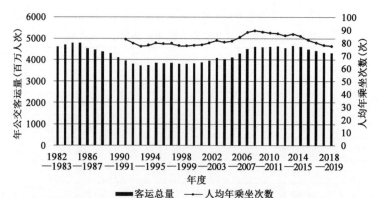

图6-2　1982—1983年度至2018—2019年度英格兰本地公共汽车客运量及1991—1992年度至2018—2019年度人均年乘坐次数

从图6-2可以看出,近10年来,英格兰地区的公共汽车乘客总量和人均年乘坐次数都呈缓慢下降趋势,一些可能的影响因素包括交通拥堵、汽车保有量改变(例如2018—2019年度,在英格兰地区,除公交车和长途客车保有量有2.4%的下降外,其他各类车辆保有量都有所上升)、地方政府支持服务的减少以及网上购物的增多等。

1982—1983年度至2018—2019年度伦敦及伦敦以外区域的公共汽车年客运总量的变化趋势如图6-3所示[4]。从图6-3中可以看出,近40年来,伦敦地区的公共汽车客运量总量总体呈上升趋势,但在2013—2014年度达到峰值后开始缓慢下降;而伦敦以外地区,近40年无论是客运总量还是人均年乘坐次数(1991—1992年度的68次到2018—2019年度的45次)都呈持续下降趋势,这或许与英格兰地区中除伦敦外其他地区自从1986年放松对公交行业管制有一定关系,大多数的公共汽车服务都是由私营企业提供的,可以在纯营利目的下运行,也可以在当地部门的财政支持下运行。

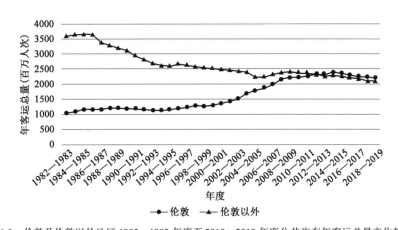

图 6-3 伦敦及伦敦以外地区 1982—1983 年度至 2018—2019 年度公共汽车年客运总量变化趋势

针对伦敦,综合考虑其主要的公共交通方式,近年来客运总量的变化见表 6-3[5]。

伦敦市近年来各种公共交通方式的年客运量变化(单位:百万人次) 表 6-3

年度	2014—2015	2015—2016	2016—2017	2017—2018	2018—2019
地铁	1305	1349	1378	1357	1384
轻轨	110.2	117	122.3	119.6	121.8
有轨电车	30.7	27	29.5	29.1	28.7
铁路	—	40.1	47.8	45.3	55
伦敦地上铁	139.9	185.2	188.8	190.1	189.6
以上小计	1585.8	1718.3	1766.4	1741.1	1779.1
公交车	2385	2314	2262	2247	2220
合计	3970.8	4032.3	4028.4	3988.1	3999.1

从表 6-3 可以看出,即使对于全公交方式,总客运量近年来也呈现缓慢下降趋势,公交车客运量下降较为明显,而其他方式合计客运量则呈上升趋势。

3. 中国

近年来,我国公共交通系统发展迅速,尤其以城市轨道交通为代表,根据交通运输部《2019 年交通运输行业发展统计公报》[6],2015—2019 年全国城市客运装备拥有量见表 6-4。

全国城市客运装备拥有量 表 6-4

年份(年)	公共汽电车(万辆)	轨道交通运营车辆(辆)	巡游出租车(万辆)	城市客运轮渡船舶(艘)
2015	56.18	19941	139.25	310
2016	60.86	23791	140.40	282
2017	65.12	28707	139.58	264
2018	67.34	34012	138.89	250
2019	69.33	40998	139.16	224

在线路里程方面,2019年末全国拥有公共汽电车运营线路65730条,比上年增加5140条,运营线路总长度133.6万km,增加13.7万km。其中,拥有公交专用车道14951.7km,增加2101.5km;BRT线路长度6149.8km。拥有轨道交通运营线路190条,增加19条,拥有轨道交通运营里程6172.2km,增加877.1km;其中,拥有地铁线路159条、5480.6km,拥有轻轨线路6条、217.6km。拥有城市客运轮渡运营航线88条,减少3条,拥有运营航线总长度397.9km,增加21.3km[6]。

然而,客运量方面的数据却不容乐观,除轨道交通客运量近年来持续保持10%以上的增长率外,公共汽电车客运量、出租车客运量及客运轮渡客运量都呈下降趋势,而总客运量亦呈下降趋势。

2019年全年完成城市客运量1279.17亿人次,比上年增长1.3%。其中,公共汽电车完成客运量691.76亿人次,下降0.8%,其中BRT完成客运量17.47亿人次,完成公共汽电车运营里程354.13亿km,增长2.3%;轨道交通完成客运量238.78亿人次,增长12.2%,完成运营车公里数41.43亿车km,增长17.5%;巡游出租汽车完成客运量347.89亿人次,下降1.1%;客运轮渡完成客运量0.73亿人次,下降9.0%。

在城市方面,以36个中心城市为例[7],2019年公共汽电车全年完成客运总量为3399124万人次,相对2018年有所下降;轨道交通完成客运总量为2331032万人次,相对2018年有所上升。

从当前全球情况来看,公共交通都面临着私人小汽车以及各种新兴出行方式的竞争(例如"网约车"等),然而,从未来城市的发展目标来看,无论怎样,人口高度密集的大城市的可持续交通系统必然还是要以公共交通为核心。例如在纽约的2050规划中[3],2017年的可持续出行方式(步行、自行车、公共交通)的比例为68%,而到2050年希望达到80%;新加坡的2040规划中也提出,到2040年高峰出行量中的90%要由可持续出行方式完成[8]。在北京的城市总体规划中也明确提出:到2035年城市绿色出行比例不低于80%;到2035年自行车出行比例不低于12.6%[9]。

从当前的各类城市规划中可以看到,众多城市都明确了公共交通系统在城市交通系统中的核心定位,然而,在当前众多外部因素的影响下,城市公共交通系统的发展亦是举步维艰。以北京市为例,在投入巨大资金建设轨道交通系统、严格执行限购限行政策等前提下,轨道交通与公交车的总分担率也只是在缓慢增长。

当然,近年来在城市公交发展方面,还是呈现出一些良好的趋势,可能会对未来的公共交通有积极的影响:

(1)重建公共交通网络:城市的用地开发、人口分布、轨道交通网络等都在不断发展变化,持续不变的公共交通网络难以适应新的需求,因此,公共交通网络的重新优化将会影响到公共交通客运量,一个比较明显的例子就是首尔的公交网络优化;而保罗·康福特(Paul Comfort)[《公共交通的未来》(The Future of Public Transportation)一书的作者]在采访中[10]也提到美国和西欧的众多城市近 5 年的公交运量都在下降,而几个客运量增加的城市则基本上都做了同一件事情——重构公交网络。

(2)公交运行时空优先:包括各类公交专用道的设置及交叉口公交信号优先,提高公交运行效率,例如近年来新加坡通过公交专用道、公交信号优先、公交出站优先等措施有效提升了公交运营效率。

(3)各类智能公共交通系统:以电子支付为例,各类电子支付的发展提高了乘客乘坐公共交通的便利性,而日渐精准的公交信息服务也将提高公共交通乘客的满意度。

(4)MaaS:MaaS 的主要目标是推动可持续交通系统的建设,抑制基于私人小汽车的出行方式,与城市发展公共交通系统的目标较为一致,未来 MaaS 如何与公共交通系统良好衔接、相互促进,是值得思考和探讨的问题。

二、MaaS 对公共交通行业的潜在影响

事实上,很难泛泛而谈 MaaS 对公共交通行业的影响,诚如第四章所述,当商业模式不同的时候,公共交通在 MaaS 生态体系中的地位和作用不同,则 MaaS 对公共交通行业的影响也会不同。笼统而言,MaaS 对公共交通的影响有如下一些方面[11]。

1)公共交通的角色变化

目前,各界相关人士都在对未来个人出行的交通系统进行诸多展望,其中之一是预测各种出行模式之间的界限在未来将逐渐变得更加模糊,跨越多种出行方式的出行将变得越来越普遍。而 MaaS 的出现可能会加速这一转变,这也意味着公共和私营出行服务之间的边界可能会变得更加模糊,由此公共交通的范畴也将会发生改变,而公共交通部门在 MaaS 中的角色则很大程度上取决于所采用的商业模式。

当然,不同的人对公共交通在 MaaS 生态系统中的角色会有不同的理解。支持市场驱动型商业模式的人认为,公共交通部门在 MaaS 中应当主动参与但是居于次要位置,其角色主要是允许转售公共交通车票,以及与私营机构(如 MaaS 服务供应商)进行对话以探讨其如何进行调整来推动 MaaS 满足出行者需求。因此,这可能意味着公共交通部门的角色调整,它们将减少与出行者的直接接触,但是增加与 MaaS 生态系统中的私营机构的协作。反之,政府控制型商业模式的支持者认为,市场驱动型的商业模式将导致 MaaS 发展趋于商业最优而非社会效益最优,因此,他们认为公共交通机构要能够通过承担 MaaS 平台供应商和 MaaS 服务供应商的角色,来把握 MaaS 的发展路径,也同时扩大公共交通机构的范畴。当然也有人认为,无论是公共交通机构还是其他一些交通服务供应商,都不宜作为 MaaS 服务供应商,因为它们会有动机来加强对其自有出行服务方式的使用而影响其他单位运营的出行服务方式的

接入。

无论 MaaS 的发展路径是什么,很多人都认为公共交通应该是 MaaS 的核心,MaaS 不可能取代高质量的、固定路线的大容量交通工具,尤其是在人口密集的重要交通走廊上。当然,也有人认为随着 MaaS 服务的展开,传统的公共交通服务的作用可能会受到影响。

2) 增加公共交通使用

目前,影响公共交通使用的一个重要因素是"最后一公里"的接驳问题。曾经"网约车"的出现被视为是解决"最后一公里"的一个途径,但是实践证明效果甚微,之后互联网租赁自行车的出现又为公共交通"最后一公里"的接驳提供了可能,而且目前已经成为接驳的重要的方式,当然,还有互联网租赁电动滑板车(我国目前基本没有,欧美东南亚已不少)、社区公交车等方式可以为公共交通"最后一公里"的接驳提供支撑,因此,未来整合多种交通方式来提高公共交通出行的便利性成为可能。当然,这种整合尚需要支付、停放、信息等众多方面的一体化,而 MaaS 则被认为为此提供了相应的契机。

MaaS 被期望用来提高利用多模式出行的可能性,从而满足全部的出行需求。因此,MaaS 的使用将减少人们拥有和使用私人小汽车的需求。有人认为城市和郊区的家庭将首先放弃第 2 辆私人小汽车,并且随着 MaaS 的成熟将放弃第 1 辆小汽车,这将意味着原来由于保有私人小汽车而带来的经济和习惯的锁定效应将会减弱。很多人认为,MaaS 的使用将导致出行方式的变化,一些个性化的出行方式的使用量将会增加,而私人小汽车的使用量将会减少,同时传统公共交通出行方式的使用量也会增加。

当然,要增加传统公共交通出行方式的使用量也需要有一些前提,例如,政府控制的 MaaS 应当被设计成能够最大化传统公共交通使用量的模式,而不一定是最大化客户的服务满意度。反之,如果是市场驱动型的 MaaS 商业模式,则可能会更倾向于提供便利的车辆共享等服务(以使其商业利益最大化),使得目前的公共交通用户能够更容易获取基于小汽车的出行服务,从而分流一部分目前的公共交通用户,例如前文所述网约车在一些城市对公共交通系统的分流效应等。

有研究指出[12],在由政府控制的 MaaS 商业模式中,让公共交通机构处于主导地位的主要好处之一是能够确保 MaaS 的长期稳定性(即能够保证随着时间的推移服务不会改变)和空间覆盖率(保证较大地理范围内存在出行服务)。类似地,有人认为,政府控制的 MaaS 商业模式中,可能会使得人口稀疏地区的出行者也更多地使用公共交通,因为通过多方式整合将其他的一些灵活的出行服务方式作为公共交通的接驳交通,从而扩大了公共交通的覆盖范围。当然,在市场驱动型的 MaaS 中也应该如此。而如果其他一些出行服务供应商能够在其服务中包括公共交通,则也可以提高使用公共交通的比例。

3) 改变公共交通的商业模式和提高其运营能力

基于对 MaaS 出色的灵活性的期待,很多人认为 MaaS 有助于提高公共投资的效益,即为传统的公共交通提供良好的使用接入。这也是一些地区对MaaS感兴趣的原因,它们希望通过与私营出行服务部门的结合实现提高公共交通使用量的目标[13]。

政府控制型的MaaS商业模式可能增加传统公共交通的潜在用户数量,因此,MaaS为传统公共交通系统的发展提供了增加新用户和收入的机会。然而,如果是市场驱动型的MaaS商业模式,则可能会对目前的公共交通运输市场造成负面影响,例如有一些更为便利的基于小汽车的出行服务(如Uber、滴滴等)可能会侵蚀公共交通的市场。

MaaS的发展必然影响到公共交通机构的能力需求和能力生成。例如,无论是哪一种MaaS商业模式,都意味着传统的公共交通机构必须与私营出行服务供应商以新的方式进行合作,以产生更大的公共价值。因此,公共交通机构需要新的组织模式流程和能力来支持这些合作。同时,如果是采用政府控制型的商业模式,则需要传统的公共交通机构扩展其角色,例如承担起MaaS平台供应商和MaaS服务供应商的角色,这将对传统的公共交通机构提出额外的需求。

MaaS具有广阔的发展前景,可能有潜力为公共交通机构提供更丰富、更全面的用户出行行为数据。然而,市场驱动型或公私合作型的商业模式意味着公共交通机构与出行者之间的互动将会减少,例如出行者可能会通过第三方购买公共交通出行服务。因此,这种情况下数据的共享就变得非常重要。

三、公共交通在MaaS中的定位

1. 城市交通出行方式框架

要分析公共交通系统在MaaS中的定位,首先要明确MaaS与公共交通系统的关系,或者说MaaS对公共交通系统的需求等。城市交通系统是由众多交通运输服务方式所构成的,不同的出行方式可以相互替代,在一定的条件下也将会发生出行方式的转移,因此,在此首先分析一下城市交通系统中各不同交通方式的效率等问题。

不同交通服务方式的效率可以从时间和空间两个维度来进行考虑,时间效率主要指运输工具或交通设施被使用的时间比例,而空间效率则主要指单位道路面积能够运载的人数。事实上,所有出行方式的核心都可以被认为是时间和空间的函数。近年来各种新兴的出行服务方式层出不穷,因此,有研究从时间和空间效率的维度出发,制定了一个衡量出行方式效率的指标[14]。基于此,建立了交通方式效率框架,如图6-4所示[14],将公共、私人、慢行和共享模式置于一个时空平面内,各自占据一个象限,并以代表空间和时间效率的轴线来进行定义。需要注意的是,本图中的比例是估计的,更多的是为了对比说明,非准确比例。

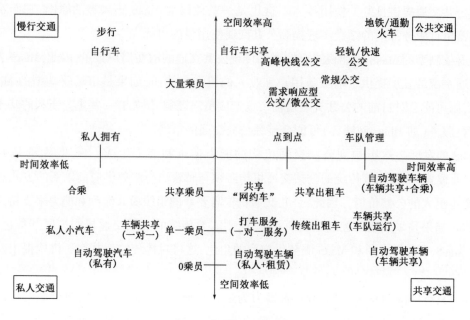

图 6-4 交通方式效率框架

该框架有 4 个象限,涵盖了时间效率和空间效率的各个组合。公共交通象限主要涵盖了各类公交和轨道交通,这两种出行服务方式既能运载大量乘客,又能近乎全天候提供服务。轨道交通中的地铁和通勤火车基本上是长时间运行(例如个别城市个别线路 24h 运行),运输大量的出行者。不同类型的公交(包括快速公交、常规公交)也会长时间的运行,而高峰期的大站快线公交、需求响应型公交及微公交等,则更多情况下主要是在高峰期运行,运行的时间效率较低。在慢行交通象限中,步行是最有效的出行方式,它所占用的基础设施少,占地面积小,同样,私有自行车也是相对空间效率较高的出行方式。在公共交通的象限中包括了公共自行车,与私有自行车相比,公共自行车可以长时间地被使用,因此在时间上更有效率。

私人交通象限的中心是私人小汽车,其空间效率和时间效率都很低。在空间效率方面,平均每辆车的乘客不超过 2 人,而在时间效率方面,90% 以上的时间私人小汽车都是闲置的。在共享交通象限中,"网约车"的平均时间效率要小于传统的出租车,因为前者类型众多,有些类型时间效率较低(如真正意义上的顺风车),而未来的自动驾驶车辆如果能够实现车辆共享和行程共享(合乘)的话,则时间效率和空间效率都会较高(在基于小汽车的出行方式中),当然其空间效率还是无法与公共交通相比。

在上述的交通模式框架中,鉴于目前道路资源有限等前提,未来 MaaS 的发展应当聚焦于提高空间效率较高的出行方式的分担率,即推动公共交通象限和慢行交通象限的发展。MaaS 的主体必须是公共交通,否则就不可能实现可持续交通发展的目标。

考虑到在 MaaS 中涵盖公共交通的意向,对地方政府和 MaaS 供应商而言,重要的是探索如何整合公共和私营交通服务。当出租车服务被分为传统的出租车和网络预约出租车服务时,用户似乎更喜欢网络预约出租车服务。设计精良、价格合理的 MaaS 产品预计会对公共交通工具的使用产生积极影响。它也有可能将大量车辆从路网中移除,原来的私人小汽车驾驶人将主要使用公共交通工具。共享自行车的使用量也有望增加,因为它是一种方便的出行方式,尤其是对于短途出行。

2. 公共交通部门在 MaaS 中的定位

鉴于 MaaS 发展的目标是可持续交通系统的实现,因此,在诸多的研究机构(如 UITP[15])和专家看来,公共交通在 MaaS 发展中具有绝对重要的地位,要想减少交通拥堵和路上行驶的小汽车数量,必须充分发挥公共交通的优势。当然,不同地区的认识可能会在细节上有差异。

例如,在欧洲[1],众多的城市都认为应该是由公共交通部门来领导一体化交通系统的集成,而且公共交通在实际上也是欧洲交通网络的骨干,因此,目前在德国等国家的众多城市中,公共交通部门都开始进行 MaaS 系统发展的尝试,例如汉堡的公共交通和铁路运营者汉堡公路(Hamburger Hochbahn)正在利用 Upstream 的平台开发一个 MaaS 服务。而汉诺威的 MaaS 应用 Mobility Shop 则是由公共交通运营商 USTRA 和公共交通机构开发。

简单而言,公共交通部门在 MaaS 体系中的定位可以是 MaaS 平台供应商,也可以是 MaaS 服务供应商,或二者兼而有之。由公共交通部门来运营 MaaS,虽存在着相应的优势,但也可能会引发众多潜在的问题。

公共交通部门运行 MaaS 的潜在优势主要有如下方面[16]:

(1)公共交通部门往往已经在一个城市存在数十年,在出行者当中已有很好的品牌效应,同时,通过集成一些辅助的出行方式来解决"最后一公里"的问题,则可以提高公共交通系统的运行效率;

(2)公共交通部门运营的城市公共交通系统相对稳定,不会轻易破产或被取消,因此,由其运行 MaaS 具有时间上的稳定性和空间上的全覆盖性(公共交通的特点),但是也有相应的困难;

(3)公共交通部门运营的 MaaS 更有助于形成结构合理的城市综合交通体系,在主要交通通道上,以地铁、大运量公共交通为骨干,保持共享车辆的健康均衡,推动步行、自行车出行方式,从而建设环境友好型的城市交通系统。

另一方面,虽然对于 MaaS 的用户及政府等利益相关者而言,也许由公共交通部门直接运营 MaaS 比私营部门有好处,但是也可能存在如下一些问题:

(1)公共交通部门直接运营 MaaS 可能使得 MaaS 的用户还是之前的公共交通用户,而由于各种原因缺乏对私人小汽车用户的吸引力,这样很有可能实现不了 MaaS 吸引私人小汽车用户进行出行方式转移的目的。

(2)公共交通部门历来是受政府管制较多的部门,其运营会受到一些条条框框的限制,颇有"笼鸟槛猿"之惑,同时,公共交通部门运营 MaaS 的目标也可能会有问题,例如应选择尽最大可能利用已有的公共交通设施还是尽最大可能满足出行需求？因为有些出行需求与发展公共交通的目标是相悖的。

（3）如果公共交通部门运营 MaaS，那么公共交通部门可能不应再获得补贴，否则会出现有人借补贴而使用其他非公共交通方式出行。但是如果没有补贴，公共交通是否能够运行下去？

（4）加强集成的问题。MaaS 的一个核心就是整合所有的出行服务，包括出行的预订和支付。目前来看，公共交通部门已经在这个方面进行了大量的工作，如各城市推出的一卡通（我国已经实现跨多个城市的一卡通）。但是还是有很多工作要做，因为除了公共交通以外，出行者还有很多其他出行服务方式的账号，例如公共自行车、网络预约出租车等。相关出行方式的供应商是否愿意与公共交通部门进行对接也是影响因素。

如果由其他单位（如私营出行服务供应商或创业公司等）运营 MaaS，则可能存在的问题之一是，由于公共交通部门只是参与者而缺乏主导性，那么 MaaS 服务供应商的目标就会是最大化 MaaS 平台使用者或最大化商业利益，而非最优化利用公共交通系统。例如所谓的不分类型的"共享出行"（如"网约车"等）实际上增加了基于小汽车的出行，例如 Uber 加剧了城市交通拥堵等。

总之，MaaS 的实施需要克服一系列的挑战，对于不同的城市和区域，管理和技术方面的问题往往不同，有时还相互冲突。

因此，在未来的 MaaS 发展中，需要处理好 MaaS 和现有公共交通系统的关系。笼统而言，公共交通系统的目标之一是为众多出行者提供几乎无差异化的服务（除了特殊人群享受折扣优惠外），但是 MaaS 的一个特点就是个性化定制服务，即要针对不同的对象提供不同的服务，因此，单就票价而言，MaaS 的发展就需要更加灵活的公共交通票价的支持，这不仅要求 MaaS 系统能够转售公共交通车票，而且要求充分整合公共交通服务并实现灵活的整合。

本章参考文献

[1] American Public Transportation Association. Being Mobility-as-a-Service（MaaS）Ready：final report of APTA International Study Mission［R］. Washington DC, USA：American Public Transportation Association, 2019.

[2] 2020 Public Transportation Fact Book Appendix A：Historical Tables Excel［M］. American Public Transportation Association. 2020.

[3] NYC. OneNYC 2050：EFFICIENT MOBILITY［R］. New York, USA：New York City, 2019.

[4] Annual bus statistics：England 2018/19［R］. Department for Transport, 2019.

[5] TFL. Annual Report and Statement of Accounts［R］. Transport for London, 2019.

[6] 2019 年交通运输行业发展统计公报［R］. 北京, 中国：交通运输部, 2020.

[7] 交通运输部. 2019年12月中心城市客运量[EB/OL]. [2020-05-03]. http://xxgk.mot.gov.cn/jigou/zhghs/202001/t20200120_3326622.html.

[8] LTA. land transport master plan 2040[R]. Singapore: Land Transport Authority, 2019.

[9] 北京城市总体规划(2016年-2035年)[R]. 北京市规划和国土资源管理委员会, 2017.

[10] WRAY S. Pain points, politics and the future of transport[EB/OL]. [2020-05-05]. https://www.smartcitiesworld.net/smart-cities-news/smart-cities-news/pain-points-politics-and-the-future-of-transport-5174?utm_source=newsletter&utm_medium=email&utm_campaign=Weekly%20Newsletter.

[11] SMITH G, SOCHOR J, KARLSSON I C M. Mobility as a Service: Development scenarios and implications for public transport[J]. Research in Transportation Economics, 2018(69): 592-599.

[12] HOLMBERG P-E, COLLADO M, SARASINI S, et al. Mobility as a Service-MaaS: Describing the framework[R]. Gothenburg, Sweden: RISE Viktoria, 2016.

[13] SMITH G, SARASINI S, KARLSSON I C M, et al. Governing Mobility-as-a-Service: Insights from Sweden and Finland[M]//FINGER M, AUDOUIN M. The Governance of Smart Transportation Systems: Towards New Organizational Structures for the Development of Shared, Automated, Electric and Integrated Mobility. Cham: Springer International Publishing. 2019: 169-188.

[14] WONG Y Z, HENSHER D A, MULLEY C. Mobility as a service (MaaS): Charting a future context[J]. Transportation Research Part A: Policy and Practice, 2020(131): 5-19.

[15] Becoming a real mobility provider—Combined Mobility: public transport in synergy with other modes like car-sharing, taxi and cycling…[R]. International Association of Public Transport, 2011.

[16] COLE M. Mobility as a Service: Putting Transit Front and Center of the Conversation[R]. San Diego, CA 92111: CUBIC Transportation Systems, 2018.

第七章 MaaS与智能交通管理

城市智能交通管理系统在信息通信技术发展的大背景下,通过一系列先进技术的应用来最大限度地利用现有的基础设施,为社会经济活动和生活质量增加价值。智能交通管理系统的一个重要的基础支撑就是出行数据,从这个角度而言,MaaS用户如果能够与交通管理部门分享其有关出行的实时数据、位置和目的地等信息,则可以有效地支撑城市智能交通管理系统的运行。反之,如果各种城市道路交通管理措施的信息可以实时反馈给MaaS出行用户,则也可以优化MaaS出行服务。

例如,人们的出行行为与气候密切相关,如果由于天气变暖,某路径上有部分的出行者在日常通勤中选择"共享单车"出行而非自驾车,如果实现了MaaS与智能交通管理系统的数据共享,则交通管理部门能够通过数据预估到这个趋势。而如果交通管理部门能够充分了解这些出行模式,那么就可以采取相应的措施,例如可以在自行车上下班高峰期设置自行车专用车道或禁止路边停车等。

鉴于MaaS的发展对智能交通管理系统存在潜在的推动作用以及智能交通管理系统近年来的发展趋势,本章对智能交通管理系统的发展及未来与MaaS的结合等内容进行探讨。

一、智能交通管理系统的发展

城市智能交通管理系统通过把高新科技手段与最新的交通流优化控制理论等进行结合,对整个城市的道路交通系统进行全面实时监控,优化交通组织和控制,从而实现整个道路交通系统交通流的分布与交通网络通行能力的协调匹配,最大限度地发挥交通网络的通行能力,达到缓解交通拥堵、缩短旅行时间、降低能耗、减少交通事故的目的[1]。

20世纪60年代,随着计算机技术在交通管理领域内的应用,城市交通管理系统开始发展起来,1963年,世界上第一个中心式的交通信号控制系统在加拿大的多伦多建成,该系统将检测器的应用与交通信号控制系统结合起来,基于检测到的交通流信息,利用交通控制方法及通信技术对城市交通流进行适应性控制与管理,可视为现代化交通管理系统的雏形。之后欧美日等发达国家和地区在城市内及高速公路管理中开始逐步发展起智能交通管理系统。

20世纪90年代,随着智能交通系统概念的形成和清晰化,先进的交通管理系统(Advanced Traffic Management System,ATMS)成为智能交通系统的重要组成部分,各个国家的智能交通系统体系框架无不将其作为一个重要的组成部分。

2000年以来,主动交通管理(Active Traffic Management,ATM)的概念开始在欧洲兴起[1],ATM的措施实际上从20世纪70年代就开始在荷兰、德国等部分地区出现。随着各类技术的成熟,进入21世纪以来,ATM开始获得较大规模的应用和越来越多的关注,其中英国、美国等的高速公路系统的ATM系统的建设是比较有代表性的。

主动交通管理包括一系列完整连贯的交通管理措施,它可以对常发和偶发的交通拥堵进行动态的管理,从而发挥现有交通设施的最大效益。通过运用高新科技,自动化地进行动态的调度和调整,在优化了交通系统性能的同时,避免了人工调度的时间延误,提高了交通系统的通行能力和安全性。ATM亦是随着智能交通系统的逐步发展而发展起来的一种交通管理方法。ATM强调的是基于可实现的短时预测对道路交通流进行主动性(Active)的管理,从而有效提高交通运行效率。

ATM主要包括如下一些措施:自适应匝道控制、自适应信号控制、动态车道管理、临时路肩使用、动态限速管理、排队预警、动态信息板和路径引导、道路收费等。美国在欧洲ATM的基础上进行了扩展,形成了针对高速公路的主动交通及需求管理(Active Transportation and Demand Management,ATDM)和针对城市道路的ATDM,针对高速公路的ATDM包括主动需求管理(Active Demand Management)、主动交通管理(Active Traffic Management)和主动停车管理(Active Parking Management),而针对城市道路的ATDM则在此基础上增加了天气管理策略(Weather Related Strategies)[2]。

主动交通管理体现了交通管理理念的进步,提高了交通管理的主动性,而近年来随着智能交通系统的进一步发展,交通管理开始向着交互性的方向发展。

进入21世纪,随着无线通信技术的快速发展,车路通信成为智能交通系统发展的重点之一,研究者由此提出了协同式智能交通系统(Cooperative Intelligent Transportation System,C-ITS)的概念,并且在欧洲等进行了一些研究和示范,而Cooperative的概念也获得众多的关注,美国最新一版的智能交通系统体系框架[3]的名称也改为"Architecture Reference for Cooperative and Intelligent Transportation"(ARC-IT Version 8.3)❶。未来,协同(不仅是车路协同)将成为智能交通管理系统的主题之一。

目前而言,众多城市都在建设智能交通管理系统,而我国近年来出现"交通大脑"等的概念,亦是智能交通管理系统不断发展的体现。而将车(人)路协同纳入智能交通管理系统进行综合考虑,也是未来智能交通管理系统的发展趋势之一。

---

❶ https://local.iteris.com/arc-it(2020年4月访问)。

二 交互式交通管理

TM2.0(Traffic Management 2.0)是2014年起源于欧洲的创新平台❶,目的是在车路协同的背景下推动交互式交通管理(Interactive Traffic Management)的发展,或可视为在主动交通管理(ATM)基础上的一个升级,亦预示着未来智能交通管理系统的发展方向。

交互式交通管理是一个有关交通管理与控制的协作式概念,并非全新出现,之前多年就有研究交通控制与交通诱导一体化等的内容,但目前在技术的推动下,开始成为实际应用的发展趋势,目标是把用户最优和系统最优进行整合。交互式交通管理的一个特点是利用主流社交媒体提供有关各类事件的精准交通信息服务,既要提供出行信息,也要提供一些交通管理的信息(包括有计划或无计划的事件,例如一次连续3d的音乐会、一次周末的施工等),从而改善整体交通系统的运行情况[4]。

未来的交互式交通管理要将传统的管理者由上而下的单向管理变为出行服务供应商、交通管理部门、出行者乃至汽车制造商、交通信息服务供应商等之间的交互式管理。而其目标是实现道路出行者、交通管理者、出行服务供应商等的三赢乃至多赢。

交互式交通管理的几个特点如下。

1)理念转变

传统的交通管理的理念是应用各类管理设施管理和影响道路交通流的运行,出行者被动接受管理措施。近年来随着各个领域理念的转变,交通管理领域的理念也在发生变化,由传统的管理和控制交通流转变为强调支持出行者的出行,即更多地关注支撑出行者实现从A点到B点的良好出行,同时,出行者在交通管理中也不仅是被动的被管理者,而需要在出行前、出行中、出行后积极参与,主要方式是为交通管理者和信息服务供应商提供可以共享的个人出行信息,从而获得更好的交通管理服务和出行信息服务等。

2)数据驱动

传统的交通管理更多的是依靠路上安装的各类检测器进行交通管理与控制措施的优化与实施等,数据类型单一,覆盖范围有限。而近10年来,随着以车辆为基础的浮动车采集技术的成熟,浮动车的数据逐渐成为交通管理中的重要组成部分,而现实中我国也有百度、高德、滴滴等数据提供商在为各地的交通管理部门提供数据支撑,国际上INRIX、HERE等企业都在为全球各地的交通管理部门提供数据支撑,只是目前在数据的深度应用层面上还需要进一步提升。

---

❶ http://tm20.org(2020年4月访问)。

交互式交通管理通过使用新的技术和传感器,使出行者和货物完全成为数据供应链的一部分。这种模式为交通管理和控制提供了巨大的新机遇,一方面,它使信息采集更加便宜、使道路运行更加高效;另一方面,它为用户提供更多的定制、友好和可接受的服务。

而未来,交互式交通管理一方面需要汇集更多已有的数据源来支撑交通管理,例如比利时根特测试的交通管理即服务(Traffic Management as a Service)项目中❶,除传统的检测数据外,新增了如下3种数据来源:①来自一些交通信息服务商的有关交通事故或交通状态的信息(如TomTom、Waze等,我国的百度、高德也可以采集类似数据);②部分地下停车场的车位信息(也包括自行车停车装置);③互联网租赁自行车的数据等。另一方面,交互式交通管理的数据来源应当是基于未来的互联车辆的检测信息,即整合各类车(人)路协同的信息来支撑交通管理的优化和实施。

未来,交通管理措施的出台和实施都应基于实时的海量数据。

3)闭环反馈

目前常规的车辆导航系统利用交通信息向驾驶人提供个性化路线的建议,但是在提供交通管理中心所掌握的交通管制信息等方面尚存在不足,而交通管理部门也无法获得有关个性化出行方面的信息,即缺乏交通管理与出行服务之间的整合。

交互式交通管理旨在形成闭环反馈以更好地推进交通管理和信息服务。道路交通管理部门在政策允许的情况下将各类道路交通管理有关计划等实时发送给出行服务供应商,出行服务供应商在为出行者提供的定制化服务中及时发布和应用这些信息,同时出行服务供应商为道路交通管理部门提供出行需求信息,以便更好地制定交通管理策略,同时导航服务供应商也将提供导航信息。因此,未来的交互式交通管理应该是能够将个人的出行目标(个人用户最优)和路网管理的目标(系统最优)结合起来,形成共赢[5],而交通管理与信息服务也将从当前的开环状态转向闭环状态,如图7-1所示[6]。

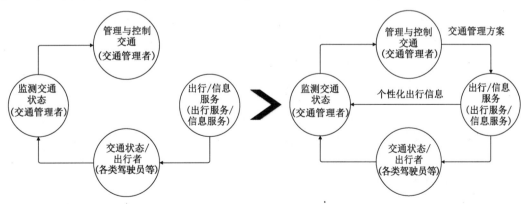

图7-1 从开环(左图)到闭环(右图)的转变

---

❶ https://drive.tmaas.eu(2020年4月访问)。

在闭环情形下,交互式交通管理的流程主要包括[6]:

①从所有可能的数据源采集数据以支持交通管理;

②在交通管理过程,交通管理部门会将获得的数据输入到相应的统计分析模型中;

③在实施交互式交通管理的过程中,将采用全部可能的信息服务方式为各类出行者提供各类出行信息,而且要提供一致精准清晰的信息。

交互式交通管理的闭环流程如图7-2所示[6]。未来要实现数字基础设施、联网的车辆以及出行者、交通管理以及新的出行服务生态系统之间的整合。

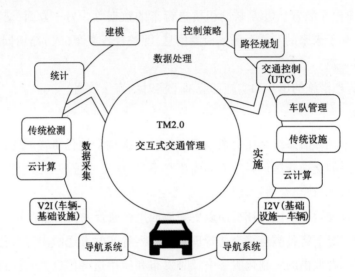

图7-2 交互式交通管理的闭环流程

4)协同集成

未来,交互式交通管理的协同表现在多个层面上,包括车(人)路协同、管理与出行服务的协同等。

传统上,道路交通管理部门一直在监测交通运行情况,然后根据这些监测结果,管理和优化交通流运行,包括流速、流量、流向等的管理与控制;出行服务及信息服务供应商则主要是为出行者提供各类出行的服务。以前二者几乎平行地运行着。

在这种情况下,信息服务供应商无法从道路交通管理部门获取全部有价值的信息,例如交通管制信息、大型活动交通组织信息、交通事故信息、施工安排等,由此导致信息服务商所提供的信息服务在很多情况下存在较大的误差,这也使得当前国内典型的地图导航厂商(百度、高德等)通过发展"众包数据"或"智慧锥桶"等来获取各类相关信息(如事故数据、施工数据等),以解决导航服务中的不足。

近年来随着技术的发展,出行服务供应商与交通管理者之间的联系越来越密切,前述的信息壁垒也在逐步通过各种方式打通。目前阶段二者的协作主要集中在小汽车出行的路线引导等方面,未来,需要扩展到多模式的出行服务上。实际上,对于所有的出行方式,信息服务和路径优化都是需要的,因此,目前应当将信息服务和路径优化从小汽车扩展到多种出行方式[6]。

交互式交通管理为交通管理中的各方提供相应的益处❶,对于出行者而言,将在以下方面有所改善:

(1)避免拥堵,更轻松地驾驶;
(2)在车内接收到精准实时的相关信息;
(3)通过使交通流更加顺畅来提高交通安全水平;
(4)基于交通管理措施选择最优路径。

对交通管理者而言,将在以下方面有所改善:

(1)避免/减少交通拥堵和交通事故;
(2)避免/减少不必要的尾气排放;
(3)更好地实施各类交通管理措施;
(4)获得更为良好的检测信息以改善交通管理;
(5)与交通管理措施相关的信息可以直接发送给驾驶人等出行者。

对交通信息服务供应商而言,将在以下方面有所改善:

(1)为出行者提供更好的路径选择(融合了实时的交通管制措施等);
(2)提供更为丰富的信息(不仅限于道路是否拥堵等);
(3)提前为出行者提供解决方案(最优路径)而不是只告知其将面临的问题(拥堵信息);
(4)区域内的交通管制信息成为综合信息服务的一种。

三、MaaS 与交通管理

1. 概述

交互式交通管理的目标是整合传统的交通管理与出行服务及信息服务等,而 MaaS 被视为未来出行服务的集成者,因此,MaaS 与交通管理之间需要实现良好的整合。

MaaS 的目标是改善城市交通出行服务质量,同时提升环境、生活质量和社会福利等。交互式交通管理(TM2.0)的目标是创建一个协同式的交通管理系统,从而最大效率地利用现有的交通基础设施。交互式交通管理是 MaaS 的有力推动者,而 MaaS 出行者则应该是此交互式交通管理闭环中的有机组成部分。城市交通管理中心通过掌握每个 MaaS 用户(出行者)的出行信息,将出行目的等与交通管理数据进行整合来创建一个整体的交通策略。交通管理和 MaaS 生态系统之间的数据共享将对所有的利益相关者有利,因为交通可以采用一个双赢的策

---

❶ http://tm20.org/general-slides-for-tm2-0-introduction(2020 年 2 月访问)。

略进行调整。城市交通管理部门还将从 MaaS 解决方案中得到关于出行模式的详细分析。

对于交通管理部门来说，基本目标应该是让尽可能多的驾驶人参与到 MaaS 信息渠道中来，从而影响他们的出行行为，使他们的出行行为有利于有效的交通管理措施；例如正确选择路线，或在路网通行能力出现问题时重新安排路线和改变出行模式[6]。对于出行服务供应商而言，基本目标是实现经济利益最大化和吸引新用户。

1) 交通管理对 MaaS 的支撑

交通管理作为 MaaS 的重要基础，可以为其提供如下类型的信息：停车位信息、实时交通状况和预测、事件管理信息、交通预测、区域通行管制信息、交通信号灯信息、交通事件信息等。

当有特定的交通管理场景发生时（例如各类重大活动、交通事故等），交通管理部门将相应事件信息发给 MaaS，MaaS 则将使用一系列方法来影响出行者的出行选择。

设想的场景[5]：当道路交通拥堵在所难免（由于路网通行能力突然下降或需求急剧增加），则通知 MaaS 平台，MaaS 平台在规划、提供出行服务的时候就可以引导出行者避开此地点、避开此时段或采用其他出行方式，例如利用导航设备及时提供信息或给予停车换乘信息等。

对于听从建议的出行者，可以通过 MaaS 平台给予一定的激励，例如积分、使用时长等。

由此，MaaS 可使用交互式交通管理来提高服务的水平（例如提供更精准的信息服务等）。

2) MaaS 对交通管理的支撑

通过 MaaS 系统，未来交通管理的对象不仅是已经在路上的驾车者，也包括计划出行的驾车者；由于 MaaS 直接与每个出行者交互，因此，MaaS 可以在交通管理中开创一个新的领域，可以通过出行服务来实现交通管理优化措施和为终端用户提供先进的信息服务。交互式交通管理是建立在车辆和出行者都联网的基础上，以实现出行服务和交通管理的融合，将个人出行者的行动与整体的出行目标结合起来[5]。

未来，通过 MaaS 的建设实施，交通管理者可以通过联网的车辆和出行者获取更多动态的交通及出行数据，而不仅是传统的断面检测数据等。通过从交通管理部门获取交通管制信息，MaaS 供应商可以为出行者提供更佳的出行信息服务。交互式交通管理使用 MaaS 作为多方式交通需求管理的工具，MaaS 通过无缝使用多种出行服务方式来取代部分小汽车出行，从而使 TM2.0 从传统的道路交通管理过渡到多方式交通管理。

2. MyCorridor 项目

MyCorridor(Mobility as a Service in a multimodal European cross-border corridor)是一个 3 年期的研究项目❶，其目标之一是扩展 TM2.0，融合 MaaS，提供跨国境的无缝出行服务。

---

❶ http://www.mycorridor.eu(2020 年 2 月访问)。

在 MyCorridor 项目中,出行者成为"检测器",可以视为 TM2.1。同时,交通管理者与 MaaS 服务供应商共同协作来提供交通优化服务。

TM2.0 到 TM2.1 的过渡过程大致如下[4]:

(1)TM2.0:整合交通管理数据和浮动车数据(Floating Car Data,FCD),可以生成处理后的交通数据,包括旅行时间和服务水平预测,目前的服务水平和旅行时间,从而实施交通管理措施来优化交通流网络,例如路径诱导、开关车道、道路限速。

(2)TM2.0 与 MaaS 交互:整合的数据被提供给 MaaS 平台,进而提供给出行者,出行者可以通过各类途径获取高质量的信息。

(3)TM2.1:当交通管理者无法对一条道路进行更优管理时(例如道路通行能力不可避免下降时),可以告诉 MaaS 去引导大家改变出行方式(通过信息推送、经济手段刺激等)。

(4)车辆共享和 TM2.0:MaaS 可以应用车辆共享,最终解决交通拥堵。

最终实现从"交互式的道路交通管理"向"多模式交通管理"的转变。

"堵车之战:幕后"——在日复一日的生活中对突发情况的管理案例❶

1)认识乔治

乔治出生在塞萨洛尼基,目前年过50。他一直生活在这个城市,目前是一名独立的承包商。他平时的生活看起来就像铁人三项冲刺,努力在家庭和客户需求之间找到平衡点。他住在城市北部,临近皮莱亚(Pylaia)地区。

除了他热爱驾驶的现实,在他居住的该城市区域中,公共交通所提供的服务无法为其混乱的节奏提供足够的灵活性和出行替代方案。乔治对黑色的德系车情有独钟,他总是给它们起一些有趣的名字。但不幸的是,上周五他的车基特(Kitt)被一辆货车撞了,目前正在服务处排队等候一些新的部件。

明天就是新的一周了,乔治需要在8:00到达学校,然后他需要带他的母亲去看医生,11:30在市中心还有个会议。下午在带着孩子们回家后,还有一件更有挑战性的事情:他最喜欢的乐队要在港口区进行露天表演,他绝对不能错过。

2)MyCorridor 应用

幸运的是,MyCorridor 的应用 MyOSS 支持乔治应对这种紧张的情况。

(1)乔治首先登录 MyOSS,并注明了他首选的交通方式分别是汽车共享服务、公共交通和步行。为了使他的出行方式更加个性化,他在路径首选项中选择了"最快"选项,最后,乔治选择使用银行卡进行支付以便快速完成订单。

---

❶ www.mycorridor.eu/wp-content/uploads/2019/01/TM2.1-Use-Case-guide.pdf(2020年4月访问)。

(2)乔治在出行规划时也会考虑环境问题。他选择的产品和服务都是对环境影响较小的。同时,他认为以下几点也是非常重要的:接收实时交通通知信息、获取出行信息(如出行时间和停车位)、重新规划路线的策略。

(3)设置好自己的资料及偏好等特征后,乔治便开始使用 MyOSS 的首页,乔治选择了"MaaS on the Go",通过 App 的行程规划机制来调整今天的行程。他的第一条路线是通过塞萨洛尼基环形公路,该公路连接 Pylaia 和市中心,可容纳约 40% 的公路出行。乔治估计从他家出发的比较好的时间是 7:00。

(4)MyCorridor 通过匹配,为乔治提出了以下建议,作为最佳的替代路线:

① 从他家到最近的拼车场拼车;

② 从共享停车场步行到学校(5min)。

他只需 30min 就能到达目的地。

(5)乔治选择了 MyCorridor 建议的出行套餐,点击"继续"。

他现在可以查看所有的行程段(可以向下滚动查看所有内容)。乔治点击"购买",查看为他提供代步服务的服务商。评估了价格和获得的星级数后,乔治选择购买由市政府提供的汽车共享服务,点击供应商的名称,然后点击"继续"。

3)旅行开始了

乔治选择在地图上显示附近的停车位,他预订了最近的车,然后去取车。

在驾驶过程中,乔治收到了 MyCorridor 提供的一条交通管理服务通知:在他通往目的地的环城路上发生了一起事故。

该通知同时建议他走另一条捷径,以避免交通拥堵和事故点。乔治按照捷径的路线前进。当乔治听着收音机里传来的关于拥堵严重性的信息,而自己接到通知及时更改路线到达目的地的时候,心里松了一口气。

行驶过程中,乔治启动了"驾驶模式"下的"交通信号灯辅助"功能,选择了获取"绿灯最佳车速建议"和"剩余红灯时间"。乔治非常清楚,在城市主干道上行驶时拥堵将导致最高的单位里程燃料消耗,原因就是车速波动较大及在交叉口的频繁停车。在城市街道上减少过度"停车-起步"的方法之一就是优化信号配时。MyCorridor 考虑了驾驶行为的变化以实现信号控制交叉口的效率最优。

一天快过完的时候,乔治准备前往港口地区观看露天演唱会,多亏了 MyOSS,乔治得知港口的停车场没有停车位,自驾车去港口的时间也将越来越长,因此他决定乘坐公交车前往并持续使用 MyOSS。

4)幕后的"魔法"

乔治确实对其获得的出行服务非常满意,尽管他不知道有多少人创造了该"幕后的魔法",以保证他能得到最好的个性化出行选择。他们属于我们所说的"MaaS价值链中的MaaS助力者",处理基础设施管理、数据、模型、规划、需求分析、交通管理、事故管理和综合出行服务。

交通管理与MaaS之间的互动是双向的：一方面,交通管理推动了MaaS,将汽车作为产品的一部分,但在保证服务质量的同时,促进了模式转换并实现了城市和城际道路设施的无缝使用;另一方面,通过MaaS进行交通管理,从传统的交通管理模式向跨方式的交互式交通管理演进。

(1)乔治在驾驶共享汽车时,收到了MyCorridor的交通管理服务通知,告知他在通往目的地的环城路发生了一起事故,通知中同时建议他走另一条捷径,以避免交通拥堵,绕过事故。

这是如何实现的呢？

交通管理中心利用线圈、雷达及外部服务商提供的浮动车数据等来自不同来源且不断更新的交通数据,当发生事故等异常情况时,交通管理中心会向MyOSS后台发出建议。该建议可能涉及车内虚拟的VMS消息或停车换乘等。

MyCorridor平台会将推荐信息匹配到具体的终端用户行程。相应地,推荐信息会以文字通知的形式推送给感兴趣的驾驶人(如乔治)。

交通管理策略是由集成在MyCorridor平台上的"决策支持系统"(Decision Support System,DSS)产生的。DSS在系统中应用由特定交通状况产生的触发机制,如果达到某策略激活条件,则会激活相应策略。

(2)行车过程中,乔治启动了"交通信号灯辅助"功能,MyOSS向其提示"绿灯最佳车速建议"和"剩余红灯时间"。

这个功能是如何实现的呢？

MyOSS能够找到第三方的车载应用(如交通信号灯辅助),如果驾驶人已经购买/选择了这个应用,那么MyOSS就可以将其呈现给驾驶人。

交通信号灯辅助是一个V2I(Vehicle to Infrastructure,车辆与基础设施互联)应用,车辆内嵌的交叉口交通信号灯显示当前的信号相位状态(红、黄、绿)和该相位的剩余时间。当汽车接近和离开信号交叉口时,联网的车辆可以利用这样的数据来支持生态友好型的速度轨迹。

(3)得益于MyOSS,乔治被告知港口停车场没有停车位,而自驾出行到达港口的时间越来越长,所以他决定乘坐公共交通前往,且一直使用MyOSS。

这是如何实现的呢？

交通管理中心利用了一系列来自不同来源的不断更新的交通数据以及停车位数据等。

这些交通信息可能涉及事故、服务水平和指定路径的行驶时间、停车位等,它们会被反馈到MyCorridor后台。这些信息是用于向终端用户发布的,但也可以通过MyOSS很容易地传递给所有感兴趣的利益相关者,例如公共交通运营商。

交通管理平台是一个集成的、模块化的解决方案,用于交通监控、管理和控制、事件管理、提供实时交通和出行信息、交通模型管理、实时运营和预测,还包括决策支持系统。交通管理平台采用相应的标准(通道、数据模型、数据交换规范)来整合数据。

5)幕后

MyCorridor的背后主要是交通管理者使用的"交通管理平台"和通过"MyCorridor"为终端用户提供的交通相关服务,MyCorridor的系统架构如图7-3所示。

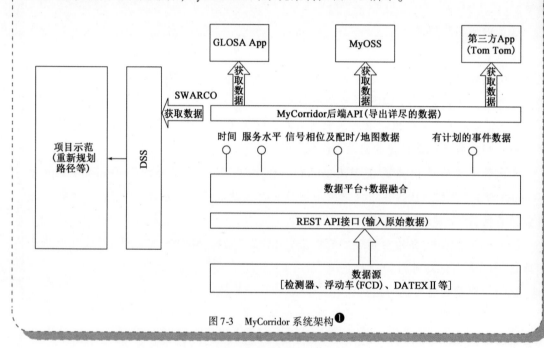

图7-3 MyCorridor 系统架构❶

本章参考文献

[1] 李瑞敏. 城市道路交通管理[M]. 北京:人民交通出版社, 2009.

[2] HALE D, MAHMASSANI H, MITTAL A. Active Transportation and Demand Management Analytical Methods for Urban Streets [R]. Reston, VA, USA: Federal Highway Administration, 2017.

[3] Architecture Reference for Cooperative and Intelligent Transportation [M]. U.S. Department

---

❶ www.mycorridor.eu/wp-content/uploads/2019/01/TM2.1-Use-Case-guide.pdf(2020年2月访问)。

of Transportation. 2019.

[4] COCONEA L, VREESWIJK J, REHRL K, et al. TM2. 0 as an enabler of MaaS and its employment in MyCorridor [C]. 25th ITS World Congress. Copenhagen, Denmark. 2018.

[5] COCONEA L, MIZARAS V, TURETKEN O, et al. Traffic Management: the invisible actor in the MaaS value chain [C]. mobilTUM 2019-International Scientific Conference on Mobility and Transport. 2019.

[6] LEONARD S, COCONEA L, MIZARAS V. Traffic Management 2. 0-Mobility as a Service Task Force final report [R]. 2019.

第八章 MaaS的潜在用户

MaaS的发展需要众多层面的支持,例如不同利益相关者的紧密合作、发展初期充足的资金支持、跨多个利益相关者的数据共享等,与此同时,还有一个影响MaaS的发展是否能够成功的关键就是MaaS的潜在用户。由于MaaS的根本目标之一是实现可持续的交通发展,即在一定程度上减少使用小汽车的出行量,因此,如何通过提供良好的服务来明确MaaS的服务对象和服务群体,是MaaS发展的关键之一。

出行者对于不同的出行服务方式的关注点不同。出行者对公共交通的关注点主要聚焦在更频繁的服务、减少旅行时间、更便宜的票价、更好的换乘服务、由单位提供的车票、提高公共交通的可靠性,而小汽车用户则更多喜欢其灵活性、速度、可靠性、私密性和运输货物的机会,其他交通方式的用户通过环境考虑、价格、灵活性、健康、速度和舒适性来证明出行方式选择的合理性。

笼统而言,MaaS的用户可以是全部有需求的出行者,无论其过去或未来的出行方式如何。然而,如果MaaS的作用只是为一直使用公共交通的出行者提供一个新的预订、购票和支付平台的话,则MaaS也就失去了其巨大的价值。因此,MaaS应当包括特定的用户群体,以便通过提供良好的出行服务来改变部分出行者的出行方式选择等,从而实现可持续交通的发展目标。

一、MaaS的出行服务方式

基于目前示范或实施的各个MaaS出行服务项目,从支付方式上来看,MaaS主要分为两种:①即走即付;②出行(包月)套餐。与已有的各类出行服务相比,即走即付并无较大的区别,而出行套餐或可视为MaaS的出行服务的一个特色,在探究MaaS的潜在用户之前,看看出行套餐的潜力或许是需要分析的一点。

出行套餐已经在多个MaaS的实验项目(如UbiGo)和应用项目(如Whim在赫尔辛基)中

得到了应用。MaaS 的出行套餐将尽可能为出行者提供全部的出行选择,包括价格比较高的网约车、出租车等。但是,购买这样的出行套餐还存在如下一些挑战:例如技术的进步使得获取需求响应型服务变得更为容易;或者说虽然出行套餐的价格是合理的,但是使用包罗万象的出行套餐的出行者的数量有限。例如,在 2019 年初,MaaS Global 在英国西米德兰兹郡改变了它的重点,由于订阅量低而取消了无限制的出行套餐,目前正考虑尝试一种不同的产品[1]。

与即走即付相比,出行套餐的潜在优势包括:套餐的服务有折扣、根据个人出行需求进行订阅、取消出行比较灵活、可进行预算控制等。然而,也存在一些不足,例如如果套餐余额不能累积,则用户为了尽量用完套餐会增加一些出行,而且如果套餐中包括较多的基于小汽车的出行选择,则可能增加用户基于小汽车的出行次数等。

有研究[2]探讨了出行套餐到底有哪些优势,或者说出行者为何更接受出行套餐,结果发现,如果将公共交通、汽车共享、停车换乘服务打包提供,而不是单独提供,这些服务的价值会显著提高。共享单车、共享电动自行车和出租车服务的估值较低。潜在消费者对于集成服务、管理票务和支付的智能手机应用程序也表现出很高的支付意愿。基于预订的包括各种出行方式的纯打包服务不一定是最优策略。该研究建议将公共交通、汽车共享和停车换乘打包,而共享自行车等还是设置为即走即付的方式。

另有研究[3]基于澳大利亚提供通勤服务的供应商的情况,探讨了用 MaaS 的套餐包取代通勤交通的结果,发现需要的费用更高,因此,用 MaaS 取代通勤交通可能并非易事。

也有学者利用基于大伦敦地区的调查数据[4]探讨了 MaaS 套餐是否能够带来共享出行方式的发展。结果显示,即使受访者不喜欢在他们的 MaaS 计划中加入共享出行方式,但有相当多的受访者愿意订阅包含这些出行方式的计划。一旦他们订阅后,超过 60% 的人表示,如果他们的 MaaS 计划中包含了他们以前不使用的交通方式,他们会愿意尝试一下。这些初步结果表明,MaaS 捆绑计划确实可以作为一种出行管理工具,向更多的出行者推广共享出行方式。

不同的人对套餐有不同的偏好,原来乘坐出租车多的更喜欢出租车多的套餐,而原来乘坐公共交通的则更喜欢公共交通的套餐。

二、用户意向调查

从目前全球完成的几个 MaaS 的示范和 MaaS 的初步运行结果来看,在一定群体内和一定程度上能够实现 MaaS 的发展目标。然而 MaaS 在不同的城市将面临不同的情况,除了与各个城市的基础设施、交通政策、法律法规等密切相关外,MaaS 的运行和发展根本上还受到出行者出行特性、选择偏好等的影响,例如 Whim 在英国西米德兰兹郡的运行模式(套餐模式等)与赫尔辛基就有所不同。

出行者是否选择 MaaS 或者说是否通过选择 MaaS 来改变出行方式,实际上受到各种影响出行方式选择的因素的制约,而影响出行方式选择的因素众多,大体有如下一些方面[5]:

(1) 出行方式的选择往往是基于过去和常规行为的选择,人们在选择出行方式时,会选择之前采用过的顺畅、轻松、舒适的出行方式,尤其是通勤出行,出行者往往不会在其出行方式的选择上花费较长的时间和较大的精力,故有一定的选择惯性;

(2) 出行行为在很大程度上受出行者自身长期的生活决策所影响,这限制了一个人可支配的出行方式的选择范围;

(3) 当出行者生活中的某些重要方面发生变化(例如组建家庭、更换工作或搬家等),或者是有了影响较大的激励措施或限制措施时(例如机动车限号等),则有可能在很大程度上改变出行行为。

MaaS 的一个关键问题是,有多少出行者将接受 MaaS 提供的取代私人小汽车出行的行为,而在不同的出行者群体中,又有多少会接受 MaaS 的服务?因此,部分城市为了在 MaaS 运行前对 MaaS 在未来的受欢迎度等有一个初步的了解,进行了有关本地出行者对 MaaS 接受度的调查,这里主要以英国的伦敦等城市、澳大利亚、荷兰等的调查结果为例进行简单介绍。

1. 英国

1) 伦敦

在伦敦进行的一项调查包括多个方面[6],其中一个方面是有关伦敦出行者对 MaaS 的态度和 MaaS 时代的小汽车保有情况的调查。一共有 1570 个被访者,343 个是基于智能手机调查的,1227 个是基于网络调查的,他们都是 18 岁以上。被访者的社会人口学特征与城市整体情况相近。

(1) 对 MaaS 的态度。

总体来看,伦敦人似乎愿意使用 MaaS,因为他们相信这项服务可以为他们的日常出行提供良好的灵活性,消除一些与出行相关的痛点,总体上提高日常出行的质量。某些因素有可能促使人们订阅 MaaS,而另一些因素则可能阻止他们订阅 MaaS。

①43% 的被访者同意"如果 MaaS 有折扣我会订阅其套餐",但是也有 38% 不同意;30 岁以下对价格最敏感的年龄组,同意订阅的比例上升到 55% 以上;但 50 岁以上的被访者有 50% 不同意,可能是因为有较高的收入,或者是 MaaS 的折扣不足。

②36% 的被访者同意"MaaS 的特价优惠会驱动我订阅 MaaS 服务",41% 的被访者不同意;30 岁以下的被访者有 51% 同意。

③52% 的人同意"会担心 MaaS 套餐不够用",26% 的不会担心,担心的人主要是担心用完套餐后会如何?(其实和移动通信一样),因此,MaaS 服务供应商也需要提前思考如何应对这个问题;30 岁以下的被访者有 60% 同意这个说法,不同意的只有 17%。

④49%的人同意"订阅MaaS后会有被困的感觉",25%的被访者不同意。40岁以上的被访者同意的比例稍微大点(51%)。

⑤40%的被访者同意"我愿意尝试MaaS中包括的以前没有使用过的出行方式",39%的被访者不同意。40岁以下的被访者有50%愿意尝试。

⑥31%的被访者同意"如果MaaS按里程给折扣的话,则会更多地骑自行车",30岁以下的被访者有48%同意;50岁以上的被访者只有19%同意。

调查结果亦表明,一个有效的MaaS系统必须包括公共交通,绝大多数参与者更喜欢包括这些公共交通出行方式的计划。MaaS计划中某些出行方式组合会比其他的组合更受欢迎,计划中包含的出行服务方式对各出行服务方式使用的影响很大。例如:最受欢迎的MaaS计划包括公共交通、汽车共享和出租车,26%的受访者选择了这个计划。前3位受欢迎的MaaS计划都包括公共交通,因此,与其他出行方式相比,这些计划增加了公共交通的使用量。

(2)对汽车保有情况的影响。

对于MaaS对小汽车保有量的影响,调查结果显示MaaS可以让更多的人使用公共交通和共享交通模式,约一半的受访者同意,如果MaaS计划包括这些出行方式,他们将尝试这些以前不使用的方式。

调查中将被访者分为有车的被访者和无车的被访者,对于有车的被访者:

①47%的人不同意"MaaS有助于降低我对小汽车的使用",但是也有33%的人同意;

②30%的人同意"MaaS能够解决我日常生活中拥有一辆小汽车的所有麻烦";

③26%的人同意"在未来数年内如果我能无限地使用共享汽车,我会卖掉我的车",但有61%的人不同意;

④30%的人同意"我愿意把我的车租给MaaS的其他用户来获得一定的收益",但是51%的人不同意。

对于无车的被访者:

①36%的人同意"如果有MaaS我会推迟购车",但是也有36%的人不同意;伦敦中心区同意的比例反而更少(可能因为收入较高),同意的人里面,30岁以下的人占38%;30~39岁的人占50%。

②40%的人同意"如果有MaaS可用我根本不需要购车",但是也有26%的人不同意,这体现了MaaS对于购车意愿还是有一定的影响;年轻人同意的比例高,47%的30~39岁的人同意,43%的30岁以下的人同意。

(3)对出行方式转移的影响。

针对MaaS对出行方式转移的潜在影响,根据被访者当前主要使用的出行方式将被访者分为日常使用公共交通、日常使用小汽车的两大类出行者。

对于目前日常使用公共交通工具的被访者:

①28%的人表示,如果有MaaS,他们会更多地使用公共交通工具;

②23%的人表示,这很可能对他们的公共交通工具使用没有影响;

③22%的人表示,很可能会用出租车代替部分公共交通工具;

④14%的人表示,他们很可能会更多地使用共享自行车,这表明MaaS可以帮助增加慢行交通方式的使用量;

⑤12%的人表示,MaaS将让他们用汽车共享代替部分公共交通使用。

注意前述结果中,有34%的经常乘坐公共交通的被访者表示,如果MaaS提供相应的选择,他们会选择汽车共享(12%)和出租车(22%)来代替他们目前使用的公共交通。

这与其他很多受访的专家的担忧类似,如果MaaS让基于小汽车的出行(如汽车共享、出租车等)更容易实现的话,则会推动原来乘坐公共交通工具的人选择小汽车出行。而MaaS中基于小汽车出行所可能带来的盈利还会加重这种效果。这是MaaS发展中要实现其社会效益必须关注的问题。

对于目前日常使用小汽车的被访者:

①35%的受访者表示,如果有MaaS,他们将用公共交通工具(公交车、地铁、铁路)代替小汽车(18%转向公交车,17%转向地铁和铁路);

②13%的人表示他们的小汽车使用不会受到MaaS的影响;

③17%的人会用自行车代替小汽车出行,还有17%的人会在出行时多走路;

④如果有MaaS支持,11%的人会选择乘坐出租车(包括叫车服务)而不是私家车。

总的来说,尽管关于MaaS还有很多需要学习的地方,但是这项研究提供了一些令人振奋的结论。折扣(来自套餐服务)可以激励个人(尤其是年轻人)加入MaaS,且更多地使用公共交通和慢行交通方式。MaaS计划可以通过向人们提供他们以前没有使用过的出行服务方式来帮助平衡出行方式分担率。最后,如果设计、结构和定价合适,MaaS可以帮助私家车主减少对私家车的依赖,推迟或减少无车者的购车需求,从而减少对私家车所有权的需求。

2) 泰恩赛德

2018年在泰恩赛德的一个调查发现[7],在当前的出行模式对MaaS的影响方面,有如下发现:

(1)有车群体中,选择出行套餐服务的占32%,选择即走即付的占13%,共计45%的被调查者会考虑使用MaaS,而选择MaaS的比例随着被调查者每周使用汽车天数的增加会减少;

(2)随着每周使用公共交通频次的增加,被调查者中选择MaaS的比例也在增加,有意思的是,有20%不使用公共交通的被调查者也表示会选择MaaS套餐,这意味着MaaS有可能提高公共交通的使用率;

(3)经常使用出租车或Uber的人也会比较喜欢MaaS,例如降价10%~20%会很具有吸引力。

而在社会人口学特性对MaaS的影响方面,则有如下发现:

(1) 家庭拥车特性:分为无车、车不足(车辆数小于家庭驾照数)、车充足(车辆数等于家庭驾照数)等不同类型,把经常用车的和很少用车的家庭合在一起来分析,结果发现,当使用频率相同时,车不足和车充足的家庭选择 MaaS 的比例几乎差不多,但是具体是选择出行套餐还是即走即付则不同,车充足的被调查者更喜欢即走即付的方式。

同时,车充足的被调查者比较容易接受 MaaS,而车不足的被调查者比较难以接受 MaaS(低于平均值),似乎与常识不符,但是也与一些发现吻合,例如 MaaS 可以很好地替代家里的第 2 辆车,但是无法替代唯一的一辆车。则车充足的被调查者容易接受 MaaS 意味着可放弃第 2 辆车。

(2) 年龄:在经常使用车辆的被调查者中,年龄影响较大,越年轻选择 MaaS 的比例越高。使用 Logit 模型进行定量分析发现,老年人不容易接受 MaaS,而 MaaS 对年轻人吸引力较大;使用智能手机并且每天使用网络的人更容易接受 MaaS。

(3) 公共交通使用情况:对于拥车情况一致的家庭而言,日常使用公共交通越多则越可能选择 MaaS。

在 MaaS 提供的具体服务对 MaaS 的影响方面,调查结果显示,被调查者更希望套餐里的免费自行车和汽车共享的时间更长一些。对于即走即付,如果没有折扣,即只是把所有的出行方式整合到一个 App 中,则其吸引力不大。

用文字出现频率分析拒绝使用 MaaS 的原因和障碍,悉尼 3/4 的拒绝 MaaS 的被调查者的原因是有私人小汽车,而在泰恩赛德这个比例是 1/2。

选择套餐的人更容易更多地使用公共交通,而选择即走即付的人则会较多地维持现状;而且目前的支付系统对选择 MaaS 的人使用公共交通有影响,如果目前公共交通管制和集成良好,则通过 MaaS 增加的公共交通使用量的比例不大(对于选择即走即付的人)。

MaaS 的套餐包里是否包括公共自行车对于"最后一公里"的选择有影响,如果包括的话则会有较多的人认为可以改善"最后一公里"的出行。

如果想通过 MaaS 改善可持续交通,则需要考虑提供免费的可持续交通出行方式,例如公共自行车免费等。

2. 澳大利亚

为了探讨 MaaS 未来在澳大利亚的发展可能,进行了出行者的调查[8],约 4000 人在线参加调研,全部为 18 岁以上,51% 为女性,80% 有 1~2 辆小汽车,平均年龄 46 岁,18% 的被访者年龄在 65 以上。80% 的被访者来自城市及郊区,20% 的被访者来自乡村。调查对象 90% 有驾照,平均每个家庭有 1.6 辆车,13% 的人有摩托车。被调查者中只有 4% 的人知道 MaaS 的概念,而其中一半的人只是略有了解。

通过调查,有如下发现:

(1) 年轻人比老年人(65 岁以上)更容易接受 MaaS。

(2) 与伦敦的调查对比,伦敦的调查发现大多数人都接受 MaaS 中包含自行车共享,可以将自行车作为短途出行的工具,而大多数澳大利亚人则拒绝 MaaS 产品中包括自行车共享。

(3) 澳大利亚人非常喜欢包含公共交通工具的 MaaS 产品。

(4) 澳大利亚的被调查者高度重视实时信息和个性化的潜力。

(5) 在被调查者选择的 MaaS 模式中,无缝规划、预订和支付的功能很受欢迎。

(6) 自称出行成本较高的客户采用 MaaS 的意愿较为强烈。

(7) 大多数被调查者对用于社会活动的出行选择 MaaS 感兴趣,而不是一般的通勤。

(8) 在 MaaS 产品中,自行车共享是客户最不喜欢的交通方式。

(9) 倾向于即走即付的人数是倾向于预付费套餐的人数的 2 倍。

(10) 30 岁以下的被调查者 40% 会使用 MaaS,而 65 以上的被调查者只有 14%。

(11) 大部分的人不同意"对我而言,用共享汽车代替私人小汽车是一个好的选择"的说法。

(12) 被调查者认为 MaaS 中重要性排名前 3 位的功能是获得实时信息并能够动态更新、改变出行行为的激励措施以及增加安全保障的特殊服务,集成零售、旅游等功能的重要性则是排在最后。

(13) 被问及什么样的出行会考虑 MaaS 时,被选最多的是社交出行:吃饭、看电影、去酒吧等。只有 20% 的被调查者会使用 MaaS 用于上下班、上下学等通勤出行。

(14) 向被调查者询问他们希望由什么单位提供 MaaS 出行服务时,37% 的被调查者没想法,接近一半的被调查者希望由在政府监督下的私营企业或社区组织来提供。

(15) 提供即走即付类型的 MaaS 有 30%~46% 的接受度[取决于是否有一点点的月租费 (0~10 澳元/月)]。

(16) 年轻人和中年人(无论是否已婚,无论有无小孩)都更容易接受 MaaS。受教育水平越高的人越容易接受 MaaS。

(17) 目前的出行模式和对已有交通系统的评价(态度)将显著影响被调查者对 MaaS 的态度,例如对现状公共交通不满意的人不愿意使用 MaaS,不觉得小汽车共享是个好主意,更喜欢自驾车。

(18) 被调查者对当前的出行费用感知程度越高,则越愿意使用 MaaS,结合前面的发现,如果能够让目前的小汽车拥有者对其真实成本有更好的感知,则更容易接受 MaaS。

3. 荷兰

2018 年在荷兰的托亨博斯市的一个区域,研究者通过定量的调查和小组讨论探讨了荷兰居民对 MaaS 的态度,尤其关注居民有多大意愿使用 MaaS[9]。调查的区域是个城市新区,有 3130 位居民,混合土地使用,紧靠中心火车站和高速道路。研究中既有纸质调查也有在线调查,最后回收 568 份问卷。

在调查中,首先为被调查者提供有关 MaaS 的描述,然后提出调查问题,结果只有 20% 的被访者愿意(或非常愿意)考虑 MaaS(在有 MaaS 的时候)。60% 的人没有热情,20% 的人不确定。但是当被问及如果实施 MaaS 是否愿意收到通知的时候,有 46% 的人回答"是"。

超过一半(60%±4%)的人不愿意放弃自己的小汽车以换取对其他出行方式的使用,而近 70% 的人认为小汽车代表了一种自由。

从来没有用过汽车的人非常愿意使用 MaaS,而天天驾车的人并不愿意使用 MaaS。经常使用公共交通和火车的人以及对环境和健康出行方式比较关注的人会愿意使用 MaaS,而认为灵活性非常重要的人则不愿意使用 MaaS。因此,MaaS 对于热衷小汽车的人可能是无能为力的。

另有来自荷兰的研究显示[10],受访者并不倾向于订阅出行套餐这种服务。服务本身的属性,尤其是每个月的总价格,以及社会影响的变量会影响到对 MaaS 的接受度。而公共交通是最受欢迎的交通方式,其在 MaaS 平台中将扮演关键的角色。

三、潜在用户分析

从出行者的角度而言,对 MaaS 的期待主要有如下几个方面[11]:

(1)值得信赖:MaaS 应当确保能够提供实时的、高质量的信息,有良好的品牌,以公平的价格提供可靠的交通出行服务。

(2)简单易用:在出行者决策过程中,应当能够以一种简单、用户友好、方便的方式提供一站式服务。

(3)公正全面:MaaS 必须是公正的,能够使用所有可获得的出行方式,将效率和可持续性置于商业利益之上。

(4)足够灵活:MaaS 必须能够适应不断变化的出行者需求,并且能够考虑公平的价格和个人偏好。

另有研究表明[12],影响对 MaaS 的态度的主要因素是心理需求,尤其是对其自主灵活性及其出行服务能力方面的优势的期待。需要注意的是,不同类型的出行者对 MaaS 可能有不同的要求。例如,商务旅行者可能看重的是可靠性、及时性、排他性和隐私性,而学生可能追求的是经济承受能力和合乘共享的社会环境品质[13]。这种不同出行者潜在的利益冲突凸显了开发一种灵活服务的必要性,即根据目标群体的人口社会属性、出行原因和目前的出行行为等,为其提供多样选择的服务。

在第三章中提到,MaaS 对于 4 类不同的用户都有一定的效果,例如实验结束时,各类用户驾车的次数都比预期的少,有些参与实验者表示,他们会推迟购买汽车,而另一些参与实验者则在发现公共交通效果不错后,开始使用公共交通。也有研究发现[14]:男性、高收入者和有孩子的家庭是降低使用 MaaS 意愿的社会人口统计学方面的因素;低收入者、没有汽车、年轻无子女和具有环保意识是增加使用 MaaS 意愿的因素。然而,也有不同的研究结果,例如有研究认为年轻人可能是 MaaS 的主要用户,但是也有人认为年轻人能力有限,商务人员或旅游者可能更倾向于使用 MaaS。

另一方面,由于 MaaS 套餐需要包括尽可能多的出行选择才能够更好地体现其价值,这可能意味着 MaaS 套餐的目标出行者主要局限在城市中的某一些地区,在这些地区,提供全方位的出行模式(例如城市中心区)更为经济,同时也针对那些精通技术、较早采用 MaaS、可支配收入相对较高的人群[1]。因此,这可能会使残疾人、收入较低的人以及居住在较不集中和人口稀疏的城市地区的人被排除在 MaaS 的用户群体之外。

澳大利亚的研究也发现[8],潜在的 MaaS 的早期使用者可能包括对成本特别敏感的大学生、更倾向于多式联运的年轻的城市专业人士,以及更普遍的、特别精通技术、渴望尝试新技术和新服务的年轻人。

当然,MaaS 的潜在用户与 MaaS 所能够提供的服务也有一定的关系,例如在郊区,虽然无法提供多种的出行方式,但是针对当前的公共交通服务,如果 MaaS 能够提供很好的接驳或者替代方式,则也会吸引到相应的群体使用 MaaS。

例如 UbiGo 的实验表明[15],MaaS 运营商的收入应该是来自使用私人小汽车出行者的车辆拥有成本与使用其他出行服务之间的费用差,而非仅赚取转售出行服务交易的中介费。这就意味着目标用户既不是那些天天依赖小汽车出行的家庭,也不是已经在天天使用公共交通的用户,而是一些较为灵活的出行者,他们经常使用私人小汽车之外的出行方式,这些用户会体验到 MaaS 的良好服务,然后就会有良好的支付意愿。

另一方面,MaaS 的潜在用户群体也会受到目前其出行行为的影响:很多研究表明,与新的行为相比,人们更愿意保持现有的行为,这称为"现状偏好",因此,对于现在出行就是使用公共交通的或者现状在出行习惯进行出行方式选择的人,以及现在就在一次出行中使用多种出行方式的人,他们可能更容易接受 MaaS 的服务。而目前不使用公共交通的人可能成为使用 MaaS 的障碍。现在拥有汽车并且频繁使用的人,且很少使用公共交通的人,是很难接受 MaaS 的。也有人认为休闲出行或者一些临时性的出行更适合 MaaS,而常规的上班、上学出行不容易使用 MaaS[16]。

从年龄构成上而言,Whim 的结果表明(详见第二章),MaaS 的用户群体中年轻人的比例明显超过总人口中年轻人的比例,相应的老年人的比例则远小于总人口中老年人的比例,说明这种严重依赖高科技(智能手机等)的平台的潜在用户群体确实有一定的特殊性。

本章参考文献

[1] LINTON C, BRAY J. MaaS Movement? Issues and Option on Mobility as a Service for City

Region Transport Authorities[R]. Leeds, UK: Urban Transport Group, 2019.

[2] GUIDON S, WICKI M, BERNAUER T, et al. Transportation service bundling-For whose benefit? Consumer valuation of pure bundling in the passenger transportation market[J]. Transportation Research Part A: Policy and Practice, 2020(131):91-106.

[3] MULLEY C, HO C, BALBONTIN C, et al. Mobility as a service in community transport in Australia: Can it provide a sustainable future?[J]. Transportation Research Part A: Policy and Practice, 2020(131):107-122.

[4] MATYAS M, KAMARGIANNI M. The potential of mobility as a service bundles as a mobility management tool[J]. Transportation, 2019, 46(1951-1968).

[5] STORME T, DE VOS J, DE PAEPE L, et al. Limitations to the car-substitution effect of MaaS. Findings from a Belgian pilot study[J]. Transportation Research Part A: Policy and Practice, 2020(131):196-205.

[6] KAMARGIANNI M, MATYAS M, LI W, et al. Londoners' attitudes towards car-ownership and Mobility-as-a-Service: Impact assessment and opportunities that lie ahead[R]. London, UK: MaaSLab-UCL Energy Institute Report, Prepared for Transport for London, 2018.

[7] HO C Q, MULLEY C, HENSHER D A. Public preferences for mobility as a service: Insights from stated preference surveys[J]. Transportation Research Part A: Policy and Practice, 2020(131):70-90.

[8] VIJ A, SAMPSON S, SWAIT J, et al. Mobility as a Service in Australia: Customer insights and opportunities[R]. Melbourne, Australia: ITS Australia, 2018.

[9] FIOREZE T, GRUIJTER M D, GEURS K. On the likelihood of using Mobility-as-a-Service: A case study on innovative mobility services among residents in the Netherlands[J]. Case Studies on Transport Policy, 2019(7):790-801.

[10] CAIATI V, RASOULI S, TIMMERMANS H. Bundling, pricing schemes and extra features preferences for mobility as a service: Sequential portfolio choice experiment[J]. Transportation Research Part A: Policy and Practice, 2020(131):123-148.

[11] Ready for MaaS? Easier Mobility for Citizens and Better Data for Cities[R]. Brussels, Belgium: UITP, 2019.

[12] SCHIKOFSKY J, DANNEWALD T, KOWALD M. Exploring motivational mechanisms behind the intention to adopt mobility as a service (MaaS): Insights from Germany[J]. Transportation Research Part A: Policy and Practice, 2020(131):296-312.

[13] SOCHOR J, KARLSSON I C M, STRÖMBERG H. Trying Out Mobility as a Serviceexperiences from a Field Trial and implications for Understanding Demand[J]. Transportation

Research Record: Journal of the Transportation Research Board, 2016(2542):57-64.

[14] ROBINSON D. Mobility as a Service: segmenting preferences for transport usership [D]. Hasselt, Belgium: Hasselt University, 2018.

[15] HOLMBERG P-E, COLLADO M, SARASINI S, et al. Mobility as a Service-MaaS: Describing the framework [R]. Gothenburg, Sweden: RISE Viktoria, 2016.

[16] HARMS L, DURAND A, HOOGENDOORN-LANSER S, et al. exploring mobility-as-a-service: Insight from Literature and Focus Group Meetings [R]. Den Haag, Netherlands: Netherlands Institute for Transport Policy Analysis (KiM), 2018.

第九章 MaaS的未来

未来,我们的出行将何去何从?

目前,在汽车制造商、互联网巨头(如 TNC 们)、高科技玩家、咨询单位和一些"智库"的宣传和引导之下,每隔几年就会出现一些高潮,似乎一些新兴的出行模式或出行工具会解决众多的交通问题,一如近 10 年来陆续出现的网络预约出租车(俗称"网约车")、互联网租赁自行车(俗称"共享单车")等。究其原因,其中之一即是人们往往只看到其影响的某个方面,而缺乏对整个交通系统内在机理的全面认识和考量。"网约车"发展至今,除了一些研究表明其在加重城市道路拥堵等方面有一定"贡献"外,似乎难以见到依靠其目前的模式解决当前城市化、机动化社会众多交通问题的前景。而将希望寄托于未来的电动汽车、自动驾驶汽车等,目前来看亦是雾里看花。

MaaS 作为被认为可能解决城市交通问题的一类产品,近年来也迅速火热,在国内交通领域重要的文件中不断被提及,那么,其未来会如何呢?

回归出行本质,对于交通,我们需要实现的就是人和货物的良好移动,当然也会有其他众多的目标,如安全、便捷、舒适、可持续等。将来,与其将 MaaS 视为交通运输领域的一种技术或产品,倒不如视其为一种未来的交通愿景。无论未来 MaaS 的发展如何,人们对于一体化、智能化出行的追求不会改变。

"未来已来",设想这样一个场景,出行者可以无缝地从出发点到目的地[1]:

(1)出行者可以在手机 App、电脑或其他自助终端上设定他们的行程和出行偏好,并根据他们的偏好获得出行选择,这些出行选择充分整合了各种公共和私营的出行服务方式;

(2)城市提供大量的需求响应型出行服务,出行者可以随时获取实时出行信息和使用集成的行程规划平台;

(3)使用出行者选择的处理方式自动付费;

(4)交通方式的换乘简单直接、及时轻松;

(5)出行者会体验到最少的交通拥堵、良好的空气质量、优异的乘客舒适度。

但是，我们必须看到，未来，MaaS 要想获得良好的发展，依然要面临着众多的挑战，还有诸多困难需要克服。

一 MaaS 的挑战和发展阶段

1. MaaS 的挑战

当前，随着技术的进一步快速发展，越来越多的机构开始探讨和尝试不同的 MaaS 方案，大量的风险投资进入这一领域，MaaS 所面临的挑战和机遇也在快速地演变。虽然从概念上讲，MaaS 对多个利益相关者都具有很大的潜在效益，但是不可否认，迈向真正的 MaaS 是一项艰巨的任务，而这些效益能否实现还取决于众多因素[2]，因为 MaaS 生态系统的众多利益相关者有着非常不同的兴趣。目前来看，不同的国家、城市和地区面临的挑战虽不尽相同，但大体包括如下一些挑战[3]。

1）如何实现整合

整合特定区域内的全部出行服务方式是实现真正的 MaaS 服务的重要基础，也是当前和未来一段时间内 MaaS 发展必须首先克服的障碍。一方面是目前城市中的出行服务供应商越来越多，例如，据不完全统计，佛山市各种出行方式涉及超过 50 个不同的运营商[4]，而在西班牙的马德里，各种共享出行服务商的合计数量也达到了 29 个[5]，众多的出行服务供应商给出行服务的整合带来了一定的困难。另一方面，当前一些国家和地区的制度经常会阻碍新的出行服务供应商进入市场，同时，分散的监管框架（无论是在地理上还是在部门上）以及缺乏互操作性等问题，都阻碍了服务和集成的灵活性。同时，由于新的出行服务方式还会不断出现，用户的期望会不断变化，自动驾驶车辆等技术的成熟将最终改变游戏规则，并使得车辆共享和行程共享成为现实，这些都需要能够实现良好的集成。

当然，针对这些挑战，政府可以在地方、区域和国家层面汇总一些目前限制提供新的出行服务和创新的规则和条例，并对这些条例进行优化调整，从而制定能够创造公平竞争环境的规则，以促进市场准入和竞争。

通过在关键的利益相关者之间进行探讨，探索关于整合的监管、操作，可以找到更广泛整合的解决方案，而在技术层面则主要是通过实施数据共享模型和开放 API 来支持。

我国当前还未出现一个端到端、多出行模式的一体化应用。类似携程和百度等的出行服务应用，虽然可以进行路径规划和交通方式接驳等的推荐，但是还未将不同出行服务供应商充分引入，即出行者目前只是可以通过该平台查询出行方案，在支付方面还须利用其他平台来完成。

2) 如何实现成功的公私合作

虽然各城市的商业模式可能各有不同,但是 MaaS 合作关系中的关键参与者基本都是出行服务供应商、公共交通部门和地方政府,无论 MaaS 最终采取的商业模型是前述第四章中的哪一种,MaaS 的实施必须有不同形式的良好的公私合作。出行服务产业界可以与政府机构积极对话,积极参与各类示范工程,分享成功经历等,而政府部门亦应当广泛支持各类不同的示范项目,以促进成功的 PPP 模式的发展。

3) 实现支付一体化

现阶段出行者在出行过程中必须分别预订各个出行服务方式的状态是非常不便的,例如一个预先购买了火车票的人不能将其转变成网络预约出租车出行。同时,如果不是一个账号,也无法为那些使用了可持续出行方式的出行者提供相应的激励。因此,实施 MaaS 的一个挑战就是要建立一个集成支付的方式。

预订、付款及票务系统是出行服务运行所需的基础设施的一部分,而将此领域进行现代化改造及加强相关系统及服务的互用性,则应是当地或国家交通运输发展策略的一部分,例如我国正在发展的跨城市的一卡通等。MaaS 的发展所需要的基础支撑就是拓宽目前城市公共交通票务的销售渠道,一方面允许第三方进行公共交通车票的转售,另一方面也应当具备转售公共交通车票时在定价方面的灵活性。同时要注意到各种出行服务方式的支付方式差异较大,有的是可以收取现金,有的是使用电子支付,有的是统一费率,有的是价格可变,因此需要找到一种良好的整合方法。在此方面,政府部门应确保具备互操作性的生态系统的框架条件,并最终促进开放数据和开放 API 的使用。

目前来看,不仅预订和支付存在缺乏整合的问题,出行规划也存在缺乏整合的问题。即使有系统能够提供跨交通方式的出行规划,但是也多是基于静态的交通网络数据而缺乏实时数据的支持。有时,即使有实时数据的支持,有些实时数据的质量也堪忧。缺乏丰富的数据以及低水平的数据共享使得公共交通部门难以理解实际的出行使用和需求模式。

4) 如何形成信任与协作

交通领域对信任与协作的需求从未像支持 MaaS 发展所需要的如此迫切。在 MaaS 的运营模式下,传统的出行服务供应商将可能不再直面出行者,或许导致其感觉到失去对出行者"控制"的恐惧,即自己的经营效果将受制于 MaaS 服务供应商,而这些担心和恐惧也可以归结为在当前阶段尚缺乏对 MaaS 潜在的社会、环境和经济收益以及从一体化中可获得的广泛利益的明确认识。

新的 MaaS 生态系统中的公平性和中立性可能也会引起多方的担忧。在这种情况下,公平并不一定是利润的问题,而更多是关于算法的问题。在一些城市中,有竞争关系的利益相关者会不愿意共享数据、公开它们的商业模式并与竞争者合作。

从传统的出行服务供应商的角度来看，主要的问题是它们是否能够相信在 MaaS 平台上它们的服务能够以公平的方式显示给最终用户。所有的 MaaS 平台的商业伙伴都必须被无差别对待，并且接入 MaaS 平台的访问状态应该是公平的。出行服务供应商应当充分相信 MaaS 供应商能够提供高质量的服务。

政府机构可以通过各种试点和规划鼓励 MaaS 生态系统中的多方利益相关者进行合作。例如政府机构可以支持建立可信网络，为数据共享创造符合隐私保护的环境(例如以中立平台的形式)，并确保市场参与者之间有公平的竞争环境，每个人对用户都有同样的义务。因此，MaaS 生态系统中各相关者之间的信任主要是一个机制方面的问题。

5) 如何实现有效的数据共享

毋庸置疑，数据共享和数据访问是 MaaS 生态系统构建的重要基础。在数字经济中，数据是一项重要的资产和竞争优势。MaaS 若想实现最终的目标，对于数据共享的要求是非常高的，例如需要获取所有出行服务方式的实时数据等。然而，目前的现实可能会给 MaaS 的良好实施带来一系列数据方面的挑战[3]：

(1) 缺乏数据格式标准：例如需要共享的数据缺乏统一的数据格式标准等。

(2) 当前各个出行服务方式的系统都是供应商分别独立设计的，在系统设计上缺乏对数据的互操作性的考虑。

(3) 缺乏消费者等在不同出行服务供应商之间切换的能力(数据可携带性不足)。

(4) 数据共享、开放等缺乏经济刺激。

(5) 数据的隐私及安全性问题：MaaS 供应商拥有了大量用户的个性化数据，如何保护好这些数据也是一个挑战，目前来看，私营部门在保护用户个人数据方面能否做好还有疑问，例如 Uber 连续出现数据泄露问题。

(6) 各种私营和公共部门机构对数据的保护问题：开放数据虽然是大势，但是依然有很多的阻力，尤其是私营的出行服务供应商，在数据的开放程度上有所不同，可能无法达到 MaaS 所需要的数据开放程度。

(7) 从公共系统获得的数据是否可以用于改善和发展私人出行服务，或者在什么条件下可以使用。

作为支撑 MaaS 生态系统发展的一项普遍原则，应当从技术和商业的角度来支持数据的自由流动。理想情况下，出行服务供应商和 MaaS 供应商之间应该就数据共享达成良好的协议。MaaS 供应商应当向出行服务供应商提供相应的数据以改善其出行服务。

6) 如何实现 MaaS 应用的快速扩展

MaaS 生态系统的扩展主要包括两个方面的含义。一方面是在一个城市或地区中，如何实现 MaaS 用户的快速增长，MaaS 一定是规模化经营才可能产生效益，因此，MaaS 需要用户的快速增长。另一个方面是在不同城市范围的扩展。目前来看，在一个城市或地区中，MaaS 生态系统的搭建要比单一的出行服务供应商的发展复杂得多,例如 Uber、滴滴等的经营可以快速扩展至众多的城市乃至全球众多城市,然而,MaaS 似乎不具备类似的能力或在该方面的能力较弱,在不同地区的推广面临着不同的问题,需要克服当地存在的问题和适应当地的各种需求和限制,因此,如何找到适当的运营模式并实现在多个国家和城市的迅速扩展是 MaaS 生态系统发展所面临的主要挑战之一。

7) MaaS 发展的不确定性

目前来看,MaaS 的发展尚存在较多的不确定性。

(1) 未来 MaaS 发展模式的不确定性。例如,目前简单来看,MaaS 有两种可能的模式:一种以基于小汽车的出行服务为核心,例如出租、共享、合乘等;另一种是实现真正的多出行方式整合,以公交为核心,有机整合其他出行方式而替代部分小汽车出行。未来 MaaS 的发展需要明确其发展模式。目前来看,MaaS 的市场如何发展尚存在不确定性,需要更多的研究去发现在各个城市区域到底什么样的出行方式能够取代小汽车出行。

(2) MaaS 用户的不确定性。MaaS 要想吸引用户,就要解决出行者的不便,英国有调查显示 75% 的各类出行都存在不便[6],例如开车的不便在于停车困难、高峰期拥堵、延误、燃油费用等,而公交出行者的不便则在于高峰期车内拥挤、公交出行时间长、换乘不便、公交运行时间不足等。而 MaaS 需要考虑究竟谁是 MaaS 的潜在用户并确定未来 MaaS 发展的优先模式等。虽然目前有很多的 MaaS 项目在测试和实施,但是依旧需要去观察 MaaS 究竟是对于高收入、无车的"千禧一族"的小众产品还是未来高效的可持续交通系统的组成部分。也有人认为 MaaS 更适合大城市,大城市的出行者使用小汽车不太方便,而对于中小城市,小汽车更为方便一些。

在伦敦的调查研究表明[7],被调查的车主中有一半不认可 MaaS 有助于降低对小汽车依赖的说法。而且,现实中,很多人认为只有小汽车才能够为出行带来足够的自主性和灵活性。MaaS 如果要替代小汽车,需要有足够的灵活性,但是另一方面,MaaS 又依赖于公交系统,而公交系统的灵活性又较差,如何均衡是一个难题。

8) 出行文化的转变

百余年来,汽车文化已经根深蒂固,如何让出行者放弃汽车文化是 MaaS 能否有效的关键。虽然有数据显示"千禧一代"对汽车的依赖在减少,但很多国家的机动车保有量还是在稳步增长,只是使用量有所降低。

众多的 MaaS 推崇者认为,价格及一些便利性可能会成为吸引小汽车出行者转向 MaaS (公共交通为主的一体化出行模式)的重要因素,但是目前的一个问题是,现有的调查和数据显示,目前已知自驾小汽车出行者经常错误计算家庭出行成本,私人小汽车出行者始终会低估维护私家车的总运营成本和日常成本。澳大利亚的问询调查显示[8],80% 的被调查者(被调查者 90% 都有驾照)认为他们每周的交通花费都少于 150 澳元,但是几乎同期的皇家汽车协会(Royal Automobile Association,RAA)调查显示,拥有一辆小汽车的每周成本可能为 100 澳元

(微型小车)到200澳元(较大型车)。对个人拥有小汽车的成本的过低估计将是MaaS应用的一大障碍。当然,如果出行文化倾向能够发生变化的话,那么MaaS还是有可能实现的。

对在伦敦拥有和使用一辆汽车的态度[7]

对于那些拥有汽车的受访者,在大伦敦区拥有并使用一辆汽车并不一定使他们的生活更容易或更方便,因为拥有和使用一辆车需要大量的时间和金钱:

(1)第一辆汽车的平均成本估计为每月233.5英镑(不包括维护和旧车性能检测成本),56%拥有汽车的受访者表示,拥有一辆汽车对他们的家庭来说是一笔很大的支出。

(2)大多数有车的受访者认为在伦敦开车是一场噩梦。交通拥堵和找不到停车位是造成这种感觉的主要原因。55%的受访者表示,当他们开车时,交通拥堵是一个很大的问题,52%的受访者表示,当他们使用自己的车辆时,要花很多时间才能找到停车位。

(3)1/4拥有汽车的受访者表示,他们更希望在不拥有汽车的情况下也能使用汽车,但是也有51%的被访者认为其生活已经依赖汽车。

(4)许多没有汽车的人不赞成拥有汽车:

①67%没有汽车的人认为,在伦敦没有必要拥有一辆车,无论他们的年龄多大、居住区域在哪。59%的人认为拥有一辆车是件麻烦事。

②18%的人表示他们将来不会买车。

对汽车共享的态度[7]

有车者和无车者似乎都支持汽车共享计划,并认为这是自己拥有汽车的一个很好的替代选择。在被调查者中,汽车共享(通过汽车俱乐部)比个人对个人(P2P)租车更受欢迎。

(1)只有20%的车主表示,他们愿意通过P2P汽车租赁平台把自己的车租给别人。然而,当他们预期可以从中获得经济利益时,有些人就改变了主意。

(2)更年轻的车主(39岁以下)更愿意通过P2P汽车租赁平台分享自己的汽车。

(3)45%的无车者表示,他们愿意租别人的车。然而,如果他们有一辆车,只有25%的人愿意把车租给别人。消费者更容易租用/使用他人的资源,而不是提供/共享自己的出行资源。

(4)39%的无车受访者认为,自己未来会参与汽车共享(汽车俱乐部)计划,"千禧一代"最渴望这样做。

总的来说,拥有汽车的想法已经存在了近1个世纪,汽车制造商已经投入了大量的资金来帮人们实现拥有汽车的梦想。汽车共享计划出现才10年,但伦敦人似乎很快就接受了这个新概念,他们中的很大比例(超过1/3)愿意在未来使用它们,而不是购买自己的汽车。

9)其他

其他方面的一些挑战包括技术层面等,例如技术方面的主要挑战或许就是各出行服务供应商的开放的、标准的 API 接口的获得和提供,以及目前各类的售票系统如何进行集成等。当然目前已有一些较为成功的技术实现方案,可以提供良好的支撑。

同时,要让众多的出行者能够接受 MaaS 的服务,尚需要满足一定的前提条件。

(1) MaaS 能够为出行者带来足够的附加值,一些 MaaS 的实验表明,多种出行方式整合带来的自由选择、定制服务、便利性改善等都可以有效促进出行者接受 MaaS。

(2) MaaS 应使出行费用降低。价格将是影响出行者是否选择 MaaS 的重要影响因素,使用 MaaS 出行在经济上必须是可行的,因此,为拥有车辆的人提供的收费方式和为无车辆的人提供的收费方式可能需要有所不同。例如,推出较为便宜的出行套餐也可能影响出行者的出行行为,出行套餐希望能够增加出行者对公共交通和共享交通的使用。

(3) MaaS 需要确保出行者的自主性、灵活性和出行的可靠性。有些 MaaS 的反对者认为 MaaS 会让出行者失去灵活性(例如与自有的私人小汽车相比),同时出行者必须每天提前规划,很不方便,因此,MaaS 系统的设计要在这些方面提供良好的体验;同时,可靠性也必须得以保证,例如保证出行者在有出行需求的情况下一定能够获得期望的出行服务。

(4) MaaS 需要提供智能化设计的用户界面。MaaS 服务的设计要点是一定要简单易用,这是 UbiGo 实验成功的关键之一。

2. MaaS 的发展阶段

如果 MaaS 项目在启动阶段就瞄准较高的发展级别,例如第一章所述的第一种分级方法中的级别 3 及以上,则会遇到很大的困难,尤其是整合某个城市或地区的全部可能使用的出行方式,更是无法一蹴而就的事情。因此,MaaS 在未来的发展中可以考虑分阶段实施的问题,当然,划分发展阶段可以有众多不同的方法。

例如,有研究提出 MaaS lite 的概念[9],即轻量版的 MaaS,其认为所有的出行并没有多么复杂,虽然出行方式众多,但是大多数出行可能都只是衔接两种方式即可,因此,在 MaaS 的发展过程中,可以首先聚焦两种方式的整合,当然也包括"最后一公里"问题的解决。而对于两种方式的整合,可能一个简单的组织架构即可实现,而不需要出现一个新的 MaaS 供应商。

基于 MaaS 理念的佛山公共出行一体化服务系统规划研究

针对当前佛山公交系统存在的部分矛盾,本项目从探索公交系统未来发展方向入手,以提升佛山市公共交通系统的效率与吸引力为目标,进行基于 MaaS 理念的佛山公共出行一体化服务系统规划的编制工作,探索将 MaaS 理念应用于佛山公共出行服务系统创新转型的思路与方法,以期通过整合基础设施、运营服务、信息技术等来提升居民出行服务品质。

本规划的主要内容包括：

(1) 整合资源，构建新型公交系统：打破行政区划界限和行业壁垒，将铁路民航、城市轨道、常规公交、出租车、自行车等多种运营系统整合，将符合新型公交系统准入标准的交通体系全部纳入形成大公共交通系统，改变以前各种交通方式独立运营、独立服务的模式。

(2) 创新模式，提供全过程高质量出行服务：以 MaaS 理念为指导，将以政府为主导的标准池、设施池，以企业为主导的车辆池，以需求为主导的客户池，以技术为主导的数据池系统整合在一个平台内，以统一的服务界面为乘客提供个性化的出行服务，将客户片段式的出行链"缝合"形成"一站式"的门到门出行服务。

(3) 构建网络，保障公共交通服务质量：充分利用和扩展既有的交通资源，构建一体化出行服务网络，保障以公共交通为核心的一体化出行服务的品质。例如在原有公交专用道规划基础上，扩展公交专用道覆盖范围，形成系统化、网络化公交专用道网络，为 MaaS 系统内车辆提供快速、畅达的通行空间。在五个片区中心构建"区-站-点"三级 MaaS 服务网点，为居民提供具有高可达性、高覆盖率的服务网点。

(4) 开展试点，开创国内示范工程：以佛山西站为试点工程率先推进，在政府部门的积极配合下，突破交通资源的行政壁垒，协调多部门、多企业，共同打造佛山西站与乘客目的地之间的"一站式"出行服务系统，满足乘客个性化出行需求。

(5) 综合协调，将理念深入落实到系统建设中：建立动态协调的工作组织机制，从系统规划、政策研究到平台建设，多个部门积极参与，以推进实施为共建目标，在规划方案的指导下，实时动态优化平台建设路径，形成合力全面推进项目进程，实现规划理念与公共交通出行一体化服务系统融会贯通。

本项目在公共交通规划中整合 MaaS 理念，力求突破行政和行业壁垒，提出公共交通系统在资源整合和服务模式上的创新发展路径，构建完整的居民出行解决方案。同时规划了 MaaS 理念落地实施项目，推动以佛山西站为试点的 MaaS 平台建设，并为"佛山行"系统在全市范围内推广奠定了基础。

注：本项目由北京清华同衡规划设计研究院有限公司、清华大学等于 2019 年完成，笔者参与其中。

二、MaaS 与智慧城市

智能交通系统历来是智慧城市的重要组成部分和基础支撑，MaaS 也不例外，会成为未来智慧城市发展的重点。

MaaS 通过为城市出行者提供统一平台，一方面改变出行结构，降低城市交通拥堵、改善城市环境质量等,另一方面可以获取有关城市出行的海量数据,这些数据可以为智慧城市的发展和建设提供重要支撑。

智慧城市则通过物联网等手段,实现对城市各个方面的信息采集和管理,例如能源、建筑、路灯、废弃物管理、充电站等,为 MaaS 提供相关的信息支撑。

通过采用一个恰当的 MaaS 解决方案,一个城市可以更好地使交通成为其智慧城市计划的关键部分。MaaS 的广泛应用可能会与车用无线通信(Vehicle to X,V2X)等技术的引入相契合,这也有助于推动自动驾驶或高级的驾驶辅助系统在智慧城市中的部署。MaaS 的部署与智慧城市同步推进,从而实现更高效的公共交通系统的运行,减少城市道路网络中的交通拥堵[10]。

MaaS 的发展目标必须与城市的发展目标相一致——案例研究表明,为了避免被技术和流行语所困扰,MaaS 的开发和推广应用必须与城市的总体发展目标相一致,例如减少空气污染、改善市民出行体验、更好地利用现有基础设施和节约资金。这一点将有助于为 MaaS 争取高级别的支持,这将对 MaaS 的最终成功至关重要[11]。交通运输管理人员最好能够理解 MaaS 的多个维度,并在制定地方和国家法规、政策方面发挥带头作用,以支持 MaaS 的发展。

三 MaaS 的未来

1)未来的情形

预测未来的发展从来都不是件容易的事情,对于 MaaS 的发展也是如此,这里借助于对未来的探索初步探讨一下未来可能的情景[12,13],4 种不同情形的未来如图 9-1 所示。

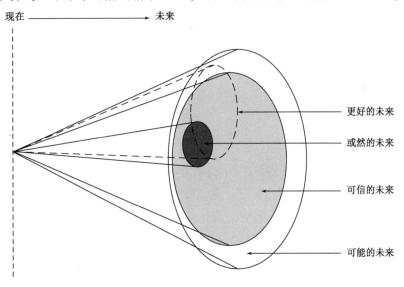

图 9-1 4 种不同情形的未来

可能的未来(Possible future)：它包含了城市交通系统未来所有可能发生的事情，包括出行方式的转移（例如公共交通的大规模消亡）和出行方式聚焦（现有的多种出行方式被自动行驶的出租车服务取代）等的极端情况。然而，单独使用这些空间效率低下的出行方式将会加剧交通拥堵和城市扩张。

可信的未来(Plausible Future，技术上可实现的未来)：它是可能的未来的一个子集，指的是基于当前的知识估计未来可能发生的事情。这包括在特定场景或城市中各种交通方式的转移或交通方式聚焦的未来。

或然的未来(Probable Future，大概率会实现的未来)：在此情况下，MaaS 与现有的出行服务方式协同工作，只是稍微影响一下人们的出行行为。MaaS 在自由市场中运行，为城市带来一些意想不到的效果。

更好的未来(Preferable Future，理想的未来)：在这个情况下，所有人都使用 MaaS，无论是使用公共交通、私人交通还是共享交通。空间高效的交通方式还是 MaaS 的核心和关键，无论任何情况下都应该是首选的出行方式。时空效率不高的出行方式需要花费更大的代价（货币或积分），通过差异化收费来反映出行方式对路网不同的利用效率。也就是说，MaaS 不仅是一个以用户为中心的数字接口平台，还是一个出行管理工具，能够优化城市管理。当然也可能只是一个折中的优化方案。

2）MaaS 可能的前景

MaaS 是未来智能出行体系的重要组成部分，从 2014 年桑波·赫塔宁（Sampo Hietanen）提出 MaaS 开始，就通过与当前人们每月的通信费用相比较来估计未来 MaaS 的潜在市场，认为 MaaS 的市场规模将远超通信[14]。

近年来，国际一些咨询机构对未来 MaaS 的市场规模进行了分析。ABI Research 在 2016 年的研究表明[15]，到 2030 年，全球 MaaS 收入将超过 1 万亿美元，尤其是随着自动化的发展而降低了运营成本和提高了基础设施利用率等。Ricardo 估计到 2030 年[16]，MaaS 市场价值将超过 2 万亿美元，并认为在 2022 年，MaaS 将成为可行的商业模式。Research and Markets 对 2030 年的 MaaS 市场规模进行了估计，预计到 2030 年将从 2020 年的 68 亿美元增长到 1068 亿美元，年复合增长率为 31.7%[17]。

Juniper Research 认为[10]，到 2027 年，MaaS 平台带来的收入将超过 520 亿美元。考虑到 2020 年"新冠"病毒疫情影响，可能会对未来交通出行的需求带来相应的变化，Juniper Research认为 2021 年 MaaS 将有较大突破。至 2027 年，MaaS 可以让每个通勤者每年节约 2.7 天的通勤时间。而在市场份额上，北美被认为是最大的市场，其次是东亚和欧洲。该结果与其 2018 年对 2023 年的预测差异较大[18]。

然而，对 MaaS 也有一些怀疑的声音[2]。2018 年，Gartner 评估了 MaaS 正处于其炒作周期中的"巅峰"表现。穆雷（Mulley）认为，为了让 MaaS 改变我们在城市里的生活和出行方式，我们需要改变出行文化,这需要"更多的宣传"。与此同时,莱昂斯等人认为,MaaS 是客户使用出行设施的一种进化,而不是一场革命,我们在过去看到过类似的创新。

3)未来

就目前来看,MaaS 是否会真正改变人们的出行模式和出行还不确定。该服务是会减少用户对于私家车的依赖,还是会使得小汽车等在更大程度上替代公共交通工具?应该在什么样的范围内实施 MaaS 服务,其影响范围和程度有多大?这些问题目前还没有结论。MaaS 的成功与否取决于它的实施方式、所满足的先决条件和当前的出行服务水平等。无论如何,MaaS 是一个很好的愿景,基于多方的合作融合,MaaS 应该可以促进城市可持续发展。

未来已来,众多人认为目前城市出行领域正面临自百年前小汽车开始普及后的第二大拐点。

MaaS,可能是一个伟大的概念,从而获得迅速的发展和扩张,也可能只是一个人们实际上并不很需要或并不想在实际生活中使用的设想而已。两者的区别将决定它是成为一个真正的"MaaS 运动",还是只是一个"MaaS 错觉"[19]。

MaaS 的未来存在极大的不确定性,它可能会被某私营或公共部门垄断,也可能形成竞争性的自由市场;它可能能够引导人们使用或远离基于小汽车的出行系统;它可能是一个能够让所有人(无论其收入、身体状况或所在地区)出行更为方便的概念;或者,它可以让富裕的城市居民更容易出行而让那些已经被排斥和边缘化的人更难出行……

愿望是美好的,现实是残酷的,目前来看,短短几年时间是无法实现从目前以小汽车出行为主的模式转为 MaaS 出行服务模式的。对比 MaaS Global 和 Uber,在初创期同样时间段内,MaaS Global 的发展规模要明显小于 Uber。当然,也有人相信 MaaS 的路径会是初期慢慢发展,随后迎来突增[20]。

"路漫漫其修远兮",MaaS 未来的路还很长。

本章参考文献

[1] Reimagine Places: Mobility as a Service [R]. United Kingdom: KPMG, 2017.

[2] LINTON C, BRAY J. MaaS Movement? Issues and Option on Mobility as a Service for City Region Transport Authorities [R]. Leeds, UK: Urban Transport Group, 2019.

[3] KARGAS C, JAVORNIK M, MACKU M, et al. Main challenges associated with MaaS & Approaches for overcoming them [R]. Brussels, Belgium: MaaS Alliance, 2019.

[4] 李晓辉, 王琢玉. 以佛山 TC 管理模式为基础的城市级 MaaS 发展模式研究[C]. 品质交通与协同共治——2019 年中国城市交通规划年会论文集. 2019.

[5] ARIAS-MOLINARES D, GARCíA-PALOMARES J C. Shared mobility development as key for prompting mobility as a service (MaaS) in urban areas: The case of Madrid [J]. Case Studies on Transport Policy.

[6] Milton Keynes. Mobility as a Service: Exploring the Opportunity for Mobility as a Service in the UK [R]. UK: Transport Systems Catapult, 2016.

[7] KAMARGIANNI M, MATYAS M, LI W, et al. Londoners' attitudes towards car-ownership and Mobility-as-a-Service: Impact assessment and opportunities that lie ahead [R]. London, UK: MaaSLab-UCL Energy Institute Report, Prepared for Transport for London, 2018.

[8] VIJ A, SAMPSON S, SWAIT J, et al. Mobility as a Service in Australia: Customer insights and opportunities [R]. Melbourne, Australia: ITS Australia, 2018.

[9] PICKFORD A, CHUNG E. The shape of MaaS: The potential for MaaS Lite [J]. IATSS Research, 2019(43):219-225.

[10] MAYNARD N. Juniper Research. MAAS ~ The Future of City Transport 2027 [EB/OL]. [2020-02-15]. http://www.juniperresearch.com.

[11] WRAY S. Mobility-as-a-Service: Cities on the move [R]. SmartCitiesWorld, 2019.

[12] HANCOCK T, BEZOLD C. Possible futures, preferable futures [J]. Healthcare Forum Journal, 1994, 37(2): 23-29.

[13] WONG Y Z, HENSHER D A, MULLEY C. Mobility as a service (MaaS): Charting a future context [J]. Transportation Research Part A: Policy and Practice, 2020(131):5-19.

[14] HIETANEN S. 'Mobility as a Service'-the new transport model? [J]. Eurotransport, 2014, 12(2): 2-4.

[15] 2030 A R F G M A A S R T E T B. ABI Research Forecasts Global Mobility as a Service Revenues to Exceed $1 Trillion by 2030 [EB/OL] [2020-05-09]. https://www.abiresearch.com/press/abi-research-forecasts-global-mobility-service-rev/.

[16] ABDULMASIH D, BLYTH M, BUBNA P, et al. Identifying markets for future mobility services [R]. Ricardo plc, 2018.

[17] Research and Markets. Mobility as a Service Market by Service (Ride Hailing, Car Sharing, Station Based Mobility, Bus Sharing, Train), Solution, Transportation, Vehicle, Application, and Region-Global Forecast to 2030 [EB/OL]. [2020-02-17]. https://www.researchandmarkets.com/reports/4825469.

[18] MAYNARD N. Why Mobility as a Service is the Future of City Transport [R]. Hampshire, UK: Juniper Research Ltd, 2018.

[19] BRAY J. How Cities Can Engage with Mobility as a Service [EB/OL]. [2020-02-17]. https://meetingoftheminds.org/how-cities-can-engage-with-mobility-as-a-service-32737.

[20] Mobility as a Service—A sum of parts present today [R]. Marsh & McLennan Companies, 2020.

POSTSCRIPT 后记

庚子年始，突发疫情蔓延华夏大地，返京在家封闭逾一季，虽有二子玩闹，但杂务减少，每日尚余数小时静思，年前萌作书之念，此时似颇为良机。

然，起笔伊始似文思泉涌、落笔之间实搜索枯肠。MaaS 出现时日尚短，却热度非凡，故范畴较广，文献颇丰，近年虽皓首穷经，可依有管中窥豹之感。

时经数月，书稿既成，然总感似雾里看花、浅尝辄止。MaaS 从概念上而言，着实较为完美，而事无绝对，其理想状态的实现涉及众多因素，既有已知答案、也有未识领域，既有可控要素、也有难定成分，MaaS 未来在我国的发展到底会走向何方？目前尚未可知。

"纸上得来终觉浅，绝知此事要躬行"，本书虽定稿付梓，但身为一介书生，难免有"纸上谈兵"之惑，此作仅为个人学思所得，局限乃至错误难免，但愿能为众读者提供参考。

思绪万千，终须收笔。最后的最后，自问自答：MaaS 到底是什么？甚觉是一种理念、一种方向，不同的城市最终的实现形态或有所差异。无论如何，惟望 MaaS 不是镜花水月，可持续交通的愿景终能如愿。

是为跋。

李瑞敏
2020 年 6 月于清华园